A History of Hawai'i's Japanese
Narrated by a Kibei–Nisei

ハワイ日系社会ものがたり

——ある帰米二世ジャーナリストの証言——

白水繁彦・鈴木 啓 編
Shigehiko Shiramizu　Kei Suzuki

御茶の水書房

はしがき

　本書の「さわり」(最大の見せ場、聞かせどころ)はハワイの戦前、戦中、戦後を知る代表的論客のひとりである故ジャック田坂氏の語りである。彼はメディアの送り手など、その職業生活をとおして、50年以上にわたって日系社会に影響を与え続けた。特に、第二次大戦後、一世の第一線からの後退とともに衰退するかにみえた日本語・日本文化を復活させ、日系社会に日本的文化の側面から影響を与えるべく力を注ぎ続けた「帰米二世(きべい)」のひとりである。

　帰米二世とは、ハワイを含めアメリカで生まれ、日本で教育を受け、第二次大戦前または戦後にアメリカに帰ってきた人びとのことである。そのため、二世が一般に英語を母語とする「英語族」であるのに対し、帰米二世は日本語を母語とする「日本語族」である。日本で少年期・青年期を過ごしたということで、メンタリティーは一世に通じるものがあり、特に田坂氏には一世のファンも少なくなかった。さらに、彼は、他の帰米二世の幾人かがそうであったように日本語学校の教師から職業生活のスタートをきったが、戦後は日本語ラジオのプロデューサーとして、音楽番組をはじめ芸能分野を多く手掛けるなど、日本語族の一世のみならず一般の二世にも、余暇・芸能の分野を中心に直接・間接に影響を与え続けた。62歳で放送業界などから引退した後は、一世の事績、とくに隠れた業績を書き残すべく、その精力を注ぎこんだ。ハワイの日本語新聞・雑誌に書き続けるその姿勢は、ほとんど鬼気迫るものがあった。田坂氏の日系人史執筆が佳境にあった80年代後半から90年代にかけて、編者の白水と鈴木は前後して彼に出会った。田坂氏の信頼を得た鈴木は氏の語りの録音を許されるまでになった。田坂氏の業績をよく知るわれわれは、氏の知識はいわゆる正史ではないかもしれないが、庶民史として貴重なものであり、残すべきだと考えたのである。

　ところで、本書のタイトルを「物語」ではなく「ものがたり」としたのにはわけがある。ある個人の語り、かなり主観的な見解のまじった語りであるということを表したいからである。じっさい、第2部本論を読んでいただくとすぐにお気づきのように、ハワイ日系人の歴史が話者(インタビュー相手)である田坂氏の独特の言いまわしで説明される。広島地方の方言も随所にまじる。生の声で聴くと

じつにこれが名調子で、白水などは密かに「田坂節(たさかぶし)」と呼んで愛した。

氏は、興が乗るとかなりきわどいことも口にした。「ホンネ」といってもいいだろう。けっして上品とはいいがたい語り口もあるし、他者にたいする批判も少なくない。たとえば他民族、とくにアジア系移民のことを述べるときなどにそれが顕著である。これを日本的オリエンタリズムであるとして、眉をひそめる読者もあるかもしれない。しかし、そうした点を含め、あえてわれわれは田坂氏の語りを多くの人に聞いてもらいと思った。なぜなら、それが当時の日本の日本人やハワイの「日本人」の言い方、考え方そのものに近いと考えられるからである。昨今、ハワイの日系社会では不適切とされる言葉などはほとんど聞かれなくなった。また、下世話な話題も表には出てこない。しかし、だからこそ、本書をとおして戦前の日系社会のリアリティーの一側面を知るための一助としたいという思いがわれわれにはある。

本書の「さわり」は、前述のように第2部である。そのなかでも、戦中の「ホノウリウリ収容所」体験、戦後の混乱期の「勝った組」、日本語ラジオ放送の裏話などは資料的価値も高いと思われる。ぜひ一読いただきたい部分である。

本書には詳細な注がほどこしてある。これは、氏の語りのなかにまじる明らかな記憶違いの指摘・訂正だけでなく、日系人史の専門家や、さらに深く研究したい読者の便をはかりたいとの願いを込めたものである。また、田坂氏が発表した書物や記事は注だけでなく、本文中の年譜や年表にも記載しておいたのでご利用いただければ幸いである。

なお、登場人物の表記についてお断りをしておきたい。日系人は、生まれながらのアメリカ市民である二世以降の世代はもちろん、一世においても、戦後多くの人が帰化申請しアメリカ市民になった。したがって、氏名もカタカナ表記すべきであるという意見もあろう。しかし、本書では、その資料としてわれわれが大きく依存した日系メディアの慣例にならい、判明する分にかぎっては漢字表記とした。また、プライバシーを考慮してアルファベットの頭文字で表記した部分もある。以上、ご本人および読者のご理解を願うものである。

2016年8月

編　者

目　次

はしがき　i

第1部　序　論　ハワイ日系史と話者ジャック田坂

1　なぜ「田坂の語り」を取り上げるか …………………………………… 2
　(1)　田坂との出会い ……………………………………………………… 2
　(2)　田坂の語りを取り上げる理由——日本語族にとっての「公的記憶」…… 3
2　インタビューの社会学——研究方法をめぐって ……………………… 5
　(1)　インタビュアー鈴木——聞き手としての資格 …………………… 5
　(2)　インタビューの種類と方法 ………………………………………… 6
3　ハワイおよびハワイ日系人をめぐる基本的なクェスチョン ………… 7
　(1)　ハワイを発見したのは誰か？ ……………………………………… 8
　(2)　なぜハワイにはアジア人をはじめ
　　　　多様な民族がたくさん住んでいるか？ …………………… 10
　(3)　ハワイ日系人はどのような歴史を歩んできたのか？ ………… 15
　(4)　帰米二世とはどのような人たちか？ …………………………… 20
　　付表　ジャック田坂　年譜 ……………………………………………… 22

第2部　本　論　ジャック田坂の語りを聞く

1　戦前の日系社会について ……………………………………………… 26
　(1)　ハワイへ帰還　日本語学校の実態 ………………………………… 26
　(2)　父・田坂養吉　そして戦前の日系社会 …………………………… 39
　(3)　請け黍制度 …………………………………………………………… 49
　(4)　庶民金融「頼母子講」 ……………………………………………… 53
　(5)　日本人旅館・ホテル ………………………………………………… 62
　(6)　ハワイの相撲と水崎寅之助 ………………………………………… 71
　(7)　沖縄からの移民 ……………………………………………………… 86

2 戦中を生きる「敵性外国人」……………………………………… 100
　(8) 戦時下の生活——収容所に入るまで・出たあと　……………… 100
　(9) ホノウリウリ収容所でのくらし　……………………………… 104

3 戦後の生活 ………………………………………………………… 129
　(10) 勝った組　……………………………………………………… 129
　(11) 日系社会の権力争い　………………………………………… 137
　(12) 戦争花嫁（軍人花嫁）　……………………………………… 145

4 ハワイ日系メディアをめぐって ………………………………… 153
　(13) ハワイの日本語新聞　………………………………………… 153
　(14) 日系メディアと芸能——楽団・歌手・レコード・訪布芸能人　… 171
　(15) ラジオ局KGUからの日本派遣　……………………………… 194
　(16) ラジオ局KIKIの時代　………………………………………… 206

5 日系社会裏話 ……………………………………………………… 231
　(17) ナイトクラブ　………………………………………………… 231
　(18) 売春・ポルノ　…………………………………………………237

ジャック田坂養民関連日系人史年表……………………………………251
あとがき　269

人名・事項索引　271

section
I

序　論
ハワイ日系史と話者ジャック田坂

1 なぜ「田坂の語り」を取り上げるか

(1) 田坂との出会い

　本書は，故ジャック・タサカ・ヨシタミ氏（田坂養民。以下田坂と記す）の日系社会に関する聞書きである。田坂は戦後の日系社会の「有名人」であった。ハワイに生まれ日本で育ち，またハワイに戻ってきたという彼は典型的な帰米二世である。彼は戦後しばらくは日本語ラジオで，次に日本語の新聞や雑誌といった日本語メディアで日系社会の人びとに語り続けた。そうしたこともあって，ハワイの「日本語族」（後述）のみならず，ハワイの日系人の歴史に関心があるライターや研究者にとって知らぬ者はないほどの「有名人」であった。本書の編者のひとりである白水は「官約移民100年祭」が華々しく展開されていた1985年から86年にかけてハワイに滞在したが，その間，幾度となく田坂宅を訪問した。その後もハワイへ行く度に田坂家を訪ね，「田坂節」に聞き入った。その博覧強記ぶりには舌を巻くほどであった。それもそのはず，生来の記憶のよさに加え，新聞雑誌等の膨大な切り抜き，写真，レコード等のコレクションを持ち，さらにそれらに日々付加する努力を惜しまなかった。そうした記憶と資料の蓄積もさることながら，彼独自の分析（社会評論も含めて）も興味深いものがあった。白水はそのころから，将来田坂の聞書きを世に出せたらいいだろうな，と夢想していた。当時の田坂の見解を一部引用した論文もある（白水，1998: 46）。

　もうひとりの編者である鈴木は後述のように1990年代の後半から足繁く田坂の許を訪ね，白水以上に田坂の信頼を得た。そして彼の語りを録音することを許されるまでになった。その録音を聴いた白水は，次項に述べるような瑕疵

が田坂の語りにはあるが，世に出す価値があると確信したのである。

(2) 田坂の語りを取り上げる理由
—— 日本語族にとっての「公的記憶」

田坂の語りのなかには誇張して表現する部分や明らかな記憶違いの部分も少なくない。また，今日では不適切であるといわれる語，たとえば「シナ人」「売

図Ⅰ-1　田坂卒寿パーティー（2003年8月）

春窟」「黒んぼ」「クロ」「アイノコ」「パンパン」などを頻繁に用いる傾向がある。さらに，自分が日系史研究上のライバルだと目した人たちに言及する際の語りも独特のものがある。ハワイを研究する人たち，特に日系人史を研究する人の多くを批判的に述べる傾向にある。例を挙げれば，『ハワイの日本人日系人の歴史（上）』(1986) を書いた渡辺礼三，『図説ハワイ日本人史1885〜1924』(1985) を篠遠和子と著したフランクリン王堂，『Japanese Immigrant Clothing in Hawaii, 1885–1941』(1995. なお翻訳は『ハワイ日系移民の服飾史―絣からパラカへ』1998) を著したバーバラ川上などがきわめて強い調子で批判される。田坂がとりわけ徹底的に批判する研究者を並べてみると，むしろその研究者が大きな業績を挙げているという共通点があることに気付くほどである。

　このような特徴を持つ田坂の語り，用語法であるが，われわれは敢えて彼の語りを忠実に記録すべく努めた（明らかな誤りだと思われる場合，われわれは〈注〉で修訂している）。その第1の理由は，信じていること，真実だと思っていることが当人にとっての「事実」だからである。「物語的真実」（山崎敬一，やまだようこ 2016）もしくは「社会学的事実」といってもよい。人は，たとえそれが「ほんとうのこと」からかけ離れていても，自分が認識している事実とそれによって構成される世界観に基づいて行動する。たとえば田坂が「日系二世は外見は日本人だが，日本人の心を失ったアメリカかぶれの連中だ」と認識しているとすれば，彼は，およそ日系二世の行動をそのような基準から判断するだろう。実際の田坂はそれほどの偏見を一般の二世に対して抱いているわけではないかもしれないが，少なくとも，戦中の日系二世リーダーの行動についての批判的な語りは，田坂流の「社会学的事実」に基づいての解釈，批判であるといえなくもない。

　田坂の語りをわれわれができるだけ忠実に記録しようとした第2の理由は，われわれが本書で田坂を取り上げる理由とも重なるが，彼がハワイの日本語メディアの「送り手」だったからでもある。田坂は前述のように，日本語ラジオや日本語新聞・雑誌でさかんに日系社会の歴史（社会史，芸能史）を論じた。英語より日本語のほうが親しみやすい人びと，すなわち「日本語族」にとって，放送番組や日本語新聞・雑誌といった日本語メディアで公けにされた彼の語り，彼が説く世界は（それが正しい情報であるか否かは別として）「事実」になってい

る可能性がある。大げさにいえば，田坂の言説がハワイ日系社会の「日本語族」にとって集団知識，別言すれば公的記憶，または「常識」になっている可能性があるのである。その意味でも田坂の語りに注目する価値があるといえるし，できるだけ忠実に再現する必要もあるのである。

2 インタビューの社会学
——研究方法をめぐって

(1) インタビュアー鈴木——聞き手としての資格

　鈴木は現地の日系新聞の記者として20年以上にわたりハワイの日系社会を取材してきたためハワイや日系社会の現状に詳しい。それに加え，日系社会の歴史についてもたいへん造詣が深い。鈴木は新聞・雑誌へ寄稿するための取材とは別に，まったくの個人的な関心からもハワイ日系人がたどってきたさまざまな分野の歴史について独自に研究を重ねてきた。じっさい，日系社会，日系新聞の歴史に関してすでに多くの著作がある（その一部は本書奥付の編者紹介欄参照）。

　鈴木は1990年代後半田坂氏と知り合い，しばしば自宅を訪れて日本人移民に関する，さまざまなテーマについて幅広く話を聞くようになる。

　2001年8月から翌2002年3月にかけては，それまで田坂が発表した移民史論考で述べられなかった話や正史に対する稗史を残すことを目的として，約40時間のインタビューを行う（結果としてこれまで田坂が日系各紙や日本語ラジオで語ってきた「田坂流の移民史」にも言及された）。2005年，田坂はKZOOラジオの宇良啓子アナウンサーの企画司会でハワイ移民の歴史を語るプログラム「ハワイ物語」を始めたが，鈴木はその資料準備を行うとともに，放送後に放送原稿をまとめた『-卒寿記念-ハワイ物語』（ジャック田坂著，鈴木啓編集，マ

イレブックス 2003）を刊行する。2013 年田坂の死去後は，遺された写真・資料の一部を「田坂コレクション」として保持管理している。

　足繁く田坂のもとを訪ねた鈴木は，その礼儀正しさと広汎な知識から田坂の強い信頼を得ていたわけである。つまりラポール（信頼関係）が形成されていた。録音されたテープは前述のように約 40 時間におよぶ膨大な量である。田坂はそのほとんどの部分で気持よさそうに自由に語っている。鈴木がいかに信頼を得ていたか，田坂のお気に入りだったかがわかる。本書に採録したのはそのなかの最も重要な部分，すなわち資料的価値が高いと思われる部分である。

(2) インタビューの種類と方法

　インタビューの方法は大きく分けて構造化インタビューと非構造化インタビュー，それに，その中間型としての半構造化インタビューがある。

　構造化インタビューは構造的質問紙（structured questionnaire）を用いるインタビューで，典型的には大量の調査相手に各問に選択肢が用意されているアンケート用紙を用いる方法である。インタビューの主導権という局面では指示的方法といってもよく，インタビュアーが全面的に主導権を持ち，インタビュアーが訊きたいことを次々と質問するというものである。この方法は，「効率」はよいがインタビュー相手の本音や微妙な心の動きまで引き出せるかどうかが問題である。

　それに対し，非構造化インタビューでは，インタビュアーは最初のきっかけをつくる質問や継ぎ穂となる質問を発する役割に徹し，話の内容についてはできるだけインタビュー相手に任せるという方法である。その意味で非指示的方法という場合もある。時間がかかることが多く，インタビュー相手に時間的，肉体的に多大の犠牲を強いることになるのが難点だが，インタビュー相手の本心や微妙な心の動きまで吐露してもらえる場合がある。

　半構造インタビューは，両者の中間で，ある程度の質問文は用意するが，構造的質問紙ほど質問の順序や質問文の言い回しを完璧に統一することはあまり見られない。さらに，各問に選択肢を用意することもほとんどなく，インタ

ビューの主導権はインタビュアーにあるものの、インタビュー相手の発言意志も尊重するところに特徴がある。

　鈴木が採った方法は完全な非構造化インタビューではないが、限りなくそれに近いもので、時折継ぎ穂となるような質問を発するという程度であった。そのせいもあろうがインタビュー相手である田坂は饒舌なほど語っている。そのため本音と思われる箇所も少なくないが、脱線も多く、インタビュー記録は膨大な量となった。そのなかから厳選したのが本書に収められているというわけである。

　インタビュー結果を記述する場合、インタビュアーの質問とそれへの話者の回答（語り）を「そのまま」書き写す「対話引用方式」と、執筆者がインタビュアーと話者の語りを大幅に編集しなおす「編集構成方式」がある。一般には対話引用方式を活かしつつ主題と関係ある部分とそうでない部分を選り分け、ある程度構成しなおす「対話・編集方式」が用いられることが多い（白水2016: 57）。本来インタビューは、インタビュアーの問いかけとインタビュー相手の応答が相まってひとつの会話世界が生成される。その意味ではインタビュアーの問いかけや相槌も逐一記述するに越したことはない。しかし、そうすると煩雑な印象となり、さらに紙幅も必要である。本書ではインタビュアーである鈴木の発話部分は割愛し、編集構成方式を採っている。その分、インタビュアーの意図するところとインタビュー相手の語りの枢要部分を活かすために膨大な時間とエネルギーを必要とした。

3　ハワイおよびハワイ日系人をめぐる基本的なクェスチョン

　ハワイに関する本や記事、インターネットの書き込みなどを見ていると、ハワイは良くも悪くも「誤解」されている、もしくは一面だけが強調されていると感じることが多い。そうした人びとのハワイ・イメージを一言でいえば「万人向けのお気楽なリゾート」というところであろう。一般にインテリで通って

いる大学の教師のなかにすら，そのようなところにある大学だから提携関係を結んでも学生は勉強に身が入らないだろうといって協定校提携などに反対するかたも少なくない（もしかしたら，この大学を出て立派な医者や弁護士になった人がたくさんいるのをご存じないのかもしれないが）。

ともあれ，そうしたハワイ・イメージは，ハワイを世界の観光地，それも徹底して気楽なリゾートにしようと「努力」してきた観光産業や州政府，それと手を携えて観光地ハワイを演出，喧伝（けんでん）してきたハワイ内外のメディアとの協同の成果なのだが，その「努力」は功を奏し，いまやハワイは，お気楽なリゾートというイメージ以外思いつかないほど人びとの脳裏に刻み込まれているといってよい。近年はそれに加え，日本人にとっては「癒しの島」という側面も持たされるようになった。人気タレントを起用した『ホノカアボーイ』(2009年)，『わたしのハワイの歩きかた』(2014年) といった一連の映画がその傾向をものがたっている。いずれにせよ，日本人にとって甚だ都合のよい扱いかたである。

こうしたプロセスは「創られた伝統」（ホブズボウム 1992）といういい方になぞらえれば「創られた観光地イメージ」とでもいえそうである。こうして，こんにち，その「創られた」イメージだけを味わいにハワイにやってくるお客が大多数であるという事態になった。しかるに本書は，われわれが長年にわたり取り組んできたハワイ社会のリアリティーに迫る試みのひとつである（白水 1998; 2008a; 2011a; 2015など）。本書の目玉である田坂の語りをより深く理解するための背景知識として，ハワイ社会史の基本中の基本を押さえておきたい。

(1) ハワイを発見したのは誰か？

キーワード：ポリネシア人，クック船長，カメハメハ大王，ハワイ王朝，アメリカ化

多くの本やテレビなどで語られる「クック船長のハワイ発見」という言説は正確さを欠いている。なぜなら，1778年にクック船長率いるイギリス船団がハワイへ来航したときには既に大勢の人たちが住んでいたからである。彼らが見た茶褐色の皮膚を持った人びとの先祖こそがハワイを「発見」したというべきである。ではハワイの発見者はだれで，どこから，いつ頃来たのか。太平洋に関する考古学をはじめとする学問の進展のおかげで，ポリネシアやメラネシ

アなど太平洋諸地域の成り立ちがかなりの程度わかるようになった（後藤明 2003 などを参照）。

　最初にハワイへやってきたのは南太平洋中央ポリネシアのマルケサス島あたりからやってきたポリネシア人（カナカとも呼ぶ）であるといわれる。これがいつ頃か，という点では諸説あり，早いほうの説では紀元前後から 5 世紀頃，遅いほうの説では 800 年以降に居住が始まったという。いずれにせよ，遅くとも 800 年前後にはハワイにポリネシア人が住んでいたということで，クック船長の来航より 1,000 年も早い。ポリネシア人は卓越した航海術の持ち主だったことがわかる。

　9 世紀頃，こんどは南太平洋ソシエテ諸島のタヒチ島あたりからハワイへの渡航が始まり，以後ソシエテ諸島とハワイとの往来は 15 世紀頃まで続く。15 世紀頃を境にハワイと南太平洋の交流が途絶え，以後ハワイのなかで独自の文化が発展する。

　ハワイ史では 1650 年頃から 1795 年までを原史期（Proto-Historic Period）と呼ぶ。身分制度が確立され，カプ（禁忌）による社会統制機構が洗練度を増すなど，ハワイ文化の原型ができあがる時期である。この時期は人口も増加する。クック来航前の人口については諸説あるが 40 万人前後と思われる。

　このようにポリネシア人による社会ができあがったところへ，1778 年にクック船長らが非ポリネシア人として初めてハワイへ来航，サンドイッチ諸島と名付ける。これ以後，ハワイが世界に知られるようになる。ところで，日本においては初めて西洋人が来航し，鉄砲を伝えたのが 1543 年であるから日本人はハワイ人より 200 年以上早く西洋人と遭遇したことになる。時あたかも当時の日本は戦国時代。伝えられた鉄砲は瞬く間に織田信長をはじめとする革新的な武将に採用されるところとなり，全国統一の時期を早めることになる。

　ハワイの原史期が 1795 年までとされるのは，この年にカメハメハ（1758～1819）がハワイ全土の大部分を統一するからである。それまではハワイの島々に群雄（王）が割拠し，互いに覇権を競い，戦国時代さながらの状態であった。ここで興味深い事実に遭遇する。ハワイ統一が 1795 年ということはクック船長が来航してから 17 年が経過しているということだ。じっさい，カメハメハは西洋の武器や戦術を巧みに使って統一をはかったのである。この日本史とハ

ワイ史の上での符合はむろん，偶然ではない。西洋のテクノロジーと出会った近代前の非西洋社会が経験する大変動のひとつということができる。ハワイ社会も「クック以後」，全島統一のほかにも大変動を経験する。1810年にカメハメハが王朝を開くが，彼を含め8代80年余のハワイ王朝の歴史は，アメリカの影響の増大と表裏を成す資本主義化の進展という荒波のなかで翻弄され続ける歴史であった。その間，ハワイ社会の主人公であったはずのハワイ人（ポリネシア人を先祖とする先住ハワイアン。カナカとも呼ぶ）の人口は「クック以前」の約40万人から，100年後，王朝崩壊時には約4万人にまで減少していた。この資本主義化を牽引したのがアメリカ系白人の経営する砂糖きびプランテーションである。

(2) なぜハワイにはアジア人をはじめ多様な民族がたくさん住んでいるか？
キーワード：砂糖きびプランテーション，契約移民，自由移民

ハワイに行くと，その人種，民族の多様さに驚かされる。いったいどのような人びとから成り立っているのだろう。

まず，今日のハワイの人種，民族構成を見ておこう。アメリカ商務省の国勢調査（2010年）によれば，ハワイ州全体の居住人口は1,360,301人である。国勢調査の際，出自の人種民族をひとつだけ挙げた者（つまり「非混血」）の人数の上位8位までを見ると，第1位は白人系33.6万人（24.7％），2位はフィリピン系19.7万人（14.5％），日系は3位で18.5万人（13.6％），4位は先住ハワイアン系8万人（5.9％），5位は中国系5.4万人（4.0％），以下，コリアン2.4万人（1.8％），黒人系2.1万人（1.6％），サモア系1.8万人（1.3％）の順となっている。

ここでは白人という大雑把な括りになっているが出身国別に上位5位をみると，1位はドイツ系で7.4％，2位はアイルランド系5.2％，3位はイギリス系4.6％，4位はポルトガル系4.3％，5位はイタリア系2.7％となっている。

なお，近年は先祖が沖縄県出身者である場合彼らをオキナワンとしてひとつの民族集団（エスニック・グループ）として扱う動きが出てきた。もしこれに従えば彼らはこの8位のなかに入ってくる可能性がある（沖縄系は4万から5

万人の人口を擁すると思われる。もっとも，それら全てが自らをオキナワンであると自己申告するかどうかはわからない)。

　これら以外にも歴史的にはプエルトリコ系，北欧系など多様な人種，民族が移民としてやってきた。

　では，彼らは何のために，いつ，どこから来たのだろうか。

　カメハメハ大王（カメハメハ一世）の死の翌年，1820年，アメリカ東部の町ボストンから宣教師団が来島する。先住ハワイアンからみれば白人（ハワイ語でハオレ＝本来は外国人の意）である。以後次々と来島するハオレ宣教師は，「先住ハワイアンは野蛮」との認識を持っていた。先住ハワイアンに神の福音を授け，文明化しなければならないとの使命感に燃え，積極的に宣教活動を展開する。この宣教師団の子孫たちを中心に，ハワイでビジネスを始めるハオレが次々と現れる。なかには先住ハワイアンを労働者にして一儲けしようとする輩も登場する。

　こうした動きのなかで，1835年，ハワイで初めての砂糖きびプランテーション（日本人は「砂糖きび耕地」または単に「耕地」と呼んだりした）が誕生する。ところが，前述のように，労働力として期待していた先住ハワイアンは外国人が持ち込んだ病気などが原因で急激に人口が減少する。また，期待されたほどにはプランテーションで働きたがらなかった。そこでハワイの外から組織的に移民を集めてくることになる。大抵が3年から5年程度の契約労働者であるが，むろん契約延長が期待されていた。最初に連れて来られたのが清王朝のもと困難な暮らしを強いられていた中国人の一団で，1852年のことである。中国人はその後，次々と来布することになる。そのころアメリカ本土では南北戦争（1861-1865）の影響もありアメリカ南部の砂糖産業の生産が低落，ハワイの砂糖の需要が高まる。労働力がますます必要となったのである。

　1865年には太平洋諸島から契約労働者がハワイへ渡来し，次いで日本からの契約労働者約150名が来島する（人数については諸説ある）。日本側で渡航許可を発したのは江戸幕府である。1868年（明治元年）に来布（ハワイ＝布哇に来ること）したこの一団は後に「元年者［がんねんもの］」と呼ばれることになる。彼らは，漂流者などを別として，集団で労働の意志を持って来布した日本人の嚆矢である。ただし，その後政権を取った明治政府は彼らを正式な渡航

者として認めず，彼らを日本に呼び戻すべく使節を派遣する。1869年のことである。使節を派遣した明治政府のほうでは「元年者」たちは砂糖きび耕地で奴隷並みの虐待を受けていると聞いていたので元年者のほとんどが帰国すると踏んでいたと思われるが，実際に帰国したのは即時帰国者40名を含む合計50名ほどであった。なんと100名余がハワイに残ったのである。その後，日本からの集団移民は暫し途絶えることとなる。

次に来布した民族集団はポルトガル人で，主に大西洋上のアゾレス，マデイラ諸島の出身者であった。アジアからの男ばかりの出稼ぎ移民とは異なり，ポルトガル人は家族連れの者が多かった。彼らの初来布は1878年である。

1881年，ドイツ，スカンジナビア（主としてノルウェー）からの移民がハワイへ渡来する。この年，カラーカウア王が世界周遊の途上，日本を訪問，プランテーション労働者を送ってくれるよう明治政府に要請する。

このように世界各地から労働者が集められ，ハワイは急速に多民族化していくが，それでも1870年代後半から1890年代初頭までは中国人がハワイへの移民の主流を占め，ハワイの総人口における中国人の比率も大きかった。ちなみに，1890年の中国人の人口は16,752人。それに対して日本人は12,610人だった。

しかし，この頃アメリカ本土では中国人排斥が深刻化しており，ついに1882年，中国人排斥法（排華法，中国人入国制限法ともいう）が成立。それを受けてハワイでも反中国人感情が高まる。1883年，ハワイ王国政府が段階的に中国人労働移民の入国を制限し始める（こうした流れはハワイの中国人人口にも反映しており，中国人と日本人の人口が1890年代後半に逆転し，1896年には中国人21,616人に対し日本人は24,407人になった [Schmitt 1977]）。

中国人労働者は耕地への定着率が高くなく，お金をためるとすぐに町に出て商売を始める傾向があった。プランテーションの経営者としては耕地に定着してくれる働き手が必要だったわけだ。彼らに代わる労働者として期待されたのが日本人である。先にカラーカウア王の要請を受けたこともあり，明治政府はハワイへ契約労働者を送ることにする。ハワイ王国政府と日本政府（官と官）との協約による移民労働者ということで「官約移民」と呼ばれることになる。1885年，その第1陣約940名が来布する。

さまざまな分野でハワイ在住（在布）のハオレ，特にアメリカ人に牛耳られ

るようになっていたハワイ王朝だが，ついに1893年，在布アメリカ人の一派が米軍の支援のもとクーデターを起こす。リリウオカラーニ女王を監禁，ハワイ臨時政府を樹立する。ハワイ王国の事実上の崩壊である。ハオレ指導者らは翌1894年ハワイ共和国を宣言。この年日本からの官約移民も廃止される。以後，日本からの契約労働移民は移民会社の斡旋になる「私約移民」となる。1885年から1894年まで26回にわたって日本から送られた官約移民の数は男性23,340人，女性5,799人，合計29,139人であった。官約移民は広島，山口，福岡，熊本といった西日本出身者が多かった。そこが特に貧しかったというより，そうした地域で重点的に人集めが行われた結果であるとみたほうが事実に近いであろう。

　1894（明治27）年日本と清国の間で戦争勃発。翌年，日本の勝利というかたちで終戦。以後ハワイなど移民地の日本人の自尊心をも刺激することになる。

　その後の集団移民としては，1897年，ガリシア（スペイン北西部）から労働移民がハワイへ渡来する。

　1898年，米西（アメリカ対スペイン）戦争が起こり，太平洋におけるハワイの戦略的価値等を考慮した米国マッキンリー大統領が連邦議会におけるハワイ併合決議案に署名する。

　その翌年末，當山久三の尽力による沖縄県初のハワイ移民（金武村出身者30名）が沖縄を出発。横浜で検査され3人不合格となり，1900年，ハワイに27名が到着。さらに1名が振落とされ，結局26名が各砂糖きびプランテーションへ配属さる。

　同年（1900），米国がハワイ領土併合法を発布し，米国のハワイ併合が確定，ハワイ準州（Territory of Hawaii）となる。米国の多くの法律がハワイでも適用され，ハワイの契約移民労働が廃される。日本人私約移民もこれ以後「自由移民」と称されるようになる。そのなかに米本土へ移動（「転航」）するものが続出。1908年までに約3万人がアメリカ本土へ渡った。

　同年（1900），こんどはプエルトリコからハワイ渡来が始まる。彼らも多くが家族連れであった。

　同年，米本土南部のアフリカ系アメリカ人労働者がハワイへ渡来する。

　次いで，1903年，朝鮮半島から労働移民のハワイ渡来が始まる。

1904（明治37）年日露戦争勃発。翌年終戦。日本の大勝利との新聞報道等を信じて疑わない日本人のなかには，以後，他民族に対して高慢な態度をとるものが増加する。ハワイなどの移民地の日本人にも自尊心を肥大させていくものが増大する。いっぽう，アメリカや西欧諸国は日本の帝国主義的野心に強い警戒心を抱くことになる。

　1906年，米西戦争の結果アメリカ統治下となったフィリピンからの労働移民のハワイ渡来が始まる。

　1907年，スペインからの労働移民の来布が始まる。

　1908年，アメリカ本土での排日運動の激化にともない，日米紳士協約（日米紳士協定ともいう）締結，日本人労働者の米国への渡航を制限。しかし，その協約のなかに在留者の父母妻子には旅券を発給することができるとしてあるところに注目した日本人（ならびに日韓併合後のコリアン）は故郷へ写真を送り，写真で「お見合い」をして入籍。これを写真結婚という。文書上「妻」となった女性たちが続々と米本土やハワイへ渡ることになる（アジア人等の入国を強く忌避するようになったアメリカ政府は1924年，いっさいのアジア人移民を禁止する「1924年移民法」（日本人は「排日移民法」と呼んだ）を制定する）。この1908年から1924年までの「呼び寄せ時代」に約2万人の女性が来布したといわれる。

　1909年，ロシアから労働移民のハワイ渡来が始まる。

　同年，オアフ島の砂糖きびプランテーションの日本人労働者が，人種民族による差別賃金等の是正を求めてストライキを敢行（第一次オアフ大ストライキ）。砂糖きび耕地の日本人の賃金はポルトガル人や中国人，先住ハワイアンなどより低く抑えられていた。したがって，それ以前から日本人の小規模のストライキが頻発していた。なお，この第一次オアフ大ストライキを主導した日本人4人のひとりが，ジャック田坂の父田坂養吉である。

　1910年，日本政府による韓国併合により朝鮮移民労働者が朝鮮国籍を失う。日本領事館が住民登録を促すが，ハワイ入国時に朝鮮のパスポートを持っていたことを理由にこれを拒否。この頃からハワイで朝鮮独立運動が急速に高まる。

　また，この頃から朝鮮からの写真花嫁が徐々に増える。彼女たちの旅券の発給元は日本政府であったので身分としては「日本人」として入国せざるをえなかった。

1885年（官約移民第1回）から1924年（排日移民法施行）までの40年間で22万人の労働者がハワイへ渡来する。後に一世といわれる人びとだ。
　砂糖きびプランテーションの労働者として世界中から集められた人びとでできあがった多民族社会ハワイであるが，日本人労働者の数は群を抜いており，第二次世界大戦前にはハワイ全人口の4割近くを占めていたし，砂糖きびプランテーション労働者の7割以上が日本人であった。
　19世紀のハワイのアメリカ化を推進した両輪は，精神文化としてのキリスト教と資本主義的産業としての砂糖きびプランテーションであったといってよい。

(3) ハワイ日系人はどのような歴史を歩んできたのか？

キーワード：世代（一世，二世，帰米二世，三世），出稼ぎ，紳士協約，呼び寄せ，写真結婚，エスニック・エージェンシー，定住意識，強制収容，戦争協力，二世兵士

　ハワイ日系社会の歴史を世代を軸に概観してみよう。

第1期：前史（1868年～1884年）
　元年者約150名のうちハワイに居残った100名のみが形成したコミュニティ。なかには先住ハワイアンの女性と結婚し，立派な二世を育てた人もいた。彼らはまじめに働き，労働者としての日本人の評価を高めたと思われる。そのことがハワイ王国による日本人移民要請につながったと考えられる。

第2期：出稼ぎ期（1885年～1907年）
　明治政府とハワイ王国が関与した官約移民の開始（1885年）から紳士協約締結前まで。
　日本人移民の大多数が3年程度の契約労働が終わってしばらくすると帰国するつもりの出稼ぎ根性であった。いっぽうで日本語新聞・雑誌等の日本語メディア，日本語学校（日本人学校），日系宗教，商工会，県人会などの結社・機関，すなわちエスニック・エージェンシー（同胞のための適応促進機関）が生まれる。

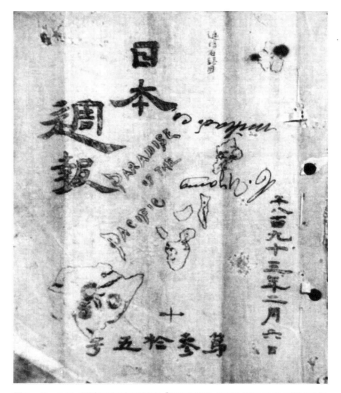
図Ⅰ-2　ハワイ最初の日本語新聞『日本週報』1893年2月6日第35号

第3期：呼び寄せ・二世誕生期（1908年～1923年）

紳士協約締結（1908年）から排日移民法施行前まで。家族形成期。写真結婚により妻を呼び寄せ，二世が生まれ家庭を築く者が増加。学齢に達した二世を日本の親戚に預ける「日本留学」が盛んになる。彼らが戦前，戦後に再びハワイ，米本土に帰って来て新たな「日本語族」として参入する。彼らは二世なので生まれながらにアメリカ市民であるが，その特異な体験から「帰米二世」と呼ばれる。一般の二世たちは午前は公立学校，午後日本語学校に通った。

第4期：一世最盛期（1924年～1940年）

排日移民法施行（1924年）から太平洋戦争勃発前まで。二世成長・成人期。

上記のエスニック・エージェンシーが充実する時期。日本語新聞をはじめとする日本語メディアの最盛期。日本人の定住意識が強まる。1930年代に米本土西海岸から労働組合の活動家が来布して組織化を開始，プランテーション労働者を中心にかなりの成果を挙げるも，太平洋戦争の勃発により戒厳令が敷かれ活動停止を余儀なくされる。

第5期：二世台頭期（1941年～1945年）

日系人受難期。1941年太平洋戦争勃発。日本軍がハワイのパールハーバーを攻撃。日本語新聞，日本語学校，武道，日系宗教，日系ビジネス等に携わっていた日本人リーダーや帰米二世らが逮捕され，約2,500名（家族を含む）が米本土の収容所へ，約350名がハワイ内のホノウリウリなどの収容所へ送られる（なお，米本土では，西海岸に住む11万人余りが内陸部の11カ所の収容所に送られている）。特にハワイでは日本語を母語とする一世や帰米二世の主だった人びとが強制収容され，しかも日本が対戦国だったため，英語を母語とし米国市民である二世が日系社会内で急速に勢力を増す。ヨーロッパ戦線では二世からなる日系人部隊（第100大隊，第442連隊）が奮闘，太平洋戦線では帰米二世を含む二世からなるMIS（語学兵）が日本兵への訊問や日本語の翻訳等で貴重な役割を果たす。二世兵士の大活躍がアメリカやハワイでの日系人の地位向上につながるはずだと日系人の多くが期待した。

銃後（home front）であるハワイでも二世たちの多くはハワイ軍政府に対し積極的に協力。二世リーダーが非常時奉仕委員会（ESC）などを結成してハワイ軍政府と密接に連絡を取りながらハワイ日系社会を戦争協力へと導く（白水1998: 27-77）。

第6期：二世最盛期（1946年～1970年代）

第二次世界大戦終結，日系社会の再出発から二世が政治・行政・教育・ビジネス等の分野に大量進出する時期。戦場からハワイへ帰還した二世たちがGIビル（復員軍人援護法）によって大学や大学院へ進学。卒業後，ビジネスや法曹界に進出し頭角を現す。日系二世リーダーのうち民主党を支持する者たちは，戦争中に日系人と親しい関係を築いていたジョン・バーンズ（戦中にホノルル

市の警察官として日系社会と頻繁に接触）らと政界に進出。1954年のハワイ議会選挙で圧倒的な勝利を収める（民主党革命）。それまでハオレの財閥が支持する共和党が政界を牛耳っていたハワイに大変化が訪れる。

　こうした動きと呼応して，労働組合運動が活発化し，1946年にはハワイ史上初の多民族合同の大ストライキを決行。その後も労働運動は勢いを増し，ハオレが絶対的な支配力を有していた労使関係に変化が生じる。

　一方，一世はどうしていたか。戦前に，日系社会の中心的役割を担っていたリーダーたちが本土の収容所やハワイの収容所から職場へ復帰する。日本語学校も再開し，日本映画や日本語ラジオも復活する。しかし，戦中に主導権が二世に移動していたため，戦前に比べ一世の勢力は減退する。そのようななか，ジャック田坂をはじめ，帰米二世が戦後ハワイの日本語世界で活躍することになる。なお，1952年，移民帰化法（マッカラン＝ウォルター法）の制定により，「帰化不能」とされていた日本人（一世）もアメリカ市民になる道が開かれた。日系社会の長年の悲願が成就したわけで，涙を流して喜んだ一世も多かったという（ただし，この法案は甚だしく白人優先的且つ反共的であり，手放しで称賛できない側面を持つ）。

　終戦直後の日系社会に大きなインパクトを与えた出来事は，日本の敗戦を認めない「勝った組」（ブラジルなどでは「勝ち組」と呼ぶ）が勢力を振るったことである。最盛時には4,000人の会員がいた組織もあるといわれる。1950年代にはさすがに減少するが，残党は1970年代までいた（1977年11月17日『ハワイ報知』に解散広告）。ブラジルでは勝ち組のメンバーが「負け組」（認識派）を殺傷するという事件を起こすが，ハワイでは暴力沙汰は起こしていないようである。しかし，日系社会のなかに深刻な対立を生んだことに変わりはない。この「勝ち組現象」は歴史学・政治学・社会学・心理学など人文・社会科学が協働して取り組むべき国際比較研究の大きなテーマである。

　次に戦後の日系社会で特筆すべきは戦争花嫁（ハワイでは軍人花嫁と呼ぶ）の来布である。終戦直後から朝鮮戦争にかけて相当数の戦争花嫁が軍人だった夫に連れられてやってきた。彼女らは帰米二世同様，日本語族（一世）の貴重な後継者として，日本文化・沖縄文化の維持発展に大きく寄与することになる。

　戦後の二世の勢力拡大は勢いを増し，1959年ハワイが50番目の州に昇格す

るや今度は国会議員（連邦議会上下両院の議員）に選出される二世が続出する。日系二世の絶大な支持を得てハワイ州知事になったジョン・バーンズは副知事に二世のジョージ・アリヨシを指名。バーンズ引退のあとアリヨシは1974年以後3度の州知事選に勝利し，全米で初のアジア系州知事として1986年まで執務することになる。

　ところで，終戦直後から1950年代初頭まで全米の出生率が急上昇する。アメリカにおけるベビーブームである。ハワイでも日系三世の多くがこの時期に生まれている。

　70年代に青年期を迎えた三世はベトナム戦争世代として，二世とは異なる形で自らの生き方を模索する。一世，二世が強く背中を押したこともあり三世の間では高学歴化が進行し，言語生活を中心にライフスタイルとしてはアメリカ人そのものといわれるまでになる。

第7期：三世最盛期（1980年代～2010年代）
　アメリカ化が完璧なまでに進行した第三世代であるが，いっぽうで日本語やウチナーグチ（沖縄語）を学んだり，日本の文化，大衆文化に強い関心を示す人びとが一定数いるのも三世の特徴である。堂々とエスニシティを標榜したり，エスニック文化を追究したりすることができるところに三世の精神の余裕，自信が表れているといえよう。それを裏打ちするのが大状況としてのアメリカ社会全体そしてハワイ社会の多文化主義の進行である。

　三世およびその次の世代は二世以前の世代に比べれば「日系人意識」にこだわらないといわれる。たとえば，日本文化に強い関心はあるが投票行動は別である，という人は少なくない。二世までは日系候補というだけで投票する人が多かったのに比べると大きな変化である。あくまで政治家としての能力が判断材料なのである。2015年末に州知事に選出されたデービッド・イゲ（伊芸）は日系人として2人目，オキナワンとして最初の州知事であり，2012年にリンダ・リングル（元州知事）という白人候補をやぶったメイジー・ヒロノ（広野）はアジア系女性初の連邦上院議員であるが，彼らはその「日系」という属性もさることながら，その有能さゆえに選ばれたとみるべきであろう。こうした日系をはじめとするアジア系の社会進出を担保するのは，大状況としてのアメリカ

社会がまだ民主的な多文化主義を維持する力があるからである。しかし昨今の大統領選挙の様子から偏狭な反知性主義的保守主義の影が濃くなってきていると感じるアメリカ人も少なくない。もっとも，偏狭な反知性主義の広まりという点では他人事ではない。

（4）帰米二世とはどのような人たちか？

　この本の主人公のジャック田坂は帰米二世と呼ばれる人びとのひとりである。では帰米二世とはどういう人たちなのか。定義的には，米国で生れた二世のうち，日本で養育をうけ，戦前もしくは戦後，米国へ帰ってきた人のことである。カナダでは，同じような境遇の人を帰加二世（きかにせい）というが，同様の例は南米にも少なくない。そうした人びとを総じて帰来二世（きらいにせい）と呼ぶこともある。なお，南北米の移民地から日本に送られ養育を受け，そのまま日本で生涯を過ごした二世も少なくない。帰米二世についての正確な統計はないが，日米戦争直前までに太平洋沿岸諸州に帰ってきた二世は約1万人と推定される。そのころ同地には6万人強の日系市民（二世以降）が居住していたと思われるから約六分の一が帰米ということになる。一方，ハワイにはそのころ約12万人の二世（およびそれ以降の世代の人びと）が居住していたので，単純に見積もっても全米で2万人をはるかに超える帰米二世がいたと思われる。すなわち，戦前の日系社会においては子どもを日本（一般には親の郷里）へ送って養育を依頼することは珍しいことではなかった。その理由は大きく文化的と経済的のふたつに分けられるが，その両者は不可分である。つまり，日本に送れば日本的な教育を受けさせることができるし，同時に，物価の安い日本で育ててもらったほうが米国で教育を受けさせるより安上がりであった。帰米二世は米国への帰国後に英語をはじめとする文化的な適応で筆舌に尽くしがたい苦労をするが，その日本語能力と日本文化に通暁しているという特長を生かして，日米両文化の架け橋の役割を発揮したものも少なくない。例としては，米軍の語学兵として太平洋の戦場で多大な勲功を挙げたものや，戦前戦後の日系団体や日本語新聞・ラジオで活躍したものなど，枚挙に暇がない。なお，沖縄系の

帰米二世は特にハワイ生まれが多く，ハワイへ帰ってきてから「ウルマ青年会」を組織するなど，文化仲介者として沖縄系社会の発展に大きく寄与した。文化的境界人である彼らの，文化仲介者としての社会的機能に関する研究は急務である（白水 2008a）。

1 部　序論　引用文献，参考文献

飯田耕二郎（2003）『ハワイ日系人の歴史地理』ナカニシヤ出版
飯田耕二郎（2013）『ホノルル日系人の歴史地理』ナカニシヤ出版
イェイツ，マカアラ（2015）戸田説子訳『ナアウアオ・オラ・ハワイ』創造館
石川友紀（1997）『日本移民の地理学的研究』榕樹書林
王堂フランクリン，篠遠和子（1985）『図説ハワイ日本人史　1885–1924』B.P. ビショップ博物館人類学部，ハワイ移民資料保存館
金城宏幸（2006）「終わりなき同化と異化のはざまに―ウチナーンチュ・コミュニティと帰米二世の言語文化―」『移民研究年報』12 号所収
川上バーバラ（1998）香月洋一郎訳『ハワイ日系移民の服飾史―絣からパラカへ』平凡社
兒玉正昭（2011）『日本人移民ハワイ上陸拒絶事件』不二出版
後藤明（2003）『海を渡ったモンゴロイド』講談社
後藤明，松原好次，塩谷亨編（2004）『ハワイ研究への招待』関西学院大学出版会
坂口満宏（2001）「帰米二世をめぐる断章―シアトル帰米日系市民協会の組織と活動中心に―」『移民研究年報』7 号
Schmitt, Robert C.（1977）*Historical Statistics of Hawaii*, The University Press of Hawaii
島田法子（2004）『戦争と移民の社会史』現代史料出版
白水繁彦（1998）『エスニック文化の社会学』日本評論社
白水繁彦（2004）『エスニック・メディア研究』明石書店
白水繁彦（2008a）「帰米二世」，渡辺欣雄他編『沖縄民俗辞典』吉川弘文館
白水繁彦編著（2008b）『移動する人びと，変容する文化』御茶の水書房
白水繁彦（2011a）『イノベーション社会学』御茶の水書房
白水繁彦編著（2011b）『多文化社会ハワイのリアリティー』御茶の水書房
白水繁彦編著（2015）『ハワイにおけるアイデンティティ表象』御茶の水書房
白水繁彦（2016）「女性が自立するということ：ライフストーリーから読み解く高学歴女性の適応のストラテジー」『Journal of Global Media Studies』No.17/18. pp.55–67.
Shiramizu, Shigehiko（2013）'The Creation of Ethnicity: Hawaii's Okinawan Community' in *Japan Social Innovation Journal*. Vol.3, No.1. pp. 20–35.
鈴木啓（2004）「帰米二世と呼ばれた人たち」後藤明，松原好次，塩谷亨編『ハワイ研究への招待』関西学院大学出版会
田村紀雄（1991）『アメリカの日本語新聞』新潮社

田村紀雄（2008）『海外の日本語メディア 変わりゆく日本町と日系人』世界思想社
田村紀雄，白水繁彦編者（1986）『米国初期の日本語新聞』勁草書房
ハワイ日本人移民史刊行委員会編（1964）『ハワイ日本人移民史』ホノルル　布哇日系人連合協会
ホブズボウム，エリック他編（1992）前川啓治他訳『創られた伝統』紀伊国屋書店
矢口祐人（2002）『ハワイの歴史と文化』中央公論新社
矢口祐人（2011）『ハワイ王国』イカロス出版
山崎敬一，やまだようこ他編（2016）『日本人と日系人の物語』世織書房
山城正雄（1995）『帰米二世　解体していく「日本人」』
山中速人（1993）『ハワイ』岩波書店
吉田亮（2008）『ハワイ日系２世とキリスト教移民教育』学術出版会
吉田亮編著（2016）『越境する「二世」：1930年代アメリカの日系人と教育』現代史料出版
渡辺礼三（1986）『ハワイの日本人日系人の歴史（上巻）』ハワイ報知社

付表　ジャック田坂　年譜

1876年7月11日	父田坂養吉，広島で生まれる
1893年12月18日	養吉，広島県県属として雇用される
1895年12月18日	養吉（19歳），チャイナ丸でホノルル着
1910年3月	第一次オアフ大ストライキ指導者として投獄される
7月	特赦で出獄
1914年8月26日	ホノルル，ダウンタウンのマツモトレーンで出生（養吉・クニエの次男）
1916年2月–5月	家族と共に日本へ旅行（2月11日発，5月25日着）
1918年5月2日	家族引き揚げのため広島へ
1932年3月	広島高等師範卒
4月	大阪商科大入学
1933年5月8日	養吉，東京で死去
1937年2月20日	**秩父丸でハワイへ戻る**
	中央学院教師となる
1940年6月–9月	親見舞いで日本へ一時帰国（6月21日発，9月15日着）
1941年6月15日	中村タエコと結婚（畑商店支配人中村精一の娘）
1942年	ヒロ酒造に残された日本酒を処理するためにヒロへ行き，約1年間滞在する。
1943年4月	日本への忠誠心が強いとの嫌疑で逮捕されホノウリウリ収容所へ
1944年9月	仮釈放される
1945年8月	保険業始める
1948年	KULAでニュース番組を担当
1950年	KHONで「パラダイスメロディー」始める
1951年10月11日	KGUに入局し，取材の為日本へ行く
11月1日	KGU，日本語放送開始
12月4日	日本から戻る

1952 年 11 月		日本語放送部主任として KIKI へ入局
	11 月 24 日	KIKI 日本語放送，田坂の歌謡番組，曾木幸子の「布哇の夜」朗読，鈴木南慶の講談の三本柱でスタート
1953 年		KIKI のど自慢始まる
1958 年		日本料理店「たぬき」を開店
1959 年 10 月		森田利秋，KIKI のニュース番組を担当
1961 年 4 月 10 日		フーバー立石ら，KIKI で放送開始
1976 年		62 歳で引退。ラジオの仕事はやめ，「たぬき」も譲る
1979 年		この頃から，文筆生活に入り，『ハワイ報知』に書き始める
1980 年 2 月		『ハワイタイムス』に「布哇相撲百話」を連載。全 77 回。
1981 年 1 月 1 日		『ハワイ報知』に「ホノウリウリの思い出」を掲載。ホノウリウリについて最初の本格的回想記
	2 月	『ハワイタイムス』に「日系初代の遺産・ホレホレ節考」連載。全 8 回。
1984 年 1 月		『ハワイタイムス』に「夢二とハワイ」連載。全 8 回。
	3 月	『ハワイタイムス』に「ハワイ今昔物語」連載。全 43 回。
1985 年 3 月		「ホレホレ・ソング―哀歓でたどるハワイ移民の歴史」（日本地域社会研究所）発刊
	4 月	『イーストウエストジャーナル（以下 EWJ）』紙に「移民百話」の連載を開始。全 110 回。
	8 月	「ハワイ文化芸能百年史」（イーストウエストジャーナル社）発刊 本書編者白水，しばしば田坂のもとを訪ね，戦中の体験を聞く（以後 90 年代まで）
	9 月	和歌山市主催で開かれたシンポジウム「移民を考える」にハワイ代表として出席
1990 年 1 月		『EWJ』紙に「ハワイ今昔物語」連載。全 37 回
1991 年 9 月		『ハワイパシフィックプレス』紙に「ハワイ沖縄系二世の芸能スポーツ列伝」を連載。全 28 回
1992 年 11 月		「親子二代のハワイ」で第一回ハワイパシフィックプレス自分史文学賞を受賞。
1995 年 4 月		『EWJ』紙に「ハワイを彩る日本人」連載。全 72 回
1999 年 1 月		『EWJ』紙に「まぼろしの民謡・ホレホレ節」連載。全 31 回
2000 年 6 月		『EWJ』紙に「ハワイ日系百年史」を連載。全 15 回
2001 年 1 月		『EWJ』紙に「思い出の記」連載。全 41 回
2001 年 8 月		本書編者鈴木による日系人史インタビュー開始。翌 2002 年 2 月まで約半年続けられる
2003 年 1 月		『EWJ』紙に「モイリリ日本人町 100 年の歩みを辿る」を連載。
2004 年 1 月		卒寿記念として「ジャック田坂養民執筆目録」（編集 鈴木啓）
	3 月	『EWJ』紙 3 月 1 日号の「(24) 本田緑川氏のモイリリの思い出」を最後に，視力の衰えのため連載執筆を中止。
	4 月	KZOO 宇良啓子アナの企画司会により，ハワイ移民の歴史を語る「ハワイ物語」をスタート（全 39 回）
2005 年 4 月		ラジオ番組の原稿を基にした「ハワイ物語」（マイレブックス）刊行
2007 年 11 月		『EWJ』紙に「カネオへ風土記」を連載。全 4 回。最後の執筆となる。
2008 年 3 月 17 日		ホノウリウリ収容所体験者として，ハリー浦田，影浦長次郎と共にハワイ州上院より顕彰される。
2013 年 3 月 13 日		カネオヘのケアホームにて死去
	3 月 29 日	アラモアナパークで散灰の儀式行われる。

II
section

本　論
ジャック田坂の語りを聞く

1 戦前の日系社会について

(1) ハワイへ帰還　日本語学校の実態

日本語学校

　1937 年にハワイに戻って来た頃，日本語学校の先生の月給が 40 ドルか 50 ドル。これでは，とても食えないよね。だから，帰米二世は朝仕事をして昼から学校に教えに行くとかしてた。朝 8 時ごろから 2 時ごろまで新聞社に働いて，2 時半から日本語学校とか。2 つ持って，ようやく一人前の月給になるんですよね。日本語学校っていうのは，（待遇が）校長に厚いんですよ。校長はたいてい夫婦で働くしね。日本の師範学校の本科を出てくれば，正教員の免許を持ってるからね。

　そして，たいてい日本語学校の校長は社宅をもらうんですよ。社宅をもらって，高い月給をもらって。その費用を出すために平教員が本当に安い。二束三文。40 ドル，50 ドルじゃ食えんからサイドビジネスをやるんですよ。僕ら 2, 3 件家庭教師を持ってた。いい家庭だと，それが 100 ドル以上になるんです。

　僕らが教えてたクラスだと，だいたい一クラス 40 人。女の場合だと，30 人から 40 人だよね。中学校は，たいてい A 組，B 組。女学校も A 組，B 組ありましたね。高等科になると男だけ，女だけね。僕らが中学，女学校で教えていたのは，まず修身ね。修身，国語，漢文。あと文法。文法は先生によって違うけど，まあ国語のほうに入れてたね。それと書き方があった，習字のこと。作文は綴り方。それと歴史もありました。算数は教えなかったね。教科書は（国

語などはハワイ版の教科書もあったが）僕らの学校は，日本の文部省の教科書を使っていた。

　僕らはあと地理をね，自分の国語の時間に加味してましたよ。国語という科目のなかに，文法と地理を加味していた。歴史は歴史の時間があったからね。そのほかに土曜日の午後に，随意にやれる選択科目があった。取っても取らなくてもいいの。女子は作法，行儀作法ね。そして和裁，洋裁，生け花。花嫁学校みたいなもんだ。女の子はそれを土曜日の午後にやってたね。男の子は，柔道，剣道。これが随意科目になるわけね。

　そして日曜日はサンデースクールがあった。教会やお寺にもあるけど，日本語学校にもサンデースクールがあるの。幼稚園，小学校が対象で，幼稚園，小学校の生徒が自由にアテンド（出席）してたの。これは別に授業とかいうんじゃなくて，遊びに来るようなもんだ。まあ童謡，唱歌，それと遊戯ね。

中央学院

　僕が教えていたのは中央学院[1]だけど，中央学院っていうのは下町の学校だから，いわゆる商家の子女が多いかったね。ほかに，ダウンタウン以外から来る子もあった。とはいっても小学校のころはみんな近くの子どもですよ。学費も安く，中女学校（中学校，女学校）の上の高等科に行っても月2ドルくらいなもんだから。

　まあそのせいで先生の給料も安くて，前に言ったように月平均50ドルくらいしかもらえなかった。学校の先生っていうのは女の仕事だから，大体男がなるもんじゃないのよ。家庭の主婦が内職にやる程度の給料だったから。

　中央学院っていうのは幼稚園からあって，2つに分かれてたの。幼稚園，小学校は，ヌアヌで，ヴィンヤード（ストリート）の少し上，今（フォスター）植物園になってるところにあった。これを下の学校と言ってたの。中女学校と高等科と実業専門学校は上にあったの。上っていうのはジャッドストリートのちょっと下。今，あそこ，みんなマンションが建ってる。これが上の学校。一番多いときは両方で1,500人くらいの生徒がいた。僕は初めから上の学校で教えていた。

　あのころは，ホノルルではほとんどの家で公立学校（英語教育）から帰って

図1-1 中央学院卒業アルバム「芙蓉」(1940年)[田坂コレクション]

きた子どもを，午後日本語学校に行かせてた。幼稚園から来る子もいた。小学校の学齢はもちろん中女学校まで日本語学校に来てましたね。公立のインターミディエイト出るのが中女学校出る頃だったの。

　中央学院は（日本語学校の中では）ホノルルで一番古い学校で，またホノルル一の大きな学校で，一番格式の高い，程度の高い学校だった。あのころ公立学校がね，小学校6年行って，3年インターミディエイトで行って，3年ハイスクールに行くと12年になるわな。それに対し，日本語学校のほうは，小学校は6年制で，旧中女学校が4年制。それで10年でしょ。あと2年間は高等科に来て，それを卒業すると12年だから，日本語学校の高等科まで行った者が，マッキンレーハイスクール出るときに同じ年になるわけ。多くの子どもが午前公立，午後日本語学校の二重通学をしていたからね。

　ところが1935，1936年頃に一時，ハイスクールが月謝を取り出したことがある。僕らが来たころには，ジュニアハイ（インターミディエイト）まではタダだったけどハイスクールはまだ月謝取ってたの。それで英語学校（公立の学校）はインターミディエイトでやめて，すぐ仕事しだしたの。パイナップル農園に行くとか店の店員になるとか。月謝払うなら，もう子どもやれない，というので，戦前の2，3年は，ハイスクール出てない子どもがたくさんおるわけよ。

　2，3年で月謝が撤廃になってね，それからまた，ただで公立学校のハイスクールまで行けるようになるんですね。

　そのころのハイスクールは，白人系のプナホウ[2)]，イオラニ[3)]，そして東洋人はマッキンレーハイスクール[4)]，あとはハワイアンスクールのカメハメハスクール[5)]と，ポーチギース（Portuguese）スクールのセントルイスカレッジ[6)]があった。セントルイスはポーチギースのカトリックスクールだったの。1939年ごろに，カリヒのほうにファーリントン[7)]（高校）ができるんです。西ホノルルのほうに人口が増えるから。それからあとはいろんなもんができるの。カイムキにもできるし。ただ1930年代まではマッキンレーがただひとつのパブリックハイスクールだったの。

　マッキンレーはヨコハマ・ハイスクールとも呼ばれた，日本人（日系人）が多いから。40％，50％は日本人だからね。チャイニーズは金持ちが割合多かったから，そんなのはイオラニスクールやセントルイスに行ってたね。ダン（ダ

ニエル）井上[8]も公立のマッキンレーだった。スパーク松永[9]はカウアイだったの。パッツィー・ミンク[10]はマウイだから，マウイハイか。その頃は各島にひとつずつくらいしかなかった。ヒロはヒロハイ[11]ね。マウイはボールドウィン[12]というのがあったが，あれはアレキサンダー・ボールドウィンだから財閥の系統のプライベートかな。だからマウイはマウイハイ[13]だろうな，やっぱり。ラハイナにもあったよ，ラハイナルナ[14]というのがあったね。まあパブリックは少なかったよね，ホノルルにひとつしかなかったんだから。

あとルーズベルト[15]（ハイスクール）が，僕が来たときにはありましたけど，あそこに行くようなやつはちょっとハオレ[16]かぶれと言われていたな。というのがあそこは普通の者入れないの。あれはイングリッシュ・スタンダード・スクールといって，リファイン（refine）された英語がしゃべれなければだめで，ピジョン（ピジン）・イングリッシュ（Pidgin English 混成英語）[17]しかしゃべれない者はルーズベルトに入れない。（ルーズベルトは）プナホウとマッキンレーの間ぐらい（のレベル）になるわけ。だから，あそこに入るとお前らよりおれの英語がいいんだよというプライド持ってた。

フットボールは，カメハメハ，セントルイスね。プナホウも強かったけど，プナホウよりもカメハメハ。重たいからね。タウンリーグというのがあって，カメハメハ，セントルイス，プナホウなんかでやると，やっぱりいつも残るのはカメハメハとセントルイス。センルイスはポルトガル系，カメハメハはハワイアン，プナホウは白人系でね。あのころはハワイアン対白人とか，ポーチギース対白人とか，対抗心，敵対心が強かったからね。

もっとも日本語学校も12年と言ったけど，全部の学校に（12年の課程が）あったわけじゃないよ。中央学院や本願寺（布哇中学[18]）にはあった。しかし，カリヒとかパラマとか，あの辺にもいろんな日本語学校があったけれども，だいたい地方の日本語学校は8年で終わりなんですよ。そうすると，町の中学校に来るのがたくさんおるわけですよ。こいつらはみんな優等ですね。

本願寺（布哇中学）はね，みんな門徒の子だからね。本願寺はフォート学園というのが小学部なんですね。布哇中女学校がその上になるわけですよ。門徒の子だからみんな小学校からずっときて，中女学校，そして高等科になってくると，ほかから入ってくる人間に冷や飯食わすわけですね。やっぱり自分の子

図1-2 田坂が教師をしていた中央学院［田坂コレクション］

飼いの者が可愛いから。だから級長とか副級長とかいうのは，皆フォート学園から上がった子がやるわけですよね。中央学院は校長の方針で，できるものはできるんだから，級長選ぶときでも全部子どもたちに選ばすんです。級長の選挙は先生は立ち会わないで，自分たちで投票して選ぶわけですね。そうすると，みんな同じハイスクール，マッキンレーに行っているけど，中央学院の級長になるのは，たいていマッキンレー・ハイスクールのフレッシュメン，ジュニア，シニアのクラスのオフィサー（役員）になるものだった。みんなマッキンレーのスタンダードで選ぶから，マッキンレーのスチューデントボディ（student body・生徒会）のプレジデントとかシニアクラスのプレジデントとか，ハイクラスにおるスチューデントはみんな日本語学校で級長になりますよ。

　だから民主的にやってるよ。本願寺（布哇中学）はそうじゃない。だいたい学校のほうで決めるらしいけどね。あれで中央学院には人材が集まったんですよ。だいたい（他の）学校の校長さんが知ってる，中央学院に送っておけば平等に扱ってくれるからと。

中央学院には，さらに，高等科2年生の上に実業専門学校というのがあったんです。ここは実業だから，コマーシャルイングリッシュ（商業英語）を教える，ソロバンを教える，コレスポンデンス，つまり商業文を教える。それで実業を出ていれば仕事に有利だというので，そこを出た人もおるわな。ジョージ高林[19]なんかもここ出てるわな。

　わしもソロバン教えよったよ。一応商大に通っとったというだけで，たいしてできないのに「お前，ソロバンやれ」って言うので。高等商業出た先生がおったから途中で代わってもろうたけどな。だから僕ら文法なんか教えよった。英語と日本語で。中学校4年生，高等科1年生，2年生，いわゆるハイスクールのシニアクラスなんかは，弁論大会もある。アファーマティブ（affirmative・肯定）とネガティブ（negative・否定）に分かれて日本語で討論やるんですよ。ハワイ大学のディベートと一緒なんですよ。

　たとえば，日系二世は日本国籍を離脱すべきかどうか。こんな問題を論じるわけですよ。いろんな社会問題をタイトルにしてやりました。日本語ですよ，全部。もちろん先生が指導しますけど，分からんところを少し教えて，スピーチを多少直してやる程度なものです。あとは全部自分たちでやります。ハイスクールのシニア（3年生）になると，今のハワイ大学の学生に負けないぐらいの知識ありますからね。

　すべて日本語でやるだけの力があったんです。だから中央学院と本願寺の高等科出た生徒なんかが通訳兵になり，ランゲージスクール（陸海軍の日本語学校）ができたときには教官クラスですよ。

　エドウィン川原[20]というのがおったけれどもね。いまごろ80近くなったかなあ。まだ現役で保険を売ってますよ。ボランティアで，（戦艦）ミズーリ[21]のガイドのヘルプしてますけどね。これなんかもう日本語ペラペラですよ。最優等生だから，英語ももちろんペラペラだけども。ジョージ高林も最優等生だったね。

　ジョージの弟と妹はわしが教えてた。ジョージは，僕が行った時は出た後だった。出た年に僕が入って入れ違いだった。エドウィン川原ともちょうど入れ違いだったかな。おったけども僕は教えなかった。僕は，はじめは4年生を教えて，あとで高等科に行った。エドウィンはあのころもう高等科におったから直

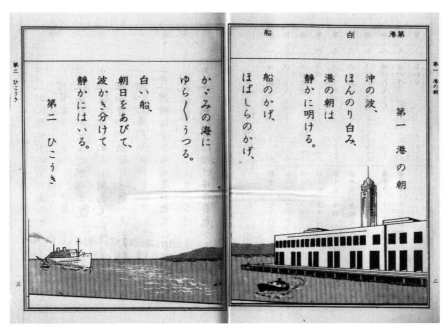

図1-3　当時日本語学校で使われていた教科書「日本語讀本巻7」（1938年）［鈴木蔵］

接教えてないけども，同窓会にいつも来るんですよ。僕らの教え子で一番出世したのはハワイ大学の総長になった松田富士夫[22]かな。僕は（松田を）2年教えたの。中学校3年生，4年生と教えた。あれの姉さんも教えた。妹も教えた。女3人男1人でね。だから姉さんを2人，妹1人，これもわし教えましたね。

　僕らの時代の日本語学校はみんな午後だった。昔，日本語学校のできたころは，朝からだった。朝，公立学校の始まる前に行って，そして済んでからまたあとで来てたらしいよね。

　ただ日本語学校が始まってしばらくすると，いわゆる日本語学校排斥問題（1920年代）が出てくるんですよ。日本語学校に行くから，ピジョン・イングリッシュになって英語が乱れるとか，日本語が入ってまともな言葉が話せないとか，反日家がいろんな横槍いれるわけよ。（ホノルル）アドバタイザーなんか特にね。読者欄があるでしょ，あれにいろんな投書が入って槍玉に挙げられた時代があるんですよね。

ここの公立学校は，悪く言えば，戦前は日本人とかハワイアンを賢くしないようにやってたの。偉くなったら困るもの。
　だから宿題を出さないんですよ。本を持って帰らさないんですもん，本は学校に置いておくんですよ。宿題も出さないんですよ。馬鹿にならないように，賢くならないように。計算機なんてないころだから，ある程度は計算もできないと困るけど。頭がシャープなやつがコミュニズムのほうに走るとか，組合なんか作って資本家に対抗するとかね。ああいうふうな知識階級が出てくるのを恐れていたわけ。ただこれは僕の考えですよ。間違ってないと思うけど，一応こんなふうなことは頭は置いといてくださいよ。
　白人はほとんどリパブリカン（共和党）だからね。指導者層は，ほとんど皆，ビッグファイブ[23]の関係でしょ。警察だろうが，教育だろうが，なんだろうが，もうほとんどリパブリカンが抑えてる，資本家が抑えてるんだから。そして自分たちの学校であるプナホウでは，東洋人は１クラスに１人ないし２人だから。シナ人も日本人も東洋人はほとんど入れない。その時代はシナ人がもう経済的に上がってきているので，（東洋人では）ほとんどシナ人が入る。シナ人が入ったら日本人の入る余地ありませんもの。ピーナッツ国久[24]というのがいましたけど，あれはベースボール（による学校宣伝）のために入ってる。あとは特別のコネがあるとか，よほど学校に寄付するとかね。そうでなければ日本人はなかなか入れなかった。
　このプナホウの親が全部，アイビーリーグの大学に何十万（ドル）も寄付して子供たちは裏門入学ですからね。だからプナホウでできないボンクラでも，無試験で推薦でああいうところに入るんですよ。五大財閥（ビッグファイブ）が崩れたのは，それが理由ですよ。あんなふうにして勉強せずにプナホウを出て，アイビーリーグの一流の大学を出て，戻ったやつが上へ座るんですよ。ゆくゆくは常務，専務，社長でしょ。もう勉強してなくて，ゴルフやったり，ベースボールやったり，ダンスやったり，ポーカーやったりして，社交術を習って戻って，白人社会の社交界で遊んでる。東洋人は，上がれるのは課長ぐらいまでだもんね。
　日本人はキンシップ（kinship）が強くて親がなかなか子どもを離さないから，ハワイで，ビッグファイブの下で働いている。シナ人はそうじゃない，インディ

ビジュアルだから，できる子どもはアメリカ（本土）で教育なんか受けたら，もうハワイに戻りません。アメリカ本土では数倍の月給をもらえるんだから。そして上に伸びるチャンスがあります，財閥じゃないんだから。向こうはもう自由主義社会ですけど，ここ（ハワイ）は封建的でね。ビックファイブの管轄下にあって，絶対に上に出られないんだから。

　ポリティックスはリパブリカン（共和党）だった。デモクラット（民主党）はもう絶対にあいつらが落とすんだから。そして日本人はブロックボート（block vote）やるから，あれが一番怖かったんですよ。日本人が日本人に固まって入れるのが一番怖いから。新聞で日本人はブロックボートやると叩かれた。日本人は日本人だけに入れる，それを一番恐れたわけですよね。

　日系人は，ここの若手で一番いいの。パブリックスクールの上のほうは，ほとんど日本人ですからね。数からしても日本人の生徒が多いですから。シナ人のいいやつはあんまりハワイに戻らないけど日本人はみんな戻るでしょ。医者になり，弁護士になって，みんな戻ってくるでしょ。だから知識階級はもうほとんど日本人ですよね。太平洋戦争が済んでガラッと変わった。（442連隊や100大隊から）戻ったのが，GIビル[25]で月謝タダだから，みなアメリカ（本土）の大学へ行った。そして戻ってきたのが，バーンズ[26]の下でヤング・デモクラッツを作るんですよね。そいつらがリパブリカンを倒して1960年代には日本人がマジョリティーを抑えていくんですよね。

他の外国語学校

　ダウンタウンにシナ人の中山スクールがあった。コリアンは，あまりなかったね。コリアンはまとまって，かたまって住んでないから。あるにはあったのかな，どっかでね。でもみんなが知っているようなのはなかったね。チャイニーズスクールは，細井葬儀所の周りに2つくらいあった。チャイナタウンはシナ人の街だからね。シナ人はたいてい1階が店で2階に住んでるから。

　フィリピン・スクールというのはなかった。アメリカの植民地でイングリッシュだから。

　アメリカが1900年前後に米西戦争[27]で（フィリピンを）取ったでしょう。あれから教育は英語だからね，もとはスパニッシュだろうけど。英語教育受けて

るから，ここでフィリピン学校行く必要もないしね。そして，もう男が主だから。20人に1人しか女の人おらないんだから。あのころはまだ子どももおらなかった。昔は，日本人は5人に1人とか，10人に1人だったかけど，フィリピンはもっとひどかったんだから。20人に1人しか女がおらんのだから。子ども生まれないよな。フィリピンの女がどんどん入ってくるのは戦後になってからだね。戦前はフィリピンの女は希少価値だから，しょっちゅう女のことで，ダウンタウンでも刃傷沙汰が絶えなかった。あいつらフィリピンは，すぐナイフ持ってくるからね。血の気が多いからね。

ソーイングスクール（sewing school）

1920年代の終わりから30年代にかけて，ハワイではレディーメードの洋服が出だしたのよ。アメリカから大量生産，レディーメードの物が入って来るの。だけど子どもが多いから親がいちいち店の物を買ってやることができない。だから1910年代の中頃から1930年代にかけて何十というソーイングスクール（洋裁学校）がホノルルにできるの。

親も縫って着せるし，自分のものは自分で作るようになる。夏休みが3カ月あるんだから，サマースクール代わりにソーイングスクールに通ったりした。だからジュニアハイスクール出るころには，もうたいてい型紙さえあれば切って縫えるぐらいまでにみんななっていた。女の子のたしなみでもあったわけですね。

バーバラ川上という女の人がハワイの服飾の歴史を書いている[28]でしょ。書いておるんだけど，ソーイングスクールに全然触れてないのよ。一番大事なことに触れてないわけです。よく調べてるのは調べてるけれども，みんな昔の人からの聞き取りでね。おそらくハワイにいなかったんじゃないか。アメリカへ勉強しに行ったか，日本へ勉強しに行ったかね。自分が何にポイントを絞っていいかが分からないの，こういう人は。

ソーイングスクールというのは日本人の大きな社会問題なんですよ。誰もやってないけど，あれをいつか取り上げないといけないですよ。

それと，あんたもう，ホノルルにどれだけ呉服屋さんがあったと思う。大見呉服店，長尾呉服店[29]とかは「日本着（にほんぎ）[30]」の店で，日本着だけを売っ

ていた。カイムキドライグッズ，モイリリドライグッズ，パワワドライグッズといった，生地を売る生地屋さんも多かった。今も残っているけど，こういう生地屋さんが型紙売るんだから。ソーイングスクールとタイアップしてるんですよ。ソーイングスクールは今でもあります。

　各家庭にソーイングミシンがありましたから。ソーイングミシンが売れ出したのは1910年ごろからで，セールスマンがたくさんおりました，シンガーのね。ソーイングミシンは各家庭にあって，みんな親が縫い，あるいは姉さんが縫って妹に着させるとかね。男のパンツなんかみんな縫いよったんだからね。型紙さえあればね。

注

1) 中央学院。1896年キリスト教牧師の奥村多喜衛がホノルル最初の日本人学校（小学校）を創設した。これが中央学院の前身で，のちに中学校，女学校，高等科などを設立して規模を拡大したが，太平洋戦争開戦後に閉鎖された。戦後戦再開されたが，1950年代末に閉校した。
2) プナホウスクール。1841年プロテスタントの教会によって設立された私立学校。1934年まではオアフカレッジと名乗った。現在は幼稚園から高等部まである。
3) イオラニスクール。1863年聖公会によって設立された私立学校。プナホウと並ぶ進学校として知られる。
4) マッキンレーハイスクール。1833年チャリティースクールとして創立され，1865年公立高校となる。1907年現在地に移転。校名は第25代大統領ウィリアム・マッキンレーに由来する。日系人がたくさん通っていたので，ヨコハマ・ハイとかトウキョウ・ハイと呼ばれることもあった。戦後大活躍する二世の多くがこの高校出身。
5) カメハメハスクール。1887年に先住ハワイアンのために設立された私立校。
6) セントルイスカレッジ。1846年カソリック教団によって設立された私立校。
7) ファーリントン高校。田坂は1939年頃創立としているが，実際は1936年に設立された公立校。校名は第6代准州知事ワレス・ファーリントンから取られた。
8) ダニエル井上健（1924-2012）。ホノルル生まれ。日系二世。ハワイ大学在学中に442連隊に志願しヨーロッパ戦線で戦い右腕を失う。戦後政界に入り1954年准州議員，1959年日系人として初めてのアメリカ国会（連邦議会）下院議員。1963年国会上院議員，以後88歳で死去するまで上院議員の職にあった。
9) スパーク松永正幸（1916-1990）。カウアイ島ククイウラ生まれ。日系二世。第100大隊に所属しヨーロッパ戦線で戦った後，ハーバード大学に進学。弁護士資格を取得してハワイに戻り，1954年准州議員に当選，ハワイの州昇格に貢献した。以後1962年国会下院議員，1977年国会上院議員となり90年に在職のまま死去。
10) パッツィー・タケモト・ミンク（1927-2002）。マウイ島パイア生まれ。弁護士，

政治家。日系三世。1965年国会下院議員に当選。以後通算12期下院議員を務め，2002年在職のまま死去した。白人以外で初の女性国会議員。

11) ヒロハイスクール。1906年ハワイ島ヒロに設立された公立校。
12) アレキサンダー＆ボードウィンハイスクール。1938年マウイ島に設立された公立校。
13) マウイハイスクール。1913年ハマクアポコに設立された公立校。1972年カフルイに移転した。
14) ラハイナルナハイスクール。1831年に創立された公立校。
15) ルーズベルトハイスクール。1932年創立の公立校。校名は第26代アメリカ大統領セオドア・ルーズベルトに由来。
16) ハオレ。ハワイ語で白人の意。ハワイでは日常会話でよく使われる。
17) ハワイなまりの英語。ピジン・イングリッシュともいう。いわば英語のハワイ方言。
18) 布哇中学。本派本願寺教団が1902年に本願寺附属小学校を設立し，1907年に中学校を設けた。これがのちに布哇中学となった。
19) ジョージ高林英雄（1921-2004）。ホノルル生まれ。日系二世。太平洋戦争開戦後442部隊に志願するが，訓練中，日本語能力の高いことからMIS（陸軍情報部隊・Military Intelligence Service）にリクルートされる。戦後は在日米軍司令部の通訳・翻訳事務所長を務め，長く日本に駐在した。除隊後ハワイに戻り，1983-85年山口県人会長，1985年官約移民百年祭委員長，1989-90年連協会長などを務める。なお，連協とは，ハワイ日系人連合協会のこと。1958年設立。各県人会、日系企業、芸能団体などを傘下に持つ日系最大の団体。
20) エドウィン川原一郎（1917-2011）。ホノルル生まれ。日系二世。1941年3月に徴兵されるが，日本語能力が高かったため，開戦後MISに所属。捕虜になった日本軍兵士訊問の通訳，入手された軍関係の書類の翻訳などに従事した。
21) ミズーリ。太平洋戦争の降伏文書調印式が行われたことで有名なアメリカ海軍の戦艦。戦後は朝鮮戦争，ベトナム戦争，湾岸戦争に参加した後リタイヤした。現在真珠湾に係留されて公開されており，観光客などがたくさん訪れる
22) 松田富士夫（1924- ）。日系二世。ホノルル生まれ。1952年マサチューセッツ大学を卒業後1955年ハワイに戻りハワイ大学工学部教授。1962年ハワイ州運輸局長に就任。1974年ハワイ大学総長。ハワイ大総長としては，初めてのアジア系であり，初めてのハワイ生まれ。
23) ビッグファイブ。キャッスル＆クック（Castle & Cook,1851年設立），アムファック（Amfac,1849年設立），C・ブルーワー（C. Brewer,1826年設立），アレキサンダー・ボールドウィン（Alexander Baldwin,1874年設立），セオ・H・デービス（Theo. H. Davies,1845年設立）の五社のこと。いずれも19世紀に設立され，砂糖，金融，保険，汽船会社など種々の事業に手を広げハワイ経済界を支配していた。すべて共和党系で政界にも大きな影響力を持っていた。
24) ピーナッツ国久（1912-2000）。本名ローレンス国久義雄。日系二世。カウアイ島ワヒアワ生まれ。進学したプナホウ校では野球とフットボールで活躍し，小柄なためピーナッツの仇名がついた。ハワイ野球リーグの朝日やレッドソックスに所属し，快足であることから「盗塁王国久」と呼ばれた。1959年准州上院議員に当選。

25) GIビル。軍務に服した人間を対象とした高等教育のための政府奨学金。100大隊や422連隊に所属した日系二世の多くが，戦後GIビルを利用して大学や大学院に進学した。
26) ジョン・バーンズ（John A. Burns 1909-1975）。モンタナ州生まれ。軍人だった父親の転属で1913年ハワイに移る。第二次大戦中はホノルル警察に勤務し，日系二世と深いつながりを持つ。1956年民主党のハワイ支部長に選ばれ，ハワイの民主党革命に貢献した。1962年第2代ハワイ州知事に当選，3期務めた。彼の副知事ジョージ有吉があとを継いで日系人初の知事となった。
27) 米西戦争。1898年に起きたスペイン‐アメリカ戦争。勝利した米国はこの後フィリピン，プエルトリコ，グァムを領有する。
28) 「ハワイ日系移民の服飾史」（バーバラ・F・川上著，香月洋一郎訳。平凡社1998）。原著は「Japanese Immigrants Clothing in Hawaii, 1885-1941」（University of Hawaii Press 1993）。翻訳では表現の追加や説明が加えられている。著者のバーバラ川上は1921年熊本県生まれ。生後3カ月で両親と共に来布。1955年帰化。
29) 大見呉服店，長尾呉服店。両店とも移民時代初期からの呉服店。
30) 日本着。ハワイの日系社会では和服のことを日本着（にほんぎ）と呼んだ。

(2) 父・田坂養吉　そして戦前の日系社会

官約移民から私約移民へ

　官約移民のあと1894年からの私約移民時代に入ると，移民会社ができるんです。ハワイの移民会社創立の発起人や幹部連中は，サンフランシスコから流れてきた旧自由党の，いわゆる自由民権運動の壮士たちですよね。それが中心になったの。資本的には日本の自由党の関係の人なんですよね。自由党，いわゆる政治家たちが日本の議会を，国会を動かして，そして官約移民の代わりに私約移民会社を起こすわけですよね。主に自由党系のやつが私約移民会社を作って，サンフランシスコから流れてきた自由党の壮士たちが，ハワイの出先のほうの幹部になって，どんどん日本から移民を送らせ，ここでもうけた金を全部自由党の選挙運動として送ったわけですよ。莫大な金を儲けてるわけですよね。

　まず移民から交通費を含めた移民費用をとり，船会社からは船賃のリベートをとるんですよ。そして砂糖耕地会社からもとるんですよ。だから1899年頃

図1-4　ジャックの父・田坂養吉（31歳，ヒロにて1917年4月）
[田坂コレクション]

には35，6の移民会社がハワイにあったんです。すべて日本資本の会社なんですよね。そしてここの代理人とか，いわゆる支店長格の人は，皆，自由党の幹部連中，自由党関係の人が幹部連中になって，いわゆる移民上がりの人が皆その下で働いて，移民会社ができてたわけですよね。

移民会社

　おやじ（田坂養吉）が来たのは，明治27年だから1894年（実際は明治28年=1895年）。私約移民が始まるときに19（歳）で来るんですよね。うちのおやじは移民で来たんじゃないの。広島海外渡航会社という中国地方を中心として，移民をハワイに送る会社があって，これが一番大きかったんですが，そこから

中国地方の第1回の私約移民がハワイに来るので，その監督を頼まれてきたんです，19歳で。そのときうちのおやじは広島県庁の県属（旧制度で県の事務を取り扱う役人）だった。初めは仮雇いから入って，後に県属になっていた。明治の中ごろまでは，（尋常）小学校が4年，それが義務教育よ。あと高等小学校が4年。それを出ると今のハイスクールぐらいの学力があったわけよね。高等小学校を卒業すれば立派な大人として通用できたわけよね。

うちのおやじは，県属，本雇いになったあと海外渡航会社から話が来たんだ。広島県の総務におったから，あれらと関係があるわな。それでそのときに話が出て「田坂さん，ひとつ監督員をやってくれないか」というので，うちのおやじは県属になったばかりだけども，辞めて，監督官として2年間ここへ来て，すぐ帰るつもりで来たわけよね。日本に帰ったら県庁に戻ろうと思ってた。

来てみると，（移民が）200人か250人くらいおったんじゃないかと思うんだけども，それをハワイ全島にまくばる（配置する）必要がある。ちょうど（オアフ島の）ワイパフ，ワイアナエ（の耕地）なんかができるころ。そしてまくばったら今度，いろんなトラブルが起きてくると，いちいち出張して耕主（砂糖会社）側とまとめて（調停して）やらなければいけない。すぐ（日本に）戻るわけにはいかないのよ。それでズルズルと長くなった。初め広島海外渡航会社におったけども，切れ者だから，あのころ県庁の役人はハワイの移民と比べればレベルが違うわな。それで成績を上げたもんだから，今度は森岡移民会社という，後には最大手になる移民会社に誘われた。

ここの代理人（支配人）が水野波門[1]という人で，この人は同時に『やまと新聞』[2]を経営しておった。その水野波門が病弱だったもんだから，森岡移民会社のほうは，うちのおやじが引き受けたわけですよね。『やまと新聞』のほうは矢野涼花[3]という人にまかしておったんです。『やまと新聞』というのは，最初は移民会社系の御用新聞だったんです。もともとは，サンフランシスコから流れてきた自由党の壮士たちによって，移民会社の機関紙として『やまと新聞』は出発するんですよ。

水野は1900年に日本に帰って亡くなり，おやじは支配人代理から支配人になるんです。ところが同じ1900年には契約移民が廃止になり，今度は自由移民時代になってくると，移民会社はだんだんと手を引いて日本に引き上げてい

くんですよね。そして13ぐらい残るんですよ。そのときにうちのおやじが外務省から頼まれて，移民会社の総代理人になって，残った会社を総まとめした。外務大臣が小村（寿太郎）だったかな。あれから辞令をもらって，そして事後処理をやるわけですよ。残務整理だよね。結局，うちのおやじが最後の処理をやるわけですよね。移民会社は引き上げていくけど，連れて来た移民の面倒見るものがおらないと，自分たちが連れてきた分は一応面倒見ないと，ということだね。

その頃になると，在留日本人の結束がだんだんとかたまってきます。志保沢さん[4]という人が発行していた『布哇新報』が主になって，日本人会ができるんですよ。志保沢さんというのは中立派の人でしたが，この会がリーダーになって，総領事を攻撃したり，移民会社を攻撃するんですよね。移民会社の搾取もひどかったしね。それもあって，みんな（移民会社は）次々に撤退していくわけですよ。その残務整理が1905年ごろまで。そのあと，移民の事務というのは日本人旅館組合がやるようになるんですよ。

森岡移民会社は最後まで残るけども，ハワイが駄目になるので南米，メキシコに切り替えて最大手になるんです。

志保沢さんは日本に引き上げましたが，引き上げる前に相賀さん[5]が『布哇新報』に入り主筆をやってて，志保沢さんが帰った後，今度相賀さんは『やまと新聞』を買うんですよ。1905年か6年頃ね。それを相賀さんが株式会社にして，『日布時事』を1906年頃作ります（1906年11月）。それはずっと続いて，太平洋戦争のときに『ハワイタイムス』という名前に変えて，戦後廃刊するまでその名前でした。1980年くらいまで続きました。

おやじは仕事（移民会社の残務整理）が一区切りついたときに，相賀さんが『日布時事』を始めたもんだから，うちのおやじが編集長としてそこに入っていくんですよ。ちょうど合うでしょ，1905年に移民会社が完全に引き上げて，相賀さんが1906年から『日布時事』をやるもんだから。それまでにうちのおやじは『布哇新報』とかいろいろ移民会社関係で書いていたの。いわゆる筆が立つ人だった。『新報』だろうが，『やまと』だろうが全部書いてましたからね。それで相賀さんがやろうというので，相賀さんが社主兼主筆になって，うちのおやじが編集長になって，河本勝一という人が営業主任で，3人が主になって

やるわけですよね。そして，ハワイの元年者[6]の小沢さんの次男の小沢健三郎，日系最初の弁護士でね，アメリカで勉強した弁護士で，この人が『日布時事』の顧問弁護士として，株式組織にしてやっていくんですよね。

第一次オアフ大ストライキ

『日布時事』におるときに，うちのおやじが増給運動を新聞に書いたのがもとで，他にもうひとりおるが，1908年，第一次オアフ大ストライキが始まった。もうひとりはなんと言ったかな。日本から演説家というのが来て，政治とかいろいろなものを演説して歩いてお金もらってやってる。有名な人がおったんですよ。名前，今すぐ出てこない[7]。その人が演説をし，うちのおやじが新聞に書いたりした。それを系統立ててやったのが根来源之[8]なんですよ。根来さんというのは和歌山の人で，根来というのはあんたもご存じのように昔の根来衆，忍者の子孫。この人は早くからサンフランシスコに留学して，加州大学の文科を出たんです。それで今度は法科に乗り換えて，文学士，法学士としてハワイ

図1-5　第一次オアフ大ストライキ首謀者（左から根来源之，田坂養吉，一人おいて相賀安太郎，右端牧野金三郎 1910年7月3日，特赦出獄前日）［田坂コレクション］

(2) 父・田坂養吉　そして戦前の日系社会

にやって来てるときに，ストライキが始まるんです。それで顧問弁護士になっあて，うちらのおやじらがやるものを，理論的に，統計的に，学術的にあの人がいろいろまとめてやる。そして今度，うちのおやじと相賀さんは『日布時事』を中心に論陣を張る。そしてその頃，牧野薬局店の主人だった牧野金三郎[9]が，増給期成会という，ストライキの指導組織よね。それの会長になるわけですよね。

　ストライキの前，『布哇日日』と，志保沢忠三郎が帰ったあと『布哇新報』やってた芝（染太郎）[10]が砂糖耕地のほうに買収されて金もらって，ストライキ反対論をやるわけですよね。その頃の購読者数は『布哇新報』が4,500ね。『布哇日日』もやはり400程度で，『日布時事』は一番少なく300ぐらいだった[11]。

　で，大きなふたつの新聞が資本家（砂糖会社）についちゃった。あの頃全島で4万人の日本人，オアフで7,000人の耕地労働者がいました。それが全部結束してストライキを起こし，一番小さい『日布時事』が，そして4人（相賀，牧野，根来，田坂）が，その人たちのためにがんばるんです。まだ労働組合という組織がないからね。初めての大掛かりなストライキだった。でも統制力がない，そして資金が足らない感じ。白人のほうは『アドバタイザー』[12]って大きな新聞かかえてるでしょ。耕地（砂糖会社）の御用新聞だから。それに警察も裁判所も白人の世界だから（ストライキ側は圧倒的に不利）。

　あのとき（ストライキに入った砂糖耕地）は，ワイパフ，アイエア，エワ，ワイアナエ，カフク，そしてワイマナロまで（ストライキに）入ったからね，ワイマナロが最後に入ったから六つの砂糖耕地で7,000人日本人がおったんです。特にひどかったのが，ワイパフね。ワイパフは全部日本人を追い出した[13]のね。それで皆馬車と馬と徒歩でホノルルまで出て来た。あの頃は，1里，2里歩くのはお茶の子さいさいだから。もう元年者なんかは，カフクのほうからね，朝，夜明けに出て，歩いて，昼ごろまでにホノルルの政庁へ嘆願に行って，待遇改善を訴えて，また歩いてカフクへ戻る。昔の人は（ヌアヌ）パリを徒歩で越えていた。移民が来るときも，広島から10里，20里のところから皆ね，荷物背負うて歩いてきたんだからね。それで（その後ハワイ行きの）船に乗ったんだからね。あの頃は歩くということは普通だった。まだ馬車や駕籠が街道にはあったしね。今の人にはとても見当がつかない。

それでホノルルへ出て来た人は，その多くがアアラ公園のあたりに移り住んで[14]，あそこで頑張ったわけですよね。

　だけどストライキは，圧力をかけられて，6カ月ぐらいでとうとうやぶれるんですよね。そして4人は扇動罪で入獄するわけですよね。4月から7月まで3カ月ぐらい入獄しますが，7月4日の独立祭を契機として特赦になります。そのときには，奥村（多喜衛）さん[15]とか，いろいろな在野の日本人の有識者，指導者が親日派の白人を動かして特赦させて出すんですよね。あの頃，やっぱり奥村さんはキリスト教では日本人の有力者ですから。

万歳サルーン

　前言ったように1905年に移民会社が完全に撤退した後，うちのおやじは『日布時事』という相賀さんの新聞に入るんですよね。新聞に入って間もなく今度，1909年ごろから第一次オアフ大ストライキが始まるんですよね。そして1910年に監獄に入れられて特赦で出た後，すぐ日本に親を見舞いに帰るんだけど，そのあと『日布時事』に戻らず，今度は万歳サルーンという大きな酒場を開くんですよ。ダウンタウンの北ホテル街（通り），北ホテル街のケカウリケ街（通り）突き当たり。新しいチャイニーズのマーケットプレイスがある所。昔はあの辺に日本人がたくさん集まってたわけ。

　その少し前ですが，1908年ごろ山の酒屋[16]ができるんですよね。宝正宗という酒を造っていた。そのあと，それに対抗して今度カカアコでハワイ酒造という会社ができ，富士正宗というお酒を造るんですよ。それにうちのおやじは幹部として加わった。山の酒屋も同じ広島県民で友達だけども，自分たちは自分たちでハワイ酒造という会社作るんですよ。

　ところが1918，9年ごろに禁酒令が敷かれるもんだから，バーも経営できなくなる，お酒の製造にも関係できなくなる[17]。それで家族を連れて広島に引き揚げるんです。僕が生まれたのはフォーティーン（1914年）だから，満3つのころに日本へ帰った。

　引き揚げたあとは，（父は）1933年に亡くなるんだけども，それまでに，神戸，あるいは横浜からホノルル，あるいはサンフランシスコ，ロサンゼルス，太平洋を股にかけてもう15，6回ぐらいは行ってるわけですよね。

引き揚げる前1912年に，うちのおやじが，ハワイで初めての観光団50数名を連れて，1カ月の予定で日本に来てるんですよね。そして関東，中部，関西，九州まで大きな観光地を1カ月かけて回ってるんですよね。参加したのは，ハワイの成功者ですよね。面白いのが，その中に沖縄県の人がもう入っている。まだ来て10年になるかならないかだった。沖縄から主な人が来たのは1905，6年からだから，もう5，6年のうちに成功している（人がいる）のよね。なぜかといえば，あのころあった，請け黍よ。コントラクトで儲けたのよね（請け黍については別項参照）。

徴兵猶予運動

　おやじは日本に帰るときに再渡航の手続きしてないから，ハワイへ来たときには上がれるけれども，移民としては来れなくなった。呼寄せ移民時代になってうるさくなった[18]。だから広島市の嘱託とか，横浜市の嘱託とか，何々の嘱託というような肩書をもらってビザを取っていた。そしてハワイやアメリカ（本土）へ行っていろんな運動していた。一番大きな運動，日本に引き揚げてから死ぬまでの一番大きな運動は（移民の）徴兵猶予。日露戦争のころは，まだ徴兵猶予がなくて，みんな，ここ（ハワイやアメリカ）から戦争に行ってるんですよね。それと戦争がなくても，日本に帰ってる間に引っ張られるの。徴兵されるかもしれない期間があるわけ。そのときにはまれば（遭遇すると）もう戻れないわけよね。

　だからハワイにおる人は，毎年届けを出して1年間延期してもらうわけよね。1年間ごとに届けを更新して徴兵が猶予されるように，うちのおやじが帝国議会に働きかけた。それをやったのが一番大きな運動ですね。このことは相賀さんがちょこっと書いてるだけ。移民史のこんなこと誰も知らないよね。

　ハワイだけじゃないのよ。うちのおやじはハワイとアメリカ（本土）と両方で嘆願書集めたの，何万という嘆願書。そのためにハワイやアメリカにしょっちゅう渡ってるわけよね。加州沿岸を歩いて，サインをみなもらって，その何千，何万というサインを，主に広島県選出の代議士とかに持っていった。移民会社関係の人がたくさん選挙に出てるから。和歌山県もおるしね。そのとき広島県選出の望月圭介[19]という人が内務大臣だったから見やすかった（たやすかっ

た）わけよ。

　それでも実際に法律が制定されるまでずい分と時間がかかってるわけよね。こんなこと移民史には全然載ってないけども。だから日本では，おやじは勲章こそもらわなかったけども，移民功労者としてね，表彰されてますよね。あれが一番大きな仕事だったよね。あれで一生ささげて，もう家も田地も全部，そのために全財産を投げ打った。一生かけて，自分の仕事としてこれ成し遂げたわけですよね。移民史に出てるのは，もう二世時代になってから日系市民クラブができて，あれらが徴兵猶予をやったようなこと書いてるけども，あれはずっとあとのことなのよ。明治の中ごろから大正，昭和にかけての時代は，うちのおやじが主になって，相賀さんと日布時事を中心に，うちのおやじが相賀さんのバックをもらってやっていた。だから，相賀さんが日本へ行くと，うちのおやじと一緒に県庁，警察なんか全部渡り歩いて孤軍奮闘してるしね。東京に行くと，相賀さんがハワイ関係の政治家なんかに渡り付けてやるわけですよね。

『日布時事』通信員

　日本におるときには『日布時事』の関西の，大阪以西の通信員をやっていた。東京というか，関東のほうは誰か別の人がいた。あのころ『日布時事』は，ぼちぼち『東京日日新聞』（現『毎日新聞』）と関係ができていた。だからあのころ，東京のほうは『東京日日新聞』のほうにまかせて，うちのおやじは大阪以西担当だった。大阪以東には移民がほとんどいないから。移民を多く出している県は和歌山，岡山，広島，山口，福岡，そして熊本でしょう。8割方は関西（西日本）ですからね。福島が多少あとから来たぐらいでね。おやじは，ずっと死ぬまで『日布時事』との関連持ってましたよね。死んだのは1933年です。

注
1) 水野波門（1866-1900）。群馬県生まれ。自由民権運動に参加するが政府の圧迫を逃れ1886年頃アメリカ本土へ渡る。1893年ハワイに移り森岡移民会社入社。1895年日本語新聞『やまと』を安野伸太郎らとともに創刊。1899年日本へ帰国。翌1900年東京で死去。
2) 1895年創刊された『やまと』は，翌96年水野波門が譲り受け『やまと新聞』と改題された。

3) 矢野涼花（1873-1940）。本名唯雄。熊本県生まれ。1896年熊本移民会社の社員としてハワイに渡る。『やまと新聞』の主筆を務めたのち，多くの日本語新聞雑誌で主筆・記者として活躍した。
4) 志保沢忠三郎（1866-1942）。東京生まれ。1887年アメリカ本土へわたり，1892年ハワイへ移りオアフ島ワイアナエで商店経営。1894年最初の活字の日本語新聞『布哇新報』を創刊。1905年設立された『革新同志会』では常務委員長を務め，移民会社の搾取行為に対し抗議活動を行い，移民会社のハワイ撤退に追い込んだ。1907年帰国。
5) 相賀安太郎（1873-1957）。号は渓芳。東京生まれ。東京法学院（現在の中央大学）中退。1896年志保沢忠三郎の招きでハワイに渡る。1899年『布哇新報』入社。1906年『日布時事』社長兼主筆。1909年に始まった第一次オアフ大ストライキでは，田坂養吉らとともにリーダー役を務め投獄された。3カ月入獄し，釈放後は『日布時事』を発展させ日系社会のリーダーとして知られた。なお相賀とそのライバル牧野については，田村・白水編著『米国初期の日本語新聞』勁草書房，1986年を参照。
6) 1868年ハワイへ上陸した最初の移民約150人は，同年が明治と改元されたことから，明治元年の移民という意味で「元年者」と呼ばれた。
7) 島田軍吉のこと。1908年島田が『布哇日日』に発表した増給論がストライキの最初のきっかけとなった。島田は山口県生まれ。1930年ハワイに渡る。
8) 根来源之（1875-1939）。和歌山県生まれ。カリフォルニア大で法学士号取得後，ハワイへ渡る。1908年『日布時事』に増給論を掲載し，第一次オアフ大ストライキで田坂養吉，相賀安太郎，牧野金三郎とともにリーダー役となる。
9) 牧野金三郎（1877-1953）。横浜生まれ。1899年長兄を頼りハワイへ渡る。第一次オアフ大ストライキでは増給期成会々長を務める。田坂養吉，相賀安太郎，根来源之らとともにストライキの首謀者の一人と目され投獄される。釈放後の1912年『布哇報知』創刊。
10) 芝染太郎（1870-1947）。愛媛県生まれ。1890年牧師としてハワイに渡る。カウアイ島で布教活動に従事したのち，日本語新聞『加哇週報』を創刊。1907年ホノルルに出て，帰国する志保沢忠三郎から『布哇新報』を買収。第一次オアフ大ストライキでは耕主協会側に立ち，スト反対の立場を取る。1916年帰国。
11) ここで述べられている発行部数は実際より少ないと思われる。また当時は回し読みが盛んだったので，読者の数はその4，5倍はあったと思われる。
12) 1856年創刊の英語主流新聞。今日の *Honolulu Star-Advertiser* の源流）
13) ワイパフ耕地では1909年5月，同耕地の所有主であるオアフ製糖会社から，スト参加者に対し立退通知書（ロックアウト）が出された。
14) 耕地を退去された労働者は，アアラ公園などホノル市内各所に仮住まいをし，増給期成会や各県人会が連合応援会を組織して面倒を見た。
15) 奥村多喜衛（1865-1951）。高知県生まれ。牧師。1894年キリスト教布教のためハワイに渡る。1904年マキキ教会設立。1932年高知城を模したマキキ聖城教会を建設した。
16) ホノルル酒造株式会社。1908年に創立されたハワイ最初の日本酒醸造所。宝正宗，

宝娘などを製造販売した。禁酒法時代は製氷業に転じホノルル酒造製氷株式会社と改称。ダウンタウン山側にあるところから「山の酒屋」と呼ばれ親しまれた。
17）アメリカ合衆国憲法修正第18条下において施行されたいわゆる禁酒法はアメリカ本土では1920年から1933年まで続いたが、ハワイでは1918年から1933年まで実施された。
18）日米紳士協約により1908年以降，日本からの労働移民が制限される。家族等の「呼寄せ移民」だけが許されたので，同年以後，親兄弟や「写真結婚」による女性の渡米が急増する。留学生や企業・役所等の派遣員は紳士協約の枠外の取り扱いだから渡米できた。
19）望月圭介（1867–1941）。広島県選出の国会議員。1898年から連続13回衆議院議員に当選。1928年から29年にかけ田中義一内閣で内務大臣。

（3）請け黍制度

　沖縄からの移民が来たのは，最初が1900年だけど，主な人（実質的に大勢の人）が来たのは1905, 6年から。その後もう5, 6年のうちに成功しているのよね。なぜかといえば，あのころあった，請け黍（うけキビ）よ。コントラクト（請負）のせいね。

　請け黍はそのころからあった。30人なら30人の人が会社から何エーカーかの土地を借りて，グループで栽培するのよね。あのころはコンパと言うのね。コンパっていうのは合同でという意味ですね。コンパニオンだから。

　そのコンパで砂糖会社から土地を借りて，自分たちが開墾してキビを植えて。キビのほか，バナナもパパイヤも，植え付けてから実がなり，収穫までが18カ月というのが標準でした。

　請け黍で請けて，18カ月経ったあと，刈り取ったキビの重量で，お金を会社からもらうわけですよね，何千ドルか何万ドルか，まとまったお金をもらうんですよ。

　それまで，コンパで土地を借りる契約をしたときから収穫してお金もらうまでの間，18カ月の間は，肥料とか，いろんな栽培耕作に必要な費用は全部会社から前借りするわけですよ。

　食べるものも，プランテーションストアーで，通い帳（ツケ）で食料を買う

図1-6　耕地の作業・サトウキビを切り倒すカチケン［田坂コレクション］

とか。18カ月の収穫までの間は全部会社から前借りをして生活をするわけですよね。だから前借りしたものをキビの値段から引くわけですよ。引いてネット（net 正味，純益）をもらうわけですよ。18カ月の間，天気も良くて砂糖キビの出来も良くて好調だったときには，うんと莫大にお金が入る。ただ凶作になるとか，メンバーの中にいざこざができるとか，いろんなことがあった。ときには損をすることもありますよね。豊作凶作のほかに世界の砂糖の相場にもよるわけです。すべてが順調にいけば，まとまったお金が戻るから，日本に旅行するぐらいは十分なお金ができるわけですよね。特に沖縄県の人は団結力がすごいからね。請け黍で成功する人の確率が内地の人よりも多いわな。

　もちろんリーダーがおって全部支配していた。それほど取り分に差はないが，支配する人は，実際にカチケン[1]なんかやったりせず，頭を使って監督役をやっていた。やっぱり人格もあり，統率力もあり，ある程度の経済的な地盤も持つ

50　①戦前の日系社会について

図1-7 耕地の作業・貨車にキビを積み込むハッパイコー［田坂コレクション］

てるような人がリーダーになるからね。だから、リーダーの家は、そこが集合場になって、相談会開いたり、慰労会やったり、いろんな飲み食いしたりした。やはり、やり手じゃないとね。そういうところで頼母子（頼母子講の項参照）もできてくる。

　請け黍は相場が一番恐ろしい、砂糖相場がね。会社から金を前借りするんだからね。利益が全然出ないというときは、また次のエイティーンマンス（18カ月）の請け黍で返すことになる。ないものは払えない。でも生産性は請け黍のほうが高いんだからね。一般の耕地労働者は、1日10時間労働なら10時間労働で、それ以上働けばオーバータイムになる。請け黍のほうは会社の人が10時間やるところを、自分たちは朝2時間早く、夜は2時間遅くまでやり、日曜日も休まずに働いたりする。働けば、それだけ生産性が上がるんだから。自分の仕事だからね。雇われる人間とは立場が全然違いますよね。

会社のほうは，もう大歓迎。請け黍をやってくれるほど生産性が上がりますからね。会社のほうはなんとかして生産性を上げようと思っているから，畑のキビを切って，馬車や貨車に積むのにもこれを皆コントラクト（請負）にしている。ただ8時間，10時間，コツコツ働くんじゃなくて。自分用の貨車，馬車に，1日にどれだけ積んだかで貰うから，力の強いもの，スピードのあるものは，会社に雇われた労働者が普通の労働で積むよりも何十倍というものになる。大きさにもよるが，たいていひとりが（貨車）1台ぐらいもらってたんじゃないかと思いますよ。体の弱い者，痩せた者なんか10トンぐらいしか担げないけれども，その3倍ぐらいは積んでいきますよね。だから時間で働くよりも，請けてやったほうがもうかる。請け黍で金作ってた人たくさんおりますよ。会社もなんとかして生産性を上げようと思って積極的だが，これは体格と持久力がなければできない。

　他の国の人間は，あまり請け黍はやらなかった。シナ人（中国人のこと）は，日本人がやるころには，だんだんといなくなっていった。3年の契約が済んだら，リニューして残るシナ人はほとんどいなかったから。（契約労働者として）呼んでもらうには，3年働かなければならんから働くけども，嫌々3年働いたらほとんどもう自分たちは自作の百姓やったり，野菜を作って町に出て売ったり行商をしたりで，耕地には残らなかった。

　フィリピン（フィリピン人）が入ってくるのは，日本人がストライキをして困るというのが最初の理由だった。フィリピン人が耕地労働者として，のし上がってくるのは1920年の第二次オアフ大ストライキ[2]のあとで，それまで中心はほとんど日本人だった。初めの間，あれら（フィリピン人）はとても，キビを植えてずっと18カ月の間どんなふうな方法でやるかという熟練がないわな。終わりごろになってくると，そりゃできるけども，日本人ほど才覚がないわな。

　ただ請け黍はあったけど，砂糖キビを自作するのは，（日本人にも）あまりいなかった[3]。あれは広大な土地がいるから，よっぽど大きな資本と統率力がないと。岩崎治郎[4]とか，ああいう人も出てきますけども。まあ数えるほどしかいないよね。岩崎も結局，請け黍。大きな意味で言えば請け黍だけども，会社の幹部と通じてるからね。裏はどうなってるか分からないよね，ツーツーだか

らね。

注

1) カッティング・ケーン（cutting cane）の略。砂糖キビを切り倒す仕事のこと。他にハッパイコウ（貨車へのキビの積込み），ハナワイ（灌漑・水の管理）などの仕事があった。
2) 第二次オアフ大ストライキのこと。1920年，オアフ島の砂糖キビ耕地の日本人労働者を中心にフィリピン人労働者も含め，8割近い労働者が増給等の処遇改善を訴えて立ちあがったハワイ史上最大級のストライキ。このことで日本人労働者約1万人が耕地退去を命じられ，以後耕地における日本人の割合が激減する。一方でホノルル市内の日本人の数が激増する結果となった。
3) 岩崎治郎は，田坂氏の語るように「大きな意味で言えば請け黍」だったが，単なるキビ栽培の請負だけでなく，新しいキビ畑の開墾を請け負ったため，事業を大きく拡張した。

　しかし完全に自作（自営）で砂糖キビ耕地会社を経営するためには，製糖設備なども必要であり，膨大な資本が必要だったため日本人ではほとんどいなかった。

　数少ない例としては，1915年紺野登米吉が，ハワイ島コナにあるアメリカ人経営の製糖会社を買収して自作を始めた。紺野はコナ開拓製糖会社を設立し，日本から資本を導入して経営に当たったが，コナが砂糖キビ栽培に不向きなことと第一次世界大戦後の糖価の暴落により経営が傾き，1925年紺野の死により会社は売却された。

　紺野は1879年岩手県生まれ。仙台の東北学校で学んだのち1901年ハワイに渡った。

4) 岩崎治郎（1867-1919）。本名治郎吉。福井県生まれ。1893年ハワイに渡り，ハワイ島オーラーに「岩崎王国」と呼ばれる，5000エーカー以上の広大な砂糖キビ耕地を経営した。岩崎に関しては『ハワイに翔けた女』（ドウス昌代，文春文庫1989）に詳しい。

(4) 庶民金融「頼母子講」

頼母子講の始まり

　最初の頼母子[1]は出身地域が同じ人たちの間で始まりました。官約移民から私約移民にかけて来た移民たちは，ほとんど字（あざ）単位なんですよ。昔は市とか町とかが少ないから，大きなブロックが村だったわけですよ。その上だと郡とか県になってしまう。いわゆる草分けの移民は（村のなかの）字単位で移民してきているんですよ。字が小さすぎる場合は村単位で移民している。沖

縄移民が来る頃になると，當山久三[2]の金武村とか，村単位になってきますが，（一般には）字単位です。那覇だったら，郊外に小禄（おろく）というところがありますが，小禄字人会とかできるわけですよね。

　移民会社（が移民事業を取り仕切る）の前，（ハワイ王国）政府の移民局（が事業を取り仕切っている）の時でも，本人たちの意志もあり，相互扶助の目的のため，できるだけ，15人なら15人，同じ村，同じ字から来たものはまとめて同じ耕地に入植させるよう便宜を図ってたんですよね。ところが来たところで，だいたいが柳行李（やなぎごうり）ひとつでしょ。ほとんど着替えなんか持って来てませんよね。移民心得（いみんこころえ）（ハンドブック）なんかを配って，それにどんなものを持っていけと書いてあります。夏の暑いところだから，ほとんど木綿の普段着ですよね。そしてちょっと厚地の仕事着を持ってくるくらいで，よそ行きなんかは普通の木綿の単（ひとえ），あとは浴衣（ゆかた）だよね。家におるときはほとんど浴衣ですごしますね。

　そんなふうに裸一貫で来てるもんだから，病気になった場合とか，いざ日本にまとまったお金を送りたいというときなんかは方法がない。また3年ごとの契約が切れて，小金が貯まったから耕地を離れて，街に出て何か独立して商売を始めようというときにも，まとまった資本がいるんですよね。しかし家や土地といった抵当になるものがあるわけじゃないし，また銀行預金もあるわけじゃない。だから白人の銀行からは融資してもらえない。まだ日本人銀行は（横浜）正金銀行[3]しかないし。

　だからどうするかといえば，字なら字，村なら村，キャンプならキャンプの住民たちが集まって，10人，20人が講を作るんです。それが始まりです。

　頼母子講を作って，掛けた講金をお互いに融通しあい，頼母子を取った人が，100ドルなり200ドルなり，まとまった金を手に入れて，商売を始めるとか，あるいは日本から嫁さんを呼ぶのに使うとかしました。

　これは日本では昔からありました。金比羅さんに行くときやお伊勢参りをするときに，お金を出し合って積み立てして，その金で行くとかね。神社には，なになに講，なになに講という絵馬が残っています。あの名残りでしょう。

頼母子の仕組み

　頼母子に入っている人は，毎月日にちを決めて，だいたい夜集まるんですよ，（昼は）仕事があるから。たくさん（の頼母子講に）入っている人がいるので講によって曜日が違うわけですよね。同じ曜日にやられたんじゃ困るから。

　頼母子といえば昔，いろいろなホレホレ節（日系社会の労働歌）があるんですよね。こんな面白い歌詞がある。「今晩来なされ，酒買うておく。カネ[4)]は頼母子，私ゃうちにおる」。間夫を，間男を呼ぶんですね。今晩来なさいね，あなたが好きな酒買って待っとるからね，うちの亭主は頼母子で（出かけて）家におらんのだから。

　一番有名なのは，「条約切れるし　頼母子落ちた　国の手紙に　はよ戻れ」ですね。3年契約が切れて自由の身になって，頼母子も落ちた（自分が引き当てた），故郷からの手紙では早く帰ってこいという（さて，これからどうすべきか）というわけですね。ところが「頼母子落ちて　妻呼寄せて　年子年子で　苦労する」というのもあります。初期のホレホレ節には，頼母子を詠みこんだものがけっこうありましたね。

　ハワイで（頼母子）講をやるときは平均して20人くらいでした。そうすればまとまったお金が集まりますよ。最初に講をやるときには親というものがあるんですね。まとまったお金を欲しい人が親となります。そして人望と信用があり，ある程度の資産や家業のある人が，まず口を利いてやり，たとえば20人が集まって講を作ります。

　その講が毎月5ドル掛けだとすると，20人ですから100ドルといったまとまった金が最初の月に集まります。そうすると親が，はじめに集まった100ドルを全部もらうんです。第1回の分は親のもので，親は全部もらう。親は最初に取るけれども，そのあと，毎回5ドルずつ出さなきゃいけない。

　2カ月目からも100ドル集まるわな。その集まった金を今度は誰が取るかということになると入れ札をするんですよ。そして戻し金を決める。戻し金というのは，自分が100ドル取ったら，みんなに払う金額です。私は35セント払います，私は55セント払いますと，最初に取った親を除いた19人で入れ札をするんですよ。

　だからお金が差し迫った人が欲しいと思ったら，少々無理をしてでも，普通

の戻し金が50セントだったら，60セント，70セント（の札を）入れるとかするんですよね。

　戻し金は元金から引くの。2回目の人が50セントの戻し金で取ったら，親と自分を除いた18人に50セント払うわけ。手取りは9ドルをひいた91ドルになる。

　この戻し金が，利息になるんですよ。一度100ドルを取った人は，5ドルの掛け金は払うけど戻し金はないわけ。最初の親は戻し金なしで全額もらえるけれど，2回目からは入れ札の価格の一番高い人，いわば一番高い利子を払いますと言う人が100ドルもらうわけです。3回目も同じようにやりますが，1回目，2回目で100ドル取った人は，掛け金は払うけど戻し金はもらえないわけ。順繰り順繰りやっていく。一番最後はもう（戻し金を）取る者がいないから無利子で全部もらえる。金に困らない者はこれをやる。

　最後の人は，最初の親と，最後に自分がとったときを除いて，戻し金を18回もらい，さらに100ドル全額もらうから大きなお金になります。頼母子を取りたい人，すなわち入れ札に金額を書く人の数が少ないほど，頼母子は安全なの。自分は欲しくないという人はゼロと書いていいんですよ。

　入れ札の数が多いほど危ない（リスクが高い）わけですよ。お互い金のことだから100パーセントの信用はおけないので，お金を取る時には，将来の不安が残らないようにたいていふたり，保証人をつけます。あと毎回掛け金を払うという保証ですね。もし払えない時は，私たちが払います，という保証人。お金だけとって，あと払わなければつぶれてしまいますからね。

　だけど保証人になったために，ずいぶんと迷惑した人もいました。逃げてしまうのもおるし，金がなくなってにっちもさっちもゆかなくなることもある。

　1900年から自由移民になって1908年からは呼寄せ移民時代になってくると，子どもは増える，商売をやろうという人も増える。家族を日本から呼ぶ，嫁さんをもらうので花嫁を呼ぶ，来れば結婚披露宴をやる。お葬式も出さなきゃならない，急に日本で親が死んで帰らなきゃならんとか，いろいろ出費が増えるわけですよね。だからどんどん頼母子は盛んになる一方でした。

　人によっては，いくつもの頼母子に入るようになる。金に困ってくるとそうなるわけですね，太平洋戦争が始まるまでは。1920年代頃から日本の住友銀

行[5]が入ってくるし、ハワイの銀行もあるので融資の方法もなかったわけじゃないですが、しかし零細な人にはね、そう銀行が担保なしには貸すわけない。やはり頼母子に依存する人が多かったわけですよね。特に税金の季節。毎年3月に申告してまとめて払うから、納税期になるとまとまった金が必要になるので、頼母子が盛んになりましたよね。

戦後も続いていました。戦争中は途切れてしまったけど、戦後は生花業組合とか、裁縫組合とか、洋服屋組合とか、いろいろな職業別組合で続いていました。組合の人同士でやっていました。商売の共同戦線張ったり、冠婚葬祭の付き合いなどやるので、お互いによく知っているからですね。そういう人が集まって頼母子をやっていました。一番長く続いたのは洋服業組合なんですよ。1980年頃まで続いたのを僕覚えてますよ。十数人の人でずっとやっていましたね。僕の知っていたのはこれだけですけれど、ほかにも続いていたのがあったかもしれません。

レストラン業の頼母子

（移民労働は）もともと砂糖黍耕地で始まったわけですが、耕地で働くよりも、ホノルルへ出て何かやりたいという人のほうが多かったですね。

街へ出たら街の中でまた始まるんですね。街は街で50セントだけとか、25セントだけとか、1ドルだけとかね。中心となるのが、初めはやはり字人会、村人会で、次に同業者グループがやります。一番成功したのは、小禄（おろく）の頼母子です。小禄（おろく）というのは（現在は）沖縄の那覇市内の一部ですが、かつては小さい部落でした。ここから来た高良牛（たから・うし）という人がいました。この人が、最初ははっきりしないけど、白人家庭に奉公して料理を習い、そのあと白人のレストランに働いたと思うんです。そして一通りの料理を覚えて、沖縄県人で初めてダウンタウンでカフェを開くんですよ。キング街（通り）の目抜きの場所で「アメリカン・カフェ」という名前です。キング、ビショップ、アラケア（といった通り）に囲まれたブロックで、ほとんどはヤングホテルという大きな高層ホテルが占めていました。場所が良いわけですよ。そこで、おいしいのと場所がいいので、ものすごくはやって成功するんです。

図1-8　沖縄系レストランのひとつ「オリンピックグリル」『実業之布哇』25周年記念号（1937年）

　そして一通り地盤ができて困らなくなったら，自分の郷里の小禄から，15，6歳から17，8歳の若い青年を次々に呼寄せるんです。そして，自分のところで皿洗いから修行させて，たいてい3年ぐらいでフライクックになります。フライクックというのは，何でもできるオールラウンドのクックではなく，ホットドッグとか，ハンバーガーとか，サンドイッチとか簡単なものならできるクックです。早い者なら1，2年だけど，だいたい3年ぐらいかかる。それで「これなら小さな店を開けさせてもいい」と高良さんが見込んだときには，彼が世話人になって頼母子を作ってやるんですよ。

　高良さんがメンバーを集めて，あのころ1,000ドルでレストランが開けるなら，1,000ドルの頼母子を作ってやるんです。そうやって小禄の者がどんどん

58　　①戦前の日系社会について

入ってきたもんだから太平洋戦争が始まる時には，ホノルルのレストランの80パーセント以上[6]は沖縄の人（の経営）で，その多くが小禄出身者でした。

ホノルルのレストラン，洋食屋はほとんど沖縄の人が独占していたの。高良さんが世話して頼母子作って，自分が育てた青年にどんどんやらすんですよ。そして小禄の人が一番強いのは団結心があること。相互扶助の精神が強い。絶対に人の足を引張らないの。向かい合わせに小禄の人がレストランを開こうが，隣り合わせに開こうが，絶対に客を取りあったりせずに，お互いが栄えるようにやっていくんですよね。

ボクが頼母子の一番成功した例として挙げるのはこれなんですよね。小禄の人びとのレストラン業界への進出というのは頼母子のおかげなんです。

今は，もうほとんど3代目くらいになって，昔のようではないですけどね。その中でも一番成功したのはタイムススーパーマーケットですよ。ここも小禄の人で，ランチワゴンから始めるんですよ。それから始めて，今度はアドバタイザー[7]の隣りにタイムスグリルというのを開くんですよ。次にそのタイムスグリルを売って，兄弟ふたりでキング街（通り）にスーパーマーケットを開くんです。これが頼母子からずっと上がって小禄の人で成功した一番良い例ですね。

もちろん，頼母子講は沖縄の人だけでなく他県の人もやっていました。得に広島，山口は商人が多いので盛んでした。

頼母子のマイナス

逆に，頼母子の大きなマイナスもあります。1900年から自由移民になると，契約に縛られなくなってくることがきっかけです。ハワイが県[8]になった時（アメリカに併合された時），それまでの契約移民は憲法違反になり，どこで働こうが自由になります。耕地をやめてホノルルに出て働こうか，アメリカ本土に渡って働こうか，それこそ「行こかメリケン，戻ろか日本，ここが思案のハワイ国」というホレホレ節の歌詞と一緒なんですよね，1900年を境に。このままハワイに止まってしばらく辛抱して金を貯めようか，給料のいいアメリカ本土に渡って一花咲かそうか，それとも，今ある金を持って日本に帰って暮らそうか，というホレホレ節の歌のような時代が来るんですよね。その中の「行こかメリ

図1-9　アメリカ転航を勧誘する新聞広告『やまと新聞』1902年5月12日

ケン組」が，1900年頃から1905，6年にかけて，4万人ぐらいに上ります。ハワイ在住の日本人がアメリカに行く転航時代ですね。

　アメリカから旅行業者やら斡旋業者がたくさんハワイに来る。ハワイの宿屋もグルになってやっていた。船を1艘チャーターするくらいの計画でやったんだから。それらが頼母子を踏み倒したりしてね。

　あの頃までは，プランテーションで働く人は皆，1カ月の食料雑貨を，プランテーションストアといって耕地経営の商店で通い帳（ツケ）で買います。ワイパフ耕地などでは耕地商店以外に個人商店もありますわな。そういうところも皆月掛けでものを買って，その月掛けがたまっておる者もおれば，何カ月も払わんやつもおる。それが転航を機会に，払わずに夜逃げ同様で皆アメリカに行くんですよ。頼母子も，頼母子だけとってあとは野となれで逃げて行く。

　これでハワイの商界が大きく打撃を受けるんですよ。営業不振になる，店が倒産する。これではたまらないからアメリカ政府と日本政府に訴えて，ここで日米紳士協約[9]ができるんですね。何万人も逃げられたら，砂糖業界が労働力不足でどうしようもない。日本人の商業界は踏み倒されるし，日本人社会の購買力はなくなる。それで転航禁止令が出るんですよね。一番大きいのはハワイの砂糖業界の働きかけです。アメリカの政府，議会に訴えて転航禁止令を出してもらうんです。それで一応この騒ぎはおさまるんですよね。

　これが頼母子の一番の失敗例。頼母子だけでなく月掛けのね。未払いのまま

逃げて行く，保証人まで逃げていったらどうにもなりません。裏書して「本人が払わんときは払います」という保証人までも行ってしまったときは，頼母子は完全につぶれます。

　僕は頼母子はやってないね。あえて入らなかったけど，友達はみな入っていましたよ。裏書して保証人になって，ずいぶん困った人がたくさんおります。ハワイ全島だと頼母子の口数は何千とあったわけだから。

注

1) たのもしとは頼母子講のこと。東日本では無尽（むじん）と言われることが多い。琉球語で模合（ムエー）。信頼できる人で組織する庶民金融。定期的に集まり一定額を全員が払い込み，メンバーが順番にひとりずつ給付を受ける。まとまった金額が手に入るので事業資金になる場合もある。ここで田坂氏が説明するハワイの例は，頼母子講の数ある仕組みのなかの一例である。
2) 當山久三（1868-1910）。琉球国金武間切（現在の沖縄県国頭郡金武町）の出身。沖縄からの海外移民を主導し1899年沖縄県最初のハワイ移民（同郷の金武村出身者26名）を送り出した（1900年ハワイ到着）。1903年の第2回ハワイ移民には當山久三も同行し約6カ月滞在した。「沖縄移民の父」と呼ばれ，ハワイの沖縄センター前には銅像が建立されている。
3) 外国為替や貿易金融などを専門とした銀行で1880年設立された。1885年始まった官約移民では，疾病その他で帰国の場合に備え賃金の15パーセントを積み立てさせていたが，これを取扱う金融機関として1892年ホノルル支店が開設された。当初は官約移民のみを対象に営業していたが，官約移民終了後は一般業務を取扱うようになった。
4) カネとはハワイ語で男性，夫のこと。ここでは夫の意味。ちなみに女性，妻はワヒネ。
5) 1916年住友銀行の実質的な支店としてホノルルに開設された。当初は，住友吉左衛門（住友家第16代当主・住友銀行創立者）の個人経営による銀行だったが，1919年ローカルの資本も加え株式組織に変更した。
6) この数字はやや誇張された表現ではあるが小禄をはじめ沖縄系の人びとが経営するレストランは非常に多かった。1920年代以降，小禄出身者もしくはその子孫が経営するレストランだけでオアフ島内に70以上にのぼったといわれる。*The Oroku, Okinawa Connection:Local-Style Restaurants in Hawaii.*（Joint project of the Hawaii United Okinawa Association and Japanese Cultural Center of Hawaii）．主要関係者のインタビューはCenter for Oral History, University of Hawaii at Manoa, February 2004に掲載されている。
7) ハワイの英字新聞『ホノルルアドバタイザー（Honolulu Advertiser)』のこと。
8) 准州の時代（1900-1959），日本人移民は准州を県と呼び，当時の日本語新聞でも

ハワイ県（准州政府），ハワイ県議会（准州議会）と書いていた。
9) 1907年大陸転航が禁止され，翌1908年には日米紳士協約が結ばれアメリカ移民が制限されるようになった。

(5) 日本人旅館・ホテル

日本人旅館・日本行観光団

　私約移民時代（1894年〜1900年）まで日本人旅館組合は普通の宿屋としてやっていた。1900年，自由移民時代になってから，だんだんといろいろな手続きを移民会社ではなくて旅館が，旅館業組合が中心にやるわけね。

　移民が入って来たとき，最初は，島に行く人は移民局からすぐに行ったものが多かったのね。しかし途中から，移民局を出ると旅館に泊まって便船待って島に行くのが主流だったわけやね。移民会社があるときには移民会社が全部手続きしたけども，移民会社が1906年から完全になくなったあとは，渡航手続きは日本人旅館組合所属の旅館が主にやるようなる。着いたときには旅館を通して上陸の手続きしてもらうから，上がったときにはひとまず旅館に泊まるわけですよね。

　そして島地（離島＝オアフ以外の島）に渡るときには，旅券とか必要書類を預かる。「旅行免状なんか持ってるとなくしたとき，再度取るのが難しい。持っていたら危ない。そして帰るときいちいち滞在中の記録を書き込まなきゃならない。そんなものは動いているとなくなることが多い。なくなると日本に帰れなくなるから預けときなさい」というのを口実にして，全部書類を取り上げて旅館の金庫に保管する，貴重品を金庫に預かっとく。あんたがなくしたら困るから日本に帰れないぞ，と脅しといて，自分のお客を確保するために取りあげたんですよね。そうすれば日本に帰るとき，再渡航するときにはその旅館を通さなければ手続きができないようになる。それが親子代々その旅館にお世話になるひとつの理由になるわけですよ。まあ移民のほうにしても，安心しておられるということはあったんだろうな。

　（日本へ帰るために）島から出て来るお客さんも，だいたいホノルルのダウン

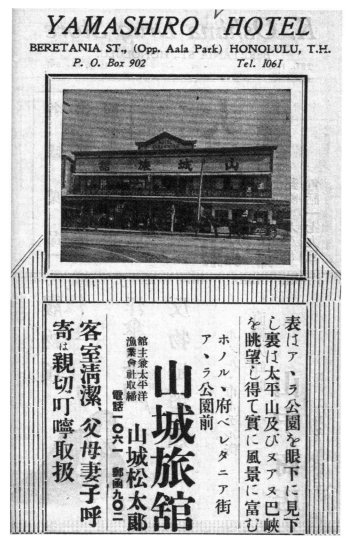

図1−10 山城旅館広告『布哇日本人年鑑』（1914年）

タウンの日本人旅館に泊まっていた。というのは，移民局の手続きがあったり領事館の手続きがあったりするもんだから，日本に行く船が出航する1週間ぐらい前に皆出てくる。小林旅館や山城旅館などの日本人旅館に泊まって，そこ

で渡航手続きしてもらうわけですよね。

　そしておみやげ買ったり，いろんな用事して船に乗って出ていく。帰ってきたときにはそこに泊って離島の便船を待つ。それが旅館の主な役割だったわけですよね。そしてこの旅館組合が面倒を見るようになって，戦前ずっと続くんですよね。

出身地と旅館

　旅館は出身地ごとにあった。だいたい同郷の人が経営する旅館に泊まるわけです。県別でも，大きいところは村別，字別になりますよね。だから何十軒もあるわけです。同じ山口県でも大島郡は小松屋とかね。広島は多いですよね。4つも5つもあるわけです。

　山城屋は仁保島，これは大河，丹那を握ってるからね。小林旅館は地御前，佐伯郡草津からずっと五日市，廿日市，宮島，あの辺。中村屋も地御前。尾道屋は尾道方面ね，備後の人を狙ってるわな。玖珂郡のほうは米屋ホテルね，これは玖珂郡の出身だから。あと大島郡の小松屋。小松屋は大島郡の入り口の小松の出身だから。

　米屋ホテルは山口県の玖珂郡。岩国あたりが中心。九州は，福岡は福岡，熊本は熊本で，九州屋，熊本屋などいろいろある。で，沖縄は沖縄の人が泊まる旅館がある。岡山でも津山なんかは尾道に近く，備後に近い備前備中だから，やはり岡山の人は尾道屋のほうへ行くわなあ。ただ和歌山はないな。あれがおかしいんだな，移民はけっこうおるんだが。

日本行き観光団

　初めの宿屋が旅館になって，次にホテルになり，1930年代になると旅行案内所を併設するわけですよね。そして観光団を組織する。尾道屋観光団，小林ホテル観光団，あるいは小林，米屋，川崎の三旅館合同の観光団もあった。それが1940年まで続くんですよね。そのころ僕らが見て一番大きかったのは，尾道屋の観光団。内地から満洲まで行くんですよ。30日ですよ。日本全国見て，朝鮮を通って満州まで行く。

　そういう観光団も30人，50人は集まった。というのは1935，1936年から

図1-11 旅館組合が主催する「日満支視察団」のステッカー［鈴木蔵］

　1940年は，（ハワイの）日本人が一番金持ってたときだから。日本に，勉強をさせに，あるいは三味線や踊りを習わせに，子供を行かせた時代だから。
　円が安くなってドルが強くなるし，それと同時に日本が満洲，シナに進出して日本の国力や名声が上がるときだからね。子どもたちに日本が立派な国だというのを見せようと思う。ここ（ハワイ）でもシナ人，朝鮮人が排日運動を起こして日本人を非難していたけども，「そうじゃない，聖戦のために，満洲を解放するために日本はやってるんだ」というふうな考えを親は持ってるから，子どもたちに「見てごらん，日本人は正義のためにやってるんだ，日本は発展してる」というのを見せるために，日本に子どもを送ったもんですよ。

旅館からホテルへ

　だいたいの日本人旅館は2階建ての長屋式で，1階に事務所と商店があって2階に部屋があった。畳はなかったわな。初め頃は，大抵フロアの上にござを

敷いてたな，まだベッドなんかないんだからね。押し入れがあってね，（ゴザは）そっちへしまっておくとか。

　日本の温泉旅館とは全然違って，食事を部屋まで持って来ることはないし，ボールルーム，宴会場みたいなものはない。ただ食堂があった。ホテルや旅館が直接に経営する食堂を持ってたところもあるし，また自分の店子(たなこ)の食堂で食べさすようにするところもあっていろいろありましたよね。店子は大抵同県人とか懇意な人でしたよね。各部屋に運ぶのではなく，みんな食堂で食べる。

　風呂はちゃんと各旅館にある。たいてい日本式で，シャワーもあるけど，五右衛門風呂とか，四角にセメントで囲った浴槽とか，それぞれだった。

　サービスしていたのは，こっちで言えばメイドさんね。ほとんど家族の人。奥さんとか，息子の嫁さんとか，自分の娘とか。まあ，ほかに長年おる居着き（住みこみ）の女中さんとかね。

　日本から来た人は，ほとんどこういった旅館の世話になるんですね。そのうちにだんだんと山城ホテルも洋館になる，小林ホテルも洋館になる。しかし川崎ホテルなんかは最後まで昔のまんまの古いホテルでやってたよね。だから初代がやめて2代になっても，2代の間は建て直すことなかった。だんだんと廃れていって，もう3代目にはほとんどあとを継ぐ人いなくなるわな。

　米屋のほうは初代，2代まではそのままだったけど，3代になって建て直し，今も残っている大きなビルにした。今あそこで3代目の孫娘が，小さい旅行社を構えながら家賃で食ってる。ホテルとリバーの角に福寿亭という2階建ての日本食堂があった，高くてね。その隣に武居熱血[1]という人がいて呉服屋，その隣が米本，それからそのまた隣りに米屋ホテルがあったんですよね。

　日本人でホテルという名前を使ったのは，原田さんという人が最初。原田というのは，原田三交[2]さんのこと。パラマで日本人旅館を改修して，アレクサンダーホテルと改名した。ここで初めてホテルという名前を使うんですよ。パラマにファイヤーステーション（消防署）があるでしょ。あの向かいの踊る神さん[3]が入ってるところにあった旅館を買って，そしてホテルという名前を付けて，アレクサンダーホテルというのを作るんです。ホテルという名前を日本人が使うのはあのころから。それまでは小林旅館，山城旅館，尾道屋旅館とみな旅館だった。

①戦前の日系社会について

それとプナホウのほうにプレーザントホテルというのがあった。プナホウ通りとワイルダー通りの角ね。今あそこYWCAのドミトリーになってるわな。あれは池田さんという人がやってたね。

　あそこは（当時）高級住宅地だったマノアの入り口だから，日本から寄ったり（来たり）アメリカから寄ったりするお客さんを相手にやってた。それから原田さんはパラマのアレクサンダーホテルやめて，次にペンサコーラにホテルをオープンした。ペンサコーラ・ストリートの，今ハワイミッションアカデミーがある辺り。山手に向いていくと左側に大きな白人の豪邸があったんですよ。それが売りに出て，原田さんが買った。前が広いんですよ。敷地の前庭が広くて，ずっと歩いていくと２階建てか３階建てだかの母屋があって，裏にプールがあってね。そういう白人の豪邸を買って，そこでペンサコーラホテルというのを始めるんですよね。それからもうひとつ，同じペンサコーラ（通り）で，ちょっと海手側の海側の角にね，マキキホテルと言って日本人が経営するホテルがあった。これらがホテルとしては古いものです。ホテルと名の付く宿屋ですね。

　ペンサコーラホテルは戦後もずっとありました。原田さんが亡くなって，家族は日本に引き揚げた。原田さんが亡くなったのは1960年ごろかな。原田さんは，（日本海軍の）練習艦隊の面倒をよく見ており，陸の海軍中将って言われたほどだから，デッセンバー・セブン（12月７日，真珠湾攻撃の日）には一番先に捕まってアメリカ（本土）に送られた。戦争中はホテルをワイフや子どもたちが守ってたけどね。戦争が済んでアメリカ（本土）から帰った後日本に引き揚げて，それで売ったんだね。いっとき流行ってたけども，今はコンドミニアムになっている。

　日本人の経営してたホテルはまだあったね。ヌアヌ（通り）を海から山側にこう上がっていくとヴァインヤード（通り）を越え，そこから家が４，５軒あって，その先が中央学院だった。今フォスター植物園になっているところ。その隣が細井葬儀所だったの。昔はあのあたりだった。そしてしばらく行くとスクール・ストリート。で，ちょうど細井葬儀所の向かい側に共楽館という，前が林になっていて，入っていくと大きなホテルがあった。大きな日本庭園があってね，中にホテルの建物がある，いろんな催し物を催すところもある，広場もあ

る，池もある。その池はパウアから下りてくる川を中に引き入れてた。噴水もあった。浜田（勘吾）という人がやってたんだけどね。これらは日本から来る長期滞在のお客さんが主に泊まるんですよね。竹久夢二がここにずっとおったんで，日本ではものすごく有名になった。たしか戦後まであったと思う。

　でもだんだんとホテルや旅館が宿泊業をやめて旅行案内所に変わっていき，旅館業にあんまり力を入れなくなった。移民のための事務がだんだん衰退するでしょ（移民が減って事務代行の仕事がなくなったから）。

　戦後しばらくの間は，旅館業組合が主催する日本行きの観光団がたくさん出たけども，その後は日本から来るようになって，日本の観光客向けのホテルがワイキキにできますからね。小林ホテルなんかワイキキに進出した。今のクイーンカピオラニホテルは，小林の資本ですよね。ワイキキグランドホテルも誰だったかなあ，あれも日本人がやっている。そこの2階に「ふるさと」（日本料理店）が入るんですよ。

　それとカイマナビーチね。重永さんがリース更新してあそこにホテルを建てて，それをニューオータニが買い取って，また今度改装して今のホテルになっている。そして1964年に日本人の海外観光が自由化されるとき，それに間に合うようにカイザーがヒルトンを建てる。あれが日本人の旅館に大きな打撃を与えるんですよね。

　小林（ホテル）なんかは，島から出てくる人を対象にベレタニアに洋館，洋式の小林ホテルを建てました。これが最後まで残ってた小林ホテル。昔はあそこに2階建ての木造の小林旅館があって，それを洋式のホテルに建て替えた。下を小林旅館の事務所と小林旅行案内所を作って，その隣は貸してレストランを経営させる，そんなことをやっていたね。

島地の旅館

　とはいえ，日本人旅館は，ホノルルよりヒロが早いのよ。1回，2回，3回船の移民の多くはハワイ島に行ったからね。官約移民の初めごろは，オアフには砂糖耕地らしい砂糖耕地はなかった。ヒロには日本人がたくさんまとまって上陸したから，又野ホテルとかいろんな古いホテルがあるんですよね。

　田舎に行けば田舎に行く人のための，旅館じゃないけど，まあ旅館みたいな

ことをやるところができるわけですよね。昔は食料雑貨の卸屋さんはだいたいホノルルに本店を構えてた。大きいところは島に支店を構えるし，ないときには月に一遍，セールスマンがグルグル，グルグル日にちを決めて島を廻り注文取って戻るんですよ。そういうときにハナならハナで，飯屋さんとか雑貨屋さんとか一軒の家を決めて，畑商店なら畑商店，藤井商店なら藤井商店のセールスマンが泊るんですよ。それで旅館になってくるところもあるわけですよね。商人宿みたいのができてくる。またこういうところは総領事館の登録の取扱所になるわけ。いろんな提出する書類があるでしょ。出生届とか死亡届とか徴兵猶予願とかいろんな願いや届けを出す。その領事館の取り扱いの仕事は主に旅館がやってたわけだな。それはホノルルの旅館も同じですよ。だからマウイ島なんかでも，領事館の取り扱いもやる，いろんな商店の取り扱いもやる，今度は新聞社の取次店にもなるのね。だから字の書ける人，文の長けた人なんかはね，もうほとんどひとりで旅館をやったり届けもの（提出物の代書）したり，いろんなことの代理人になったりしてるわけですね。

小林ホテル

今はもうほとんど日本人旅館の時代の人はおらないし，孫の時代になってる。今一番その時代のことをよく知ってて，話のできる人がひとりいる。マッキンレーハイスクールの前に2階建ての建物の小林旅行案内社というのがあってね。これは昔の小林ホテルを引き継いでいる。長男の（小林）K[4]は亡くなったが，一番下の，達吉というKの弟がおる。あれ，わしらの一番の友達でね。あすこにいつかわしも行かなきゃいけないんだが。行くと古い記録が全部残ってる。あの「オッペケペー」の川上音二郎も小林旅館に泊まっている。あとハワイに来る芸能人，有名人，そして大相撲ね。小林旅館を中心にして各旅館にみんな分宿した。一番多くはあすこに泊まった。一番大きかったからね。それから日本の学生相撲が来るときは，ほとんどみんな小林ホテルに泊まっていた。学生野球もほとんど小林に泊まっていたからね。達吉はほとんど知っているから。今昔のこと聞けるのは達っちゃんくらいだろうな。

達吉は長く日本におった。あれが一番日本語達者だったから。小林兄弟は皆，日本に行ってるの，留学さしてるからね。（長男の）Kはな，ちょっとかわい

そうだったのよな。あいつはな，戦争前にドラフト（徴兵）されたのよ。兵隊取られてGQ（軍司令部。この場合米陸軍）に回されたんだよ。そしてディリンハムブルバードのFBIの事務所に行かされた。日本語が分かるから。通訳で引っ張られていた。でも僕らのようなインターニーからは，Kはイヌと見られたわけ。だからアメリカ本土に送られた一世からは，戦後あんまり面白く思われなかったんだよね。それとH[5]というのがあすこに関係してたのよ。そしてN[6]というのがおったのよね。

Nは小林の先代の主人の嫁さんのほうの縁戚になるわけね。そしてこのNとHが仲良かったから，「あいつら戦争中，やっぱりイヌしよった」と言われて，みんなから小林ホテルが一時排斥された時代があったの。Kはしょうがない，軍務だから。FBIの通訳で日本人を取り調べるときに関係してたから。でもインターンされた人から見たら，通訳やってるだけでもうイヌになっちゃう。

それにHはもう完全にイヌだからね。あんなやつが小林ホテルに関係してたから，一部からは色眼鏡で見られたときがあった。だからKもいっときは日本人社会の表に出なかったよね。

Nは連協の会長もやってるね，広島県人会の会長もやってる。小林ホテルが中心になって，いろんな閥があるわけなのよね。Nの閥もあるし，フランク小田の閥もあるしね，いろんな閥があった。いわゆる樽蛇[7]よね，広島のやつは足引っ張り合う。出身地にもよるし，特に小林なんかは地御前，廿日市，あの佐伯郡のほうだからね。太田馨[8]なんか，仁保村の安芸郡の派だからね。あれ（佐伯郡派と安芸郡派）は2大勢力だから。

出身地によるわけ。字とか村の団結力が強かったので，いろんな派閥がある。太田馨も会長になったし，Kも亡くなるちょっと前に会長やったな。旅館の人は，あらゆる方面を通して関係を作るでしょ，自分のお客さんを増やすためにね。そして長を狙うようになるんだよね。

注

1) 武居熱血（1879-1961）。山口県生まれ。1903年，職業「演説及び著述業」としてハワイに渡る。各島を演説して廻ったのちホノルルのダウンタウンに呉服店を開いた。「熱血」は「あっち」と読み実名。
2) 原田三交（1879-1956）。本名常太郎。佐賀県小城郡生まれ。1899年ハワイに渡る。

建設請負業で成功し「三交社」を経営。九州屋ホテル，ペンサコーラホテルなどの経営も手がけた。また戦前ホノルルに寄港した日本の練習艦隊や特務艦の歓迎に熱心で，陸の海軍中将とも呼ばれた。
3) 天照皇太神宮教のこと。教祖の北村サヨは1952年ハワイを訪れ，現在も同地にハワイ州支部がある。
4) K（1918-1999）。ホノルル生まれ。伯父の小林卯之助が始めた小林旅館を引き継ぐ。1996年連協会長。
5) H（1907-2004）。1927年第2回本派本願寺留学生として3カ年龍谷大で仏教を学ぶ。1961年度ホノルル日商工会頭。皇太子奨学金創設メンバーの一人。なお日商工とはホノルル日本人商工会議所のこと。1900年創立の日本人商人同志会をもとに1939年設立。戦時中は活動停止となったが1948年に復活。日系ビジネスを代表する経済団体として活動している。
6) N（1904-1987）。ホノルル生まれ。Kの異父兄。支配人として小林旅館の経営を助けた。
7) 足の引っ張り合いのたとえ。ここでは広島地方の人びとの性向として語られているが，他の地方でも使われることがある。蛇を1匹だけ樽の中に入れた場合はその蛇は樽から抜け出せるが，複数の蛇を同時に入れるとお互いが足をひっぱりあい結果的にどの蛇も樽から抜け出せないという。
8) 太田馨（1898-1983）。広島県広島市生まれ。1914年ハワイに渡る。耕地生活の後，ホノルルでサンシャインソーダ（セブンアップを製造）を経営。1962年連協5代目会長に就任。

(6) ハワイの相撲と水崎寅之助

水崎寅之助1

　ハワイの相撲の歴史を語るときに，水崎寅之助という人を外せない。チャップリン松の森さん[1]という人が書いた相撲史の中にも載ってる。それから重永（茂夫）さん[2]という人が『イースト・ウエスト・ジャーナル』に書いた「自分の年輪」というのにも載ってるので，いろんなもの集めて，この人のだいたいのことだけは分かったんだけどもね。
　表(おもて)の移民史には出てこないけど有名な人ではあった。この人は1917年，大正6年にハワイ好角会(こうかくかい)という大きな会を作っているの。相撲同好会で，会員が700人ぐらいおったの。所属力士が64名，会員が700人，師範が江戸桜[3]と錦

図1-12 移民50周年祭（1935年）に総領事館後庭で行われた「オアフ大寄相撲」[田坂コレクション]

城で，パラマの出雲大社に（本部が）あった。このころが一世のハワイ相撲の黄金期だったわけ。この人なくては，相撲の歴史を語れないわけよね。そしてこの人が福岡の人だったの。だから，この時代の相撲取りの大半は，福岡，それと熊本だったの。熊本県の北のほうはもう福岡県に入っていて，隣り合わせだからね。

　これは県民性を調べたら分かるんだけども，広島，山口はね，才知が利くもんだから商業方面が伸びてるわけだ。実業の方面だね。体を使わずにね，頭脳で商売してるわけよ。ところが，熊本，九州の人は体格が筋肉隆々で血気盛んでね，持久力もある。肉体労働が多いわけなんだ。だから，ホノルルでも桟橋の荷役，荷揚げ，ああいうところの仕事の人がたくさんおった。

　この水崎さんという人は，ホノルル港に十何本，二十近い桟橋があったが，その桟橋に働く日本人従業員の総取締だったの。荷役の取締りで。小倉を舞台にした「花と龍」[4]というのがあるでしょ。あれに出て来る玉井金五郎のような親分だった。この人が好角会を作って，会長だから，半強制的に桟橋の腕自慢のやつ，体格のいいやつを全部相撲取りにしちゃったわけ。その中からハワ

イの大関や横綱が出てきた。だから熊本，福岡の人間が桟橋の荷揚げ人部の半数以上を占めていて，またその中から相撲取りが生まれ，ハワイの力士として，だんだん育っていくんですよね。それに熊本は吉田司家[5]という家元があって，こないだまで，横綱の免許はあそこからみんな出よったんだ。千代の山[6]あたりまでだったかな。

　ほとんど強い力士は荷揚げから出てくるんです。そして水崎さんのおる家が出雲大社[7]だったんです。出雲大社は昔のパラマのレレオ・レーンというところにあった。その隣が水崎さんの家だったの。そのパラマの出雲大社は，いま弁護士をやっている（リチャード）宮王のおじいさんになる，宮王勝良（かつら）という人が宮司だった。

　その出雲大社の境内に，これらが常設土俵を作って，ここが好角会の稽古場になるわけなのよ。そんな関係があるから，いまだもって出雲大社で横綱の土俵入り[8]をやる。あんな伝統があるわけなんですね。この人のひと声で全部，相撲が動いたわけなのよね。で，そのあとから町田（龍蔵）とか，いろんな人が出てくるんですよ。これらが親方になるんだけどもね，頭取だよね。

　好角会は，水崎さんが死んでから群雄割拠でね。町田部屋とか，何々部屋ができるんですよね。その大元はこの人が作って，ハワイの相撲の黄金時代になるんですよね。

　好角会のできる前の年1916年に江戸桜が来るんです。その前の1914年には，錦城と袖ヶ浦が来ている。このふたりは，第1回に来た大相撲（ハワイ巡業）から脱走するんですよ。船が日本に帰る日に脱走してハワイに居残ったやつが錦城と袖ヶ浦。それと，あとから来た江戸桜が，この好角会の師範に収まるんですね。そして，どんどん若手のハワイ力士を育てた。またマウイ島にはマウイ島のグループがある，ヒロにはヒロのグループがある，カウアイにはカウアイのグループがあったから，ハワイ好角会が主になって，ホノルルで全島大寄せ相撲というのをやるんですよね。

　彼らがだんだん年取ってきて力が衰えるから，今度は二世の時代が来る。また新しい力士会ができて，一世が後進を指導するという形で，一世二世混合の力士会ができて，太平洋戦争まで続くんですよね。

ハワイ相撲のはじまり

　そもそもハワイの相撲の初めは第1回官約移民の時になる。1885年の第1回官約移民にカラーカウア（王）がフラの踊りを見せて移民たちを慰安した。そのお礼に，移民屯所におる日本人たちが相撲と撃剣(げきけん)を見せたというのがあるんですよ。これが公にはハワイの相撲の最初だな。まあ，その前には元年者もおったから，仲間うちでやったことはあるかもしれんけど，これは記録としては残らないのね。

　そのあと移民の中から島々に強いやつが出てきて，いろんな力自慢の話がところどころに残ってるけれど，この水崎さんが桟橋のワーカーを中心に，ハワイの好角家を集めて好角会を作った。それが大きな契機になってハワイの相撲が盛んになった。

　日本の江戸時代から明治時代にかけては，ほとんど鎮守の森のお祭りの余興として，草相撲，村相撲が発達していく。ハワイでも同じようにして発達していくんですよ。

　この当時，田舎から，農村，漁村から来てる移民たちの中には，草相撲取った経験者があり，力自慢がおるからね。だから（砂糖キビ）耕地でもいろんなところで力自慢が出るのね。各地でエピソードが残ってますけどもね。オイルのカンを片手で肩に担いだとか，なんとかいう相撲取りは力が強いから，アメリカンファクターという会社で働いたとき月給を3倍もらったとかね。

　それと昔はなんでも石炭で動きよったからね。耕地の製糖所のボイラーも全部石炭で動くし，オアフ鉄道の機関車も石炭で動くし，電気会社の発電も全部石炭だった。アメリカ本土や，どこかから石炭が入ってくると，みんな2号桟橋というところに船をつけた。今のピア（pier）2ね。電気会社の発電所が目の前にあるピア2が，主に石炭を揚げる桟橋だったわけよ。一番大きなコンシューマー（消費者）はあそこだから。それから今度はずーっと，2番，3番，6番，7番と続き，7番，8番が日本船が主に入るところだった。アロハタワーの辺りですね。8番，9番はラーリン号とか，アメリカ帰りが入る。で，ずーっと14番ぐらいまでいろんな桟橋があって，それぞれに目的があって。14番のあたりは島行きで，キナウ号とか，ああいう船が出てたわけよね。で，それらの桟橋には必ず荷揚げ人がいるわけ。荷物を下ろしたりするわけよね。モイリ

イリの石切場で砕いた石なんかも，みな桟橋に運ばれた。

　お米やフィード（feed 家畜用の飼料）なんかは全部俵に入っており，艀（はしけ）渡して，みんな担いで運んだ。艀渡してこれ全部，船倉に落としよったんだからね。またひらって（拾って）揚げよった。力がないとできないから，そういう者はもう相撲には絶好ね。

職業とハワイ相撲

　それでわし，これ（「ハワイ島日本人移民史」巻末の「一九〇九年（明治四十二年）全島日本人人名録」[9]）調べたらね，いろいろ出てるのよね。統計取ってみたら，桟橋働きの人がホノルルに 77 人おるの。まあ，このリストには住所不定の者は載らないし，中流以上の人が載るんだけども，それでもこれだけおるわけなのよ。この人名録に載るぐらいだから，桟橋働きの人は相当いい月給を取るし，また勢力もあったわけですよね。

　また，桟橋の荷物を運ぶのにね，荷馬車が要るわけですよ，まだトラックのない時代だから。このリストに載ってる荷馬車業が 36 よね。見落としがあるかしれんが，少なくとも 30〜40 人はおったわけよ。荷物を運搬するのが荷馬車ね。荷馬車業と馬車業はまた違うわけですよ。馬車業はお客さんを運ぶ。バスとトラック，自動車とトラックの違いのようなものですよね。このリストでは，桟橋働きの大半は，福岡，熊本県人。順番から言うと福岡，熊本，山口，広島とこうなる。荷馬車業も多くは熊本，福岡。移民は広島，山口が多いんだけども，荷馬車業と馬車業と桟橋働きに関する限りは，大半が熊本，福岡で押さえてるのよね。水崎さんが桟橋総監督というのは，こういうとこまで響いてきてる。九州の人間はね，もう胆力が太いしね，度胸は良いしね，腕っぷしは強いしね。

　それと，これ見るとね，職業欄が「松本バラスト」という人がたくさんおるんですよ。今まで数えただけでも 30 人ぐらいおるんですよね。これは採石場のストーンクラッシュ（の会社）ですよ。バラストというのは砕いた石のこと。それを扱う会社で松本バラストというのがあったわけ。ここには，松本菊太郎[10]という親分がおったんです。この人も福岡なのよ。だから砕石工場で働く人，砕いた石を桟橋までやる（運ぶ）荷馬車業，これも福岡，熊本関係が多い

わけですよね。そして松本バラストの支配人の沖寛一という人が，水崎さんの相撲好角会が済んだあと，自分も相撲に関わっていくんですよ。だから水崎さんなんかとも共同歩調を取ってるわけですよね。だから桟橋の荷揚げに関しては，松本バラスト，砕石工場の従業員も絡んでるわけですよ。

　九州グループが，ああいう桟橋の荷揚げから運送まで，独占って言ってもいいほど仕切ってたわけよね。その労働者が相撲取りのほうに行くから，ハワイ相撲の力士たちに，福岡，熊本が多いのは当たり前のことなのね。

重永茂夫

　で，重永さんという人がおるんですよ。こいつは16のときにハワイに来て，2年間ほどハワイ島のホノム聖人のホノム義塾にいた。そこで曽我部（四郎）さん[11]の薫陶を受けて少しハワイのこと分かったから，今度は兄弟がおるマウイに移り，パイナップル畑で1年働いたあとホノルルに出るんですよ，19のときね。そのときに頼っていったのが，同じ広島の比婆郡の塩原から出た，前に言った宮王勝良さんを訪ねていくんですよ。同郷の先輩だからというので，頼って仕事探してもらおうと思って行くんですよ。そうしたら，隣の水崎に頼んでやろうというので，水崎さんの住み込みの小使いになるんです。そのうちに，何かの年祝いの祝い事があったときに，桟橋の日本人従業員たちが，水崎さんにブランドニュー，新型の自動車をプレゼントに贈る。相撲の好角会の人も入っとるかも分からんけど，弟子たち子分たちが新型の自動車を贈るんですよ。だけど水崎さんは運転できないから，小僧の重永に「お前勉強してな，ライセンスを取れ」と。重永は，水配って歩く桟橋のウォーターボーイとして働きながら，自動車の運転を習ってライセンスを取るの。そして家の掃除なんかしよった小僧から，お抱えの運転手になるのよ。

　重永というのは，水崎さんの影響で相撲の世界に出入りして，相撲のことに精通するのよね。終戦直後に日本で大相撲が復活するとき，ふんどしにする木綿がないの，戦争中から戦後にかけて，日本は木綿が統制されていたから。重永がそのニュース聞いて，ハワイ中を歩いて木綿を集め，つてを頼んで日本に寄付するの。そしてそれでふんどし作って，相撲ができるようになった。これは笑いごとじゃないのよ，それほど切羽詰まっとったの，日本は終戦直後だか

らね。そういう時代に，重永は相撲協会がなくて困ってる物やいろんな物資を送ってやった。後に相撲協会から表彰されて，あの人は一生木戸御免だったの。これはもう，ただでいつでも入れるんですね，木戸御免っていうのはよっぽどの人じゃないともらえない。ハワイであの人ひとりだった。そういうふうにして，相撲に関わったのは，水崎さんの小使いになり，運転手になったことがきっかけなのですよ。まあ重永というのも，変人・奇人伝の中に入る人物だったけど。

水崎寅之助2

それで水崎さんだけど，怒るときには恐いけど，普段は温厚篤実だった。背中には昇り龍の彫り物があった。重永が小僧時代の話で書いているんだけど，キング街（通り）とベレタニア街（通り）の交差するあたりから北に向けて入るレレオレーンという通りがあって，そのエワ側（西側）の角に鉱泉があった。沸かし湯よね。水崎さんは，毎日そこで一番風呂に入るのが慣わしだったのよ。大きな2階建てで，下が湯で上が休憩場になっていた。ハワイ鉱泉といって，大きなラジウム温泉みたいなのがあった。風呂屋ができる前だよな。その後，あっちゃこっちゃ風呂屋ができて，安く入れるようになって（ハワイ鉱泉は）なくなった。

重永は小僧だからね，毎日背中を流しよったんだよね。そうすると背中一面に彫り物があって，牡丹に唐獅子，両腕に昇りと降りの龍があった。ハワイでこんな彫り物をした人は最初で最後だろう，見たことがないって，重永さんが自分の回顧伝に書いてるんですよね。こういうふうなだから，いわゆる親分ですよ。

ハワイにも白人のセーラー（水兵）向けの彫物師はいたけど無理でしょう。おそらく日本で彫ってきたんじゃないか。やくざと言うか，侠客だったんでしょうね。

水崎さんは，生まれた年は分かるんだが，亡くなったときがわからない。僕が来たときにはもういなかったもの。1925年に大阪相撲が来て，あれが一世の相撲黄金時代の最後なのよ。その後，新しい相撲力士会ができるときには，もうあの人の名前は全然ないからね。

他島の相撲

　好角会がだんだんと下火になっていって，水崎さんのところで師範をやっていた江戸桜は，初めハワイ島に行って，次にマウイに呼ばれるの。それで，マウイで友達の錦城か誰かがやってた日本食堂を買い取って，マウイに腰据えて江戸食堂を開くの。ホノルルにある江戸食堂はずっとあとになる。そしてマウイ島の相撲をあの人が盛んにするんですよ。

　マウイが一番強かったの。大寄せ相撲やるとマウイは強すぎるから，西マウイと東マウイを分けるぐらいの力があったわけ。マウイの東西が一緒になったら，もうどこもかなわない。

　有名な沖識名[12]は初めハワイ島におった。ハワイ島におった当時，19のときに，うちのおやじが西ノ海[13]という井筒部屋の親方と話おうて，日本に弟子入りするということになって，全部手続きして，うちのおやじが桟橋まで連れてった。で，乗るときになって，お母さんが泣いて泣いて，もう止まらんから，とうとう船から下りて日本に行かなかったんです。写真も全部うちに残ってますけどね。

　西ノ海は1915年にハワイ来たときは大関だったけども，帰ってからすぐ横綱になったったのね。二枚鑑札（力士と年寄の兼務）で親方になり，井筒部屋を継いでたわけだね。沖識名は，そのあとにハワイの大関になるのよ。ハワイナンバーワンになって，それからプロレスに移っていくんですよね。ハロルド坂田[14]っていうのもいっとき相撲やってたけど，あれはプロレスが主体よ。

相撲興行のいろいろ

　相撲というのはさっき言ったように桟橋で働きながら，あるいは漁師をやりながら，あるいはオイル会社の仕事をしながらやって，そして稽古するんです。と同時に女房が働いて男を食わす，いわゆる髪結いの亭主のような人もおるわけ。いっぽう，全然何もせずに相撲だけ取っておるやつもおるわけよね。そういうやつはどっから金が入るかというと，相撲には必ず花が出るの。ご祝儀ね。いい勝負になってくるとみんなが出す。あのころ金ダラーだからね。紙幣はないんだから，みな金ダラー。1ドルは銀貨だな。5ドル，10ドル，20ドルになると金貨。みんなそれを紙に包んで投げるの，土俵に投げる，勝負が始まる前

に土俵へ向けて投げるの。投げ銭というわけよね。マウイの沖識名と，こちら（ホノルル）の大丈夫（ますらお）[15]なんかがやるときには，何千ドルもの勝負だからね。勝った者が全部もらうから。

　強い力士はそれで食ってるわけよね。一番大きなお金が入る，一番投げ銭が入るのは出雲大社。そしてハワイ大神宮。あと金刀比羅神社，モイリイリにある石鎚神社，みんな神社です。だいたい春，秋とね，大祭がありますよね。この時に奉納相撲があるんですよね。これが一番大きな相撲で，ほかに天長節（11月3日），独立祭（7月4日）。こういうときは，いろんな興行があるわけなんですね。そういうときに大寄せ相撲をやります。八島大寄せとか，ハワイ（島）対オアフ（島）とか。

　もうひとつ大きい（相撲興行）は日本海軍の練習艦隊との対抗戦。2年か3年に一度入ってくる艦隊の乗組員との海陸（日本海軍対ハワイ相撲との）対抗の相撲があるわけですよね。練習艦隊も最初は弱かった。負ければ悔しい，負けるということは日本帝国海軍で一番恥辱なのよ。海外に出て負けるということは恥なのよ。だから後には，横須賀鎮守府，呉鎮守府，要港から強いやつ，つまり海軍の中から一番強いやつを乗り込ませて，ハワイに連れて来よったの。だからハワイ側も稽古して，負けないようにする。総領事館のヤードでやったんだけど，5,000人から1万人集まりよったんだから。

　ほかにもうひとつ（の興行）は，名開きというのがある。しこ名を付けたときに名を開くわけ。踊りの名取の襲名披露と同じよ。名開きというのは，（その名前で）初土俵を踏むときにやるわけよね。

　そして次に，引退相撲があるの。これは大きいよね。引退する力士に花（祝儀の投げ銭）が飛ぶしね。大抵はね，わざと負けて，引退力士に花を持たせて，その投げ銭を全部彼にやるようなシステムになってるわな，暗黙のうちにね。だから相撲取りにはそういう実入りがあるわけよね。と同時に，小さいグループなんか，お寺の青年団とか，なんとかの青年会とかに師範に行ったりして（小遣いを稼いでい）たね。

　（常設）土俵は（ハワイ）大神宮にもあった。敵産（処分）で没収されるまでの，大神宮がまだリリハにあったときにね。そしてジャッド・ストリートを少し行ったところ，今はなくなったけど，ちょうどヌアヌ街（通り）とリリハ街（通り）

図1-13　松の森の引退記事『ハワイ報知』1940年8月1日

の中ごろの，マエマエスクールに行く手前のほうに，天理教の太平洋教区の教会があったんですよ。あそこにも土俵があってね，やりよったんですよね。ま，あちらこちらに土俵がありました。

　こういった相撲は全部無料。入場料は取らないけども，みんな寄附持って行くの。入り口に帳場が置いてある。もちろん寄附しなくてもいいけど，やっぱり日本人社会である程度知られとると，ただでは見れられないでしょうが。盆ダンスもそうだったけど，縄引っ張って，寄附した人の名前を紙に書いてその縄に吊るしているでしょ。またちょっと有名になってくると，化粧まわしを贈る。化粧まわしのために後援者がみんなお金を出す。何百円だからね，あのころの金何百円だから。それで日本に頼んで作ってもらうのよね。土俵入りもあったんだから。

大相撲が来るでしょ，練習艦隊が来るでしょ。そして学生相撲がまた盛んだったのよ。早稲田とか，法政とか，各大学の相撲部が来るし，また大学連合チーム，オールスターも来る。だからもうしょっちゅう，相撲のイベントがあった。1920年代から30年代はほんとうに盛んだった。
　チャップリン松の森はたいして強くはなかったけど，チョンマゲ結っていたので有名だった。出雲大社で引退相撲やるときに，ちょんまげ切ったわけよね。
　ジョージ有吉(アリヨシ)[16]のお父さんっていうのも，それほど強くない。あのころで言えば前頭の中堅ぐらい。三役まで入らないですね。
　沖識名はもう完全に強かった。それに，前にも言った大丈夫（ますらお）というの強いのがいた。大丈夫は最初はマウイね。あとホノルルに移って，最後はホノルルで死んだけどね。大丈夫と沖識名のころの争奪戦はものすごいんだよね。

芸者総見

　まあ，こういったハワイ相撲のパイオニアが水崎さんですね。あの当時700人も集めるっていうのは相当なことですよ。これはオアフだけですからね。ほかの島は島でみんな相撲協会があった。西マウイは西マウイの相撲協会，東マウイは東マウイの相撲協会，顔役がみんなやるんですからね。ハワイ島は大きすぎて，まとまりにくかった。
　そしてまた，相撲見に行く女がのぼせるんだから，あの肉体美にね，抱いてもらいたいと。だから，どんな苦労してでも自分が貢ぐというのが，あのころの女にはたくさんおったわけですよ。1910年前後の芸者の全盛時代には，もう芸者が総見（そうけん）ですからね。ホノルルの一流芸者が10人，20人集まって，総見をやったんですよ。
　日本から横綱，大関連中が来ると県人会が主になって料理屋で接待する。熊本県は熊本出身の力士というように。特に1910年代は盛んだった。20年代はないんだな，禁酒法になるから。水崎さんが好角会を作ったのは大正6年でしょ。1900年ころから好角会のできる頃までが一世の相撲取りの黄金時代ですね。1880年代，90年代ごろ来た人は，もう40（歳），力衰えるよな。相撲の全盛は30（歳）代前後だもんね。

初めて日本の相撲が来たときには，日本の相撲協会の自主興行だった。で，2回目に来たときには，万歳サルーンをやっていたうちのオヤジなんかが中心になって呼んだ。

　大阪相撲[17]も来たことがあるけど，これは松尾興行[18]が呼ぶんです。初めのときは何とか儲かったから，2回目を呼ぶんですよ。そしたら，がらっともうお客さん来なくて，自分の会社がつぶれるぐらいの大借金を背負うんですよね。初めのときは大関だった朝日山が中心で来て，あとのときは大錦という大阪相撲の横綱がおったんですよね。ハワイには，広島とか山口とか，西からの移民が多いでしょ。大阪相撲はね，関西力士多いから。初めはもうかったんだけども，2回目に2匹目のドジョウはいなかったわけよね。あんなこともあるんですよね。

戦後のハワイ相撲

　で，戦後は442（連隊）がスポンサーで呼んでいた。相撲は100パーセント442（連隊）で，100大隊はステージショー。大隊の会館を作るとき（美空）ひばりを呼んで来たりした。村田英雄なんかを呼んだこともありますけど。

　442が戦後初めて相撲を呼んだときには，まだハワイ相撲協会が強かったから，カレッジウォークにあった江戸桜さんの江戸食堂を借りたの。相撲取りおる間は店を閉めて，全部相撲協会の食堂として使った。協会の人がコックやヘルパーを頼んで，全部あそこで三食，飯食わしたの。そんなふうにして賄ってたの。ホテルも，江戸食堂の近辺にある小林旅館とか尾道屋にみんな分宿させてね。昔から大相撲はあの近辺に分けて，5人とか，10人とか分けて泊めていた。地方巡業と同じようにしてやっていた。

　あともうひとつ面白いことは，ハワイに巡業に来るとき，必ず飛行機は2機なの。1機にしないの。必ず2機で2つに分けて乗らすわけよ。というのは，1機落ちても片方の半分は大丈夫なように。絶対に大関，横綱級をひとつの飛行機に乗せない。だから飛行機賃が高く付くわけよ，2機に分けるから。1機チャーターすればうんと安く上がるけど，2機に分乗するために，請け元のほうで余分な費用がかかってくる。同時に，今度いろんな費用が，諸雑費が上がるもんだから採算が取れなくなって，442はギブアップしてしまった。

442はスポンサーだけども，実際にその仕事をやってたのはラルフ円福だったの。報知のポール円福さん[19]のお兄さん。ラルフが全部賄ってた。あの人はプロモーターでそろばんのはじける人だから，一銭一厘まではじくの。もともとはボクシングプロモーターなんです。この人も誰かが書いて残さなきゃいけない人なのよ。

　60年代になると高見山が出てくる。高見山までは，まだ一世，二世の相撲協会はあって，後援してやった。442（連隊）がスポンサーしてやったから，ハワイの相撲協会も442と一緒に応援して高見山を出してやった。

　高見山の先生は，小笠原といって，江戸桜のまな弟子だった。そういう関係で，地元の相撲の一番強いマウイが応援してやっとる。高見山は本当にもう純情で日本人社会に育った子どもだから，日本人的なものを持ってたわけよね。そして相撲協会の人に愛されて高見山後援会まではできた。

　高見山からあと，小錦の時代になると，小錦はハワイ（人）じゃないの。ナナクリ出身のサモア（人）で日本人社会に育ってないし，サモア（人）というのは後進民族だから，戦後にハワイに入ってきた。だからハワイアンとは全然違う。もちろん先祖はポリネシアで一緒だけど後から入ってきた（移民してきた）からね。で，日本人社会になじんでないでしょう。もう相撲協会の日系二世も年取っておるし，日本人との関係がないから，自然と後援会ができなくなる。

　日本人の若い二世，三世はフットボール，バスケットボールだね。相撲はやらない。相撲取りは2，30人おっても，白人とかハワイ人とか他人種だね。そうなると，もう日本人移民史以外の問題ですよね。だから，日系人相撲史は1970年代までです。日本の大相撲が来た時は，僕らも相撲の歴史として（書き）残しますけども。高見山も入れないから，僕はね。（高見山は）日本人に帰化してるけども，日系移民のハワイ相撲史にはもう入らないわな。

ハワイ相撲の衰退と戦後世代

　相撲も含めて，戦後ハワイの日系のスポーツに大きな打撃を与えたのは朝鮮戦争なんですよ，コリアンウォー（Korean War）。徴兵制度があったから，みんな若手がドラフト（draft・徴兵）されるの。ハワイの水泳もあれで落ちたの。あれまで水泳は，全米でハワイが一番優秀な選手出してたんです。紺野[20]とか

金メダル取ったのがいましたよね。

　ああいう連中が，みんな18歳ごろからドラフトされたからね。あれがもう，あらゆるスポーツに打撃を与えた。で，次はベトナムウォーでしょ。だから，徴兵制に引っ掛かったことと，そして，同時にいろんなスポーツが出てくるから。ゴルフがそうでしょ。バスケットボールでしょ，フットボールでしょ。テニスでしょ。あらゆるスポーツが日系社会に出てくるわけですよね。そして娯楽設備が完備してくるでしょ。相撲を見て楽しむというのは，何も娯楽のない島とかね，砂糖耕地とかだった。娯楽設備が完備してくると，相撲に対する興味が落ちてくる。で，力士も体がなければならず，誰でもなれるもんじゃないんだから。

　それとね，二世まではなんとかなったのよ。二世は一世の背中を見て育ってるから，まだハングリー精神もあったし頑張りもきいたけども，もう二世から三世になってくると，三世は二世の親を見て育ってるでしょ。一世が二世にある程度の教育を付けて，財産を残してやって，二世は割合と楽にこうやると。同時にGIビル（復員軍人への奨学金）のおかげで日系二世の英語族が大学に行って，職業的な訓練を受けてきて，あらゆる方面に活躍する素質を作ってもらってるよね。だから日系二世は日本人一世のおかげで日本学校に行くし，相当の教育も受ける。そして戦後のGIビルで高等教育を受けて，いろんな方面で活躍する。三世は，そのあと，余力でもう遊んで暮らせる。もうこうなったら全然ハングリー精神はなくなるわけ。だから二世のころは親に対する謝恩もある，報恩もある。自分たちも日系二世としての自覚もあったけども，三世になってくるとこれはもうほとんど欲もなければ何もない。ただ，のんべんだらりと親御さんにすがりついて，学校へ行って仕事に就いて，40時間働いてそれで終わりと。で，恩給もらって，あとは余生を送る。イージーゴーイングになってくる。四世，五世になると全然日本人的な意識はなくなるよね。

注
1) チャップリン松の森。本名松永岩之進（1900-1981）。山口県柳井市生まれ。1916年ハワイに渡る。松の森の四股名で力士となり，軽妙な動きからチャップリン松の森とも呼ばれた。また髷を結っている力士としても知られたが1940年引退。1975年には自らの体験をもとに，ハワイの相撲史を述べた「ハワイ相撲界を語る」（1975

①戦前の日系社会について

私家版）を出版した。新聞などに「森ノ松」と表記されることもあった。
2) 重永茂夫（1901-1984）。広島生まれ。1917年ハワイに渡る。水崎寅之助のもとで働いたのち，レストラン業に入り，ダウンタウンにカフェーベニスを開店。日米開戦後，逮捕されアメリカ本土へ送られる。戦後はカイマナビーチホテルを経営。1978年から79年にかけ，『イーストウエストジャーナル』紙に自叙伝「自分の年輪」を掲載した。
3) 江戸桜。本名坂本芳次郎（1888-1955）。東京生まれ。元十両力士江戸桜。1916年田坂養吉の招きにより布哇中学相撲師範としてハワイに渡る。その後食堂経営をしながら各島で相撲を教え，ハワイ相撲界の発展に尽した。
4) 花と龍。自分の父親である玉井金五郎（若松港の沖仲仕の頭・玉井組組長）をモデルに，ほぼ実名で描かれた火野葦平原作の長編小説。映画化されることも多く，石原裕次郎，中村錦之助，高倉健などが玉井金五郎を演じている。
5) 吉田司家。熊本にある相撲宗家。江戸時代から横綱免許を授与してきた。戦後も第40代東富士までは吉田司家から授与されていたが，次の第41代千代の山から相撲協会が推挙するようになった。
6) 千代の山（1926-1987）。北海道生まれ。第41代横綱（1951-1959）。
7) ハワイ出雲大社。1906年当時の出雲大社の千家尊愛管長の命により宮王勝良ハワイに着任。ダウンタウンのベレタニア街に出雲大社教会を創立。日系移民の増大にともない発展する。1935年死去。息子の宮王重丸が2代目を継いだ。
8) 土俵入り。1976年6月大相撲興行の一行がハワイを訪れたが，この時ハワイ出雲大社で，横綱北の湖の神前奉納土俵入り（太刀持ち三重海，露払い高見山）が行われた。
9) 「ハワイ島日本人移民史」。ヒロタイムス社長大久保清の編纂により1971年同社から発行。タイトル通りハワイ島の日本人移民史について述べられている。巻末に「一九四一年ハワイ島日系人人名録」と「一九〇九年全島日本人人名録」が掲載されている。
10) 松本菊太郎（？-1919）。旧名喜三郎。福岡県生まれ。1891年ハワイに渡る。バラスト（砕石）を扱う仕事で成功し，のち土木建築請負業。
11) 曾我部四郎（1865-1949）。1865年福岡県筑紫郡生まれ。牧師。同志社英学校（現同志社大）で学んだ後，1894年キリスト教伝道のためハワイに渡りハワイ島ホノム教会に着任。1897年ハワイ島最初の日本語学校ホノム義塾を創立。寄宿舎も併設され多くの人材を送り出した。
12) 沖識名（1904-1983）。沖縄県島尻郡生まれ。プロレスラー。沖識名はプロレスのリングネームで，本名は識名盛男。5歳のときに一家でハワイに渡る。1926年沖の海という四股名でハワイ相撲界にデビュー。1931年アメリカ本土へ渡りプロレスラーとして活躍。戦後力道山に招かれ訪日。レフリー及びレスラーとしてリングに上がり，日本のプロレス界発展に尽す。1973年引退しハワイに戻った。
13) 西の海（1880-1931）。鹿児島生まれ。第25代横綱（1916-1919）。1915年，大相撲興行でハワイを訪れた。
14) ハロルド坂田敏行（1920-1982）。ホノルル生まれ。日系二世。プロレスラー。

1948 年のロンドン・オリンピックの重量挙げヘビー級で銀メダル。その後プロレスラーとなる。1951 年に来日，力道山がプロレスの世界に入るきっかけを作る。1964 年，007 映画「ゴールドフィンガー」に用心棒役で出演して人気を得，その後数多くの映画に出演している。50 代後半までレスラーを続けた。

15) 大丈夫（1903-1990）。本名山内佐一郎。熊本生まれ。1919 年ハワイに渡る。マウイの相撲界で頭角を現し，特にマウイ西部の大丈夫とマウイ東部の沖の海との一戦は観客を沸かした。のちホノルルに移る。1937 年引退相撲。引退後は行司を務めた。

16) ジョージ有吉良一（1926- ）。ホノルル生まれ。日系二世。元ハワイ州知事。1974 年，日系として初の州知事に就任，1986 年まで務めた。父親の有吉良蔵は八幡山の四股名で相撲を取っていた。

17) 大阪相撲。大阪相撲は江戸時代から大正まで，江戸（東京）相撲とは別の組織で行われていた。1927 年東京相撲協会と合併し新たに日本相撲協会が結成された。ハワイには 1920 年横綱大錦，大関朝日山ら一行が訪れ興行を行った。

18) 松尾興行。松尾精一が創業した興行会社。松尾は広島県生まれ。1907 年ハワイに渡る。1910 年日本映画を輸入したのを手はじめに，相撲，柔道，浪花節，芝居など各種興行を行い，1919 年布哇興行（のち松尾興行）会社を設立。1934 年松尾精一の死後は，長男達郎をはじめとする兄弟で会社を引き継いだ。

19) ポール円福昭道（1927- ）。1927 年オアフ島カフク生まれ。1931 年両親と共に日本へ行き，戦後 1951 年長兄のラルフ円福を頼ってハワイに戻る。ハワイ報知社に入社し，1967 年から 2012 年まで同社社長。

20) フォード紺野（1933- ）。ホノルル生まれ。日系二世の水泳選手。1952 年のヘルシンキ五輪大会で男子 1500 メートル自由形と男子 800 メートルリレーで金メダル，400 メートル自由形で銀メダルを獲得。この頃ハワイでは日系二世の水泳選手が活躍しており，同オリンピックでは，他に親川義信が男子 100 メートル背泳で金メダル，エヴェリン川本が女子 400 メートル自由形と女子 400 メートルリレーで銅メダルを獲得した。

（7）沖縄からの移民

最初の沖縄移民

うちのおやじがハワイへ来たのは「広島海外渡航会社」（の社員として）だった（「父田坂養吉」の項参照）。その会社が広島地方を本部にして中国地方全般にわたっての移民の取り扱いをやってたわけよね。その当時の私約移民会社では一番大きかった。それからだんだんと「森岡移民会社」が入ってきて，最大手になるわけだね。ハワイでは森岡が最大手になって，うちのおやじは森岡の

図1-14　ハワイ沖縄センターに建立された當山久三像［鈴木撮影（2016年3月）］

社長に見込まれて広島渡航会社を離れ，ずっと終わりまで森岡にいた。

　ちょうど1900年に沖縄から第1回の移民が来たとき，沖縄の移民は全部森岡が取り扱ってるわけ。最初の移民を送り出した當山（久三）[1]というのが森岡の世話になっとるもんだから，第2回をやるときにも全部森岡を通してやった。

　沖縄の移民が来たときのことは，いろいろ古い『やまと新聞』[2]で調べたけども，1900年という年はペストでたいへんなときだから（出ていない）。1月にペスト焼き払い[3]があったので，前言った志保沢さんの『布哇新報』[4]はマウナケア（ストリート）とパウアヒ（ストリート）の角にあったから全部焼かれてしまうの。で，『やまと新聞』は，あんた覚えてないかな，昔飯田翠山堂という

(7)　沖縄からの移民　　87

のがヌアヌ（ストリート）とベレタニア（ストリート）の角にあった。あの裏で『やまと新聞』は小さくやってた。裏にククイレーンという，ククイに抜ける短いレーン（通り）があって，その中でね，ボロ家の2階を買ってそこでやってたのよね。

　そんなわけで『布哇新報』は印刷できないし，『やまと新聞』もいろんなゴタゴタで印刷できない。だから半年ぐらいの間は，ビショップ（博物館）にもどこにもハワイの日本語新聞ないのよ。半年くらい出てない。その間に沖縄（からの移民）が来てる。英字新聞でも取り扱わないよね，1900年には1,500人，2,000人近い各国系の移民が来てるのに，沖縄から20～30人来たってニュースにもならない。だから記録は残っていないけど，おそらくうちのおやじが世話してるんだろうと思うよ。前も言ったように，うちのおやじが1910年代に初めての観光団を日本に連れて行くんだけど，沖縄の成功者が5～6人おった。7，8年の間にもう財産を成したわけだよね。おそらく移民会社を通じて沖縄の社会といろんなコンタクトがあったわけよね。

沖縄移民の職業

　沖縄（からの移民）は初めの頃は皆プランテーション（の労働者）だけれども，街に出て発展したのはレストラン業とか養豚業だったんだよね。養豚業になると，これは市内ではできない。残飯は臭いしにおうからね。どうしても郊外に行く。

　戦前ホノルル市内の各家庭に石油の缶があったんですよ。石油の空き缶をきれいに洗ってね，上を切り取ってね，そして両側にカネの丈夫な弦（柄，取っ手）をつけ四角な缶をバケツみたい作るんですよ。これを各家庭の台所の裏にぶら下げておくんですよ。なるべく日の当たらないところ，陰にね。そこに，各家庭が1日に出る残飯を全部入れとくんです。ハエなんか入らないように，木のふたをしておくんですよ。そうすると朝4時から5時頃に，沖縄の人がトラックで来て，残飯を全部あけて持って帰るか，あるいは新しい缶バケツを置いて帰るんですよ，いっぱいも半分もあるけれど。金は払わない。残飯出すほうも，もらうほうもただ。お正月前頃なんかね，豚肉とか野菜とか持ってきた人もおったそうだけども，僕ら（の時には）はもうあんまり記憶はないな。

ゴミを出すほうは，これを持って帰ってもらう，処理してもらうのがありがたいわけですね。来ないところの人は，（ゴミを）埋めるか，川に流すか，いろいろなことしてたんだろうね。だけど，ほとんどの家に養豚業者が残飯をもらいに来てたね。

　日本人だけじゃなくて，シナ人やなんかでも，頼めば持って行ってくれる。ただ何十人も大きな業者がおるから，それぞれ縄張りがある。隣は山田さん（という養豚業者）だけど，こっちは鈴木さん（という養豚業者）とか（持って行ってくれる担当が）決まっている。

　今みたいにね，ほとんど個人の邸宅はなくて，日本人はみんな長屋住まいだから。ひとつの通りの両側にね，ずらっと長屋が並んで住んでたからね。ここのダウストリート（当時田坂が住んでいたところ）のような袋小路になれば，もうほとんど両側が日本人で，かたまって住んでたからね。だから，こういうのを仕切ってる人のトップが，たとえば山田さんに頼めば，山田さんがその区域を担って，受け持つようになってたのね。

　それで（残飯を）持って帰るんですよ。そうすると今度は（トラック用の）ガソリンいるから，サービスステーション業（ガソリンスタンド）は沖縄が独占，ほとんど半独占的になるんです。サービスステーションになれば，今度はメカニック，車の修繕業です。そして養豚をやれば土地が余る（豚舎の周りに土地がいる）から，そこに野菜を植える。養豚，野菜，そしてレストランと広がっていく。1928年ごろは酒の密造も盛んだった。密造酒がいっぱいあったけど，全部沖縄だったから。みんなワイアラエのほうで造っていた。豚飼っていたから，豚小屋の奥にしまってたら一見しても分からない。これについては『沖縄人90年』[5]見ればたくさん出てくるからね。そういえば，あれには心中事件もたくさん出ている。昔は2ページ，3ページぐらいの記事が出て，心中事件の一部始終書いてあるんだ。結婚を親に反対されたとか，あるいは不倫関係だとか。

　沖縄の人はもちろんランチワゴンとか，おかずや[6]なんかにも進出します。そして，沖縄の人はたとえ遠くても，同県人から買う。たとえば，ガソリンを買うときには，近くにある他の県とか，他の地域の人から買わないで，沖縄の人のところに行く。絶対に内地の（人の）サービスステーションで買わない。

どんなに遠くても沖縄のサービスステーションに行く。ホノルルとワイアラエ・イキの間に，サービスステーションがうまく配置されていたし，さらにカリヒ，カイムキ，マッカレーと地域ごとにある。車を持っていれば故障もするから，たいてい沖縄のサービスステーションは修理工場を兼ねていた。

　レストランも沖縄の人の経営が多い。沖縄の養豚業者がレストランに豚肉や野菜なんかを直接卸す。仲買を通さなくても持っていけるし。豚肉をさばくブッチャーでも，沖縄の人は沖縄のブッチャーのところに持って行って卸すのね。そこから今度はレストランに持っていくから。有無あい通ずるだね。だから，今言ったように，お互いに足ひっぱらないからね，お互いに競争しながらも助け合っていくから，どんどん発展していくのね。

　サービスステーション，養豚場，レストラン，そしてファウンテンショップ（fountain shop・清涼飲料，アイスクリーム，スナックなどを売る店）は，ほとんどが沖縄（の人の経営）だった。レストランは，小禄（出身者の店）が60パーセント，65パーセントぐらいあるけれども，ほかの村の人もやっていた。たとえば「シービューイン（レストラン）」をやってた上原さんや「フラミンゴ（レストラン）」の長嶺さんも小禄じゃない。それから「マッキンレーグリル」という，大きなレストランがマッキンレーハイスクールの裏にあったけど，これも小禄じゃない。こんなふうに小禄でない人もおったが，ともかく沖縄の人の経営であることにかわりはない。小禄の人は結束は固いけれども沖縄の他村出身者を邪魔するわけではない。あれらはあれらでやれっていう感じですね。しかし，（同県人同士）裏では通じてる。

　内地（の人）の食堂というのはほとんどなかった。内地の食堂は，小さいところはなくて，みな料理屋，料亭になってるわけね。また内地の人は，レストランでものを食べるというのはよっぽどじゃなきゃ行かなかった。内地の人の食堂はあるはあったけど，高級よね。中流以上の人が，ああいう食堂に出入りしよったからね。

　リバー（ストリート）とホテル（ストリート）の角に大きな2階建ての福寿亭というのがあってね。2階建てで下は大衆向け，中流以上は2階へ上がって定食を食べよった。僕らは金がないから，いつか上に上がろうと思っていた。

　バーは内地の人がやってたね。内地のほうが早くから来てるから。内地は（第

一次オアフ大）ストライキのあと，1910年前後からバーをやりよったからね。1910年と言ったら，沖縄の人は来てまだ間がないから財力がない。酒屋さんは1908年に山の酒屋[7]ができてる。だから宝正宗はある。同時にカカアコの西の富士酒造[8]が造った富士正宗もあった。沖縄の人がバーに本格的に進出するのは1933年に禁酒法廃止になってからで，ようやっと沖縄の人がライセンスを取るようになる。

　前話した（「頼母子講」の項参照）高良さんという人が，アメリカン・カフェーという店をやったのが，1922年のことで，（禁酒法の最中で）まだお酒を売れないんだから。1934年ごろに初めて高良さんなんかがライセンスを申請するんです。で，お酒のライセンスもらえて，それから，バーのほうにも沖縄の人が出てくる。

　それ以前は，ほとんどお酒は日本の料亭で出ていた。だから1918年に禁酒法が出るまでの15年間，日本人は料亭，芸者の全盛時代だった。レストランで洋食を食べるような日本人というか，内地の人は少なかった。

　内地の人は，結婚披露宴も，ほとんど料理屋だったね。そしてまだ神前結婚が多かった。出雲大社，（ハワイ）大神宮で，仏前結婚は少なかった。あるのはあったけどね。本願寺なんかは仏前結婚やってたけど，百のうち十もないだろう。教会も，日本人関係のハリス教会とかいろんな教会があったから，教会でやって料理屋で披露宴やるのもおったな。ところが，教会のやつ（キリスト教信者）は芸者呼んで騒ぐとか，ああいうのはないのよ。パンチとクッキーぐらいでみんなごまかされるのよ。

　あのころから沖縄の人はたいてい家でやってた。大きなヤードのある人（の家で），テント張ってね，持ち寄りでね。今みたいに豊かじゃなかったからね，沖縄の人は。

　集まる場所といったら慈光園[9]ぐらいかな。慈光園は1930年ぐらいにはあったからね。だけど今は，いろんなイベントは沖縄センターに移ったね。昔は結構披露宴とか大きな演芸会とか集会は全部，慈光園だったの。あそこはリースが切れて立ち退かなければならないという時に，みんなが金差し出して買ったんだよね。

図1-15　ウルマ青年会（1936年）［田坂コレクション］

戦前の沖縄移民とウルマ青年会

　（沖縄の人が）大きく儲けて，そして一世から二世へとだんだん地盤が動いてくでしょ。そのときに沖縄の一世とハワイ生まれの二世との間を取り持ったのが，戦前，特に1930年代に沖縄から帰った帰米二世だった。沖縄は帰米二世が強かったの。沖縄一中とか沖縄二中とか優秀な学校出た生徒がたくさんおったよね。親がお金送って皆勉強さしてた教育程度の高い沖縄の帰米二世が帰ってきて，共通的な県民性というか，団結力が強く辛抱強いから，ウルマ青年会[10]という会を作るんですよね。ここから戦後の沖縄社会を背負って立つ沖縄二世が育って，沖縄社会を，ひいては日本人経済界を牛耳っていくわけですよね。

　戦争前，沖縄の人が差別されていたのは確かなのよね。というのは，沖縄の人は1世代遅れて来てるから。官約移民，私約移民が20年ほど先に来てるでしょ。第1回の官約移民は1885年，第1回の沖縄移民は1900年だから15年の開きがあるけども，本格的に沖縄の移民がハワイに来るのは1905年以降だ

から約20年違う。20年ということは1世代ですよね。沖縄の移民が1905年ごろからガンガン千単位で来だしたけど、地盤を築いていくのには10年、15年かかりますよね。そうすると日本、内地からの移民は35年、40年近くなっているので、もう経済的な地盤ができますわな。どうしても内地の人が雇用主になって、沖縄の人は被雇用者で差が付きますよね。そして下に見られるわな。経済的にもまだプア（poor）だしね。日本、内地の人は経済的にも豊かになって、子供にもある程度高い教育を与えることができる。

それに対して沖縄の人は低級の生活に甘んじるわけだから、そのころに自分の娘が沖縄のボーイと結婚したり、息子が沖縄の嫁さんをもらうということは、勘当沙汰になりかねないような時勢だったわけですよね。そのインフェリオリティー（inferiority）を沖縄の人が持っておったからね。それがずっと続きますよ、いつまでたっても20年間の間隔というものは埋めることができなかったから。

戦前は、まだまだそうです。自分の娘が沖縄の人と結婚するって言ったらやっぱりもう大反対にあう。特に日本人は単一民族だから。内地の人から見たら、1階級下の沖縄の人、という意識があった。

沖縄からは徴兵されるのが嫌で移民したと言われるんだけどね、それが全部じゃない。そうした言い方は良くないよ。あれはやっぱり沖縄を軽蔑してあんなこと言ったり書いたりしているんだね。第2回目の沖縄移民のときかな、沖縄移民の父といわれる當山久三が20人、30人連れて来たの。そのときは、當山さんが自分の家、屋敷を売ってお金を作って、それで団員の旅費を全部払って自分が連れて来てるのね、あのころは。だから、徴兵忌避とかいうものではないですよね。

徴兵逃れというよりも、18歳頃にみんな移民してくる。ちょうど18歳で旧制中学校が卒業になるから。あのころは旧制中学校出れば一人前だからね。もう商業か中学校出ればたいてい一人前としてね、どこでも就職できた。それと沖縄には、沖縄一中、二中しかなく、上がないんだからね。進学するには、あとはもう九州に行って熊本医大とか、鹿児島高等商業とか、内地に来なければいけない。

だけど沖縄は中学校出ても仕事がないの。出ても（卒業しても）仕事はない

けど, ハワイに来れば親がおるんだからね。家もあるし。(それで来た) 仲嶺 (真助)[11]や外間盛安[12]なんかは沖縄一中 (卒業) だからね。二中はだいぶ落ちると言われてたけど, ここでは二中が多かったのよ。ウルマ青年会のリーダーも二中で, おそらくヘゲモニーは二中が握ってたよ。

　ウルマ青年会ができたころはみんなお金がなくて, 仕事探しがたいへんで, その合間の日曜日に集まっては会のことをやっていた。沖縄から帰った人は仕事がないわけよ。プランテーションに入れば親がおるから, 耕地に入ればいいけど, ホノルルで生活しようと思ったら仕事がないの, 誰も雇ってくれないのよね。

　まだあのころは, 沖縄の人で大きな商店, 会社を持ってる人はまだほとんどいなかったし, 経済的に地盤が固まった人ほとんどいないね。サービスステーション, レストラン, もうあとはほとんど豚飼いだったからね。

　でも, レストランなんかの皿洗いなんかでも, 前言ったように, 小禄の人がほとんど働いている。それに中学校出てきたような人は皿洗いなんかに入りたくない。

　と同時にまだ1930年代ごろは沖縄に対する偏見, 弾圧が強かったからね。内地の人は (沖縄の人を) あんまり進んでは雇わない。また, 前に言ったように, 沖縄の女と内地の男が結婚したりすると, 親は勘当しよったからね。

戦時下の好景気

　それが太平洋戦争で, 経済的な基盤を築いておった内地の実業家や資産家階級, インテリ階級が一網打尽に抑留されて (アメリカ本土に) 送られてしまった。沖縄の一世は日本人よりもまだ年代が若いのと20年のギャップがあるから, 経済的な基盤も内地の人ほど確立しておらず, 社会的に目立ってないわけなのよ。それで引っ張られたのは少ないわけ。戦争中, 内地から来た日本人一世は, もうあらゆる方面で名を成し, 社会的に指導的な位置におったために何百人も抑留された。ところが沖縄の一世は, 内地の一世よりも20年遅れてきている, 1世代遅れて来てる。沖縄県の人で名を成した人もおるにはおったけども, 数から言えばね, 内地の人に比べれば, 10分の1, 20分の1程度だった。

　ウルマ青年会の中でも抑留されるのはおったけども, だいたいは, まだ社会

的に目立ってないからね。ただ戦争直前，39年，40年，41年頃に帰ってきた沖縄の若い帰米二世はたくさん引っ張られた。それより早く20年代から30年代にかけて帰ってきた人たちが主になってウルマ青年会を作ってるのよね。(ホノルル) 日商工の会頭とかああいうふうな名誉ある地位に就く人がまだ少なく，社会に目立たなかったからFBIの目にも付いてないわけよね。それで戦争中の5年間に帰米二世を中心に，ここ (沖縄系移民) の子どもたちがあらゆる方面に発展して，戦後の沖縄社会ができてくるんですよね。

　そして戦争中，日本人の資産は全部凍結されてしまって店も全部つぶされてしまう。しかし沖縄の人はまだそれだけの資産がないからね。たとえ金は凍結されても，沖縄はご存じのように子だくさんで，ちょうどその子どもが10代，20代で働き盛りだったからね。沖縄の人は，前言ったように養豚業とか飲食業とか，ああいうふうな方面で独占的にやってたし，特に飲食店は8時まででブラックアウト (blackout・燈火管制) だったけど, 軍関係の人間やシヴィル・ディフェンス (civil defense 民間防衛) 関係の人は夜8時からであっても皆自由に街を横行できたんですよ。夜8時過ぎると，ふつうのレストランなんかはやっちゃいけないけども，沖縄の人はブラックアウトでも幕張って徹夜で夜勤の兵隊相手の飲食販売やるわけですよ。これで沖縄の人が戦争中の4, 5年間でものすごいお金を稼いだ。沖縄の人は大家族主義で，家族単位で動きますから，特にレストランなんかはね。おじいさん，おばあさん，お父さん，お母さん，子ども，孫まで手伝ってね，もり立てるからね。養豚業者，レストラン業者, サービスステーション，この3つが固まってやるからね。それで戦争中に沖縄の人が経済的にグーッと伸びるんですよ。

　そして若い世代が戦争中の戦争ブーム (景気) でもうけた。特に食料制限されてるから，アメリカ本土から御用船で来るのはほとんど軍の物資で，肉なんかはもう，内の (ハワイの) 人に回らない。だから沖縄の人がハワイで生産した豚は全部引っ張りだこですよね。野菜もそうでしょう。高い値段で売れたわけです。

　遅く来たのが幸いしたわけね。1世代遅れたということが，今，沖縄の人が大きく発展したもとですよね。太平洋戦争が済んでも，一世は前に言ったように円預金なんかで財産凍結されてるからね。抑留所から帰ってきても再起不能

な人がたくさんおった。4年間も抑留生活すると精神的にまいりますよね。だから引退して子どもに譲るとか，商売辞めるとか，日本に引き上げるとか（という人が多かった）。

　それでほとんど卸屋が駄目になっちゃった。卸屋がなくなっていった。一世が引退するし，戦争で亡くなったり，老齢で亡くなるでしょ。大きな店がほとんど敵産処分にあってダメージ被ったしね。いわゆる戦前にあった大きな卸屋が，だんだんと姿を消して，今戦前の名前が残ってるのはＹ畑商会（Y. Hata & Co.)[13]だけですよね。戦前は二流，三流だったんだけど。卸屋らしい卸屋はこれだけになっちゃったね。

戦後の発展

　戦後間もないころ，商工会議所とは別にハワイ経済研究クラブ[14]というのができるんですよ。それは沖縄のリーダー格の人と内地の中堅クラスの経済人が一緒になって，戦前は沖縄の人と内地の人はしっくりきてないけども，これからは沖縄人だろうが内地人であろうが，お互いに手を取り合って仲良くしてやろうというのでその経済研究クラブというのができるんですよ。

　これが少しずつ勢力張ってくるもんだから，日系社会で発言権もできてきて，この中から（ホノルル日本人商工）会議所の会頭になった人もいるんですよ。それでだんだんと内地の人と沖縄の人の戦前のようなギャップもなくなってくるわけ。反対に，内地の人の，戦前大きかった貿易商とか商店・会社はもう三世で皆なくなりました。3代でね。それにかわって今ハワイの経済界を牛耳ってるのは沖縄資本（ハワイの沖縄の人の資本）ですからね。沖縄系の日系人がほとんど大きいところ動かしてますよね。

戦後の養豚業

　戦前からの養豚業はワイアラエ（地区）が多かったんだけど，1960年頃になると，ワイアラエのほうが（住宅地として）発展する。ワイアラエの次にハワイカイに移るんだけれども，移ったハワイカイは，やはりカイザーが（住宅地として）開発していくんですよ。

　ワイアラエが駄目になったときに，カリヒにも沖縄県の豚飼いが集まるんで

すよ。ところが今度はトンネルができたでしょ。カリヒトンネルが。今度はあの辺の開発が進むから，ワイアナエに移って，もう全部があそこに集中しています。カイザーが開発したハワイカイの豚飼いもワイアナエに移って，今（2001年当時）ワイアナエに 2, 30 軒の養豚場があります。

沖縄復帰問題

慈光園で親子で開教使していた与世盛というのがいたでしょう。親のほうかな，子のほうかな[15]。戦争が終ったあと，沖縄の帰属問題，日本への復帰問題が起きてくるんですよ。1972年に沖縄が返還される前の話ですけど，そのときに慈光園を中心にした一派は，沖縄の独立を念願したわけですよ。日本に復帰せずに，沖縄はアメリカの管轄下で自治権をもらってやっていきたいという派だったわけですよ。

沖縄に社会大衆党というのがありましたよね。左寄りの考え持ってる政党でした。ここ（ホノルル）でもあの時代の沖縄の一世，二世が，半々に分かれた時代があるんですよ。日本に帰ったほうがいいというのと，日本に帰らずにアメリカの管轄下にあって自治権をもらったほうがいいというのと。ああいうふうに分かれたことがあって，『ハワイ報知』にいた渡辺（礼三）[16]もあちらのほう（自治権を得るほう）に付いていたよね。ああいう，ちょっとニヒルで左寄りのところが渡辺にはあったよね。

（この人たちにすれば）沖縄はもう日本に返してもらいたくないわけですよね。そしてアメリカの元で自立の政治をやらしてもらいたいと。そして，あのころの初めの沖縄民政府の長官なんか，社会大衆党系が多かったね。それでこの10年ぐらいまではなかなか自民党がいい気に（優勢に）なれなかったの，その昔のしこりがずっと残ってるわけですよね。

あの当時（復帰前）ハワイから沖縄には簡単に行けなかった。あそこの軍政府の許可がなければ行けなかった。ところが年に1回だけ（ハワイ日系人）連合協会の会長と（ホノルル日本人商工）会議所の会頭はアメリカ政府の招聘で日本に行けるということが，叙勲問題もあって，会長問題，会頭問題でみんな足引っ張り合って騒ぐ原因になるんですよね[17]。

注

1) 當山久三（1868-1910）。第2部第4章 庶民金融「頼母子講」注2参照。
2) 『やまと新聞』。第2部第2章 父田坂養吉そして戦前の日系社会 注16 参照。
3) ペスト焼払い。1899年12月ホノルルのダウンタウンにペストが発生し，翌年1月ハワイ衛生局は，感染防止のためペスト患者の住宅の焼却を試みるが，突風にあおられて燃え広がりダウンタウンの大半を焼き尽くした。焼失区域に日本人居住区，中国人居住区の大半が含まれていたため，日本人，中国人の進出を恐れた，白人を中心とした政府当局者が，火勢が拡がるように意図的に計画したとも言われた。
4) 『布哇新報』。ハワイ最初の活字による日刊日本語新聞。1932年週刊新聞となる。開戦後発行停止となり，そのまま廃刊となった。
5) 『新聞に見るハワイの沖縄人90年』（比嘉武信編著）のこと。最初の沖縄移民が来た1900年から1990年まで，ハワイの日本語新聞（一部沖縄の新聞）に掲載された沖縄関係の記事を年代順に整理編集したもの。政治経済から芸能スポーツまで幅広く取り上げられている。『戦前編』（1990，若夏社）と『戦後編』（1994，私家版）に分れ，戦後編の巻末には沖縄関係の資料や論文（転載）などが載せられている。
6) おかずや。煮しめ，しょうゆチキン，酢の物，ムスビなど，日本料理の惣菜をテークアウトで販売する店。一部では店内で食事もできる。
7) 山の酒屋。第2部第2章 父田坂養吉そして戦前の日系社会 注16 参照。
8) 富士酒造。ホノルルのカカアコにあり，金瓢正宗，富士正宗などの日本酒を製造販売していた。
9) 慈光園本願寺。1938年沖縄出身の移民の支援によってホノルル，カリヒに創立された。初代住職は与世盛智ान。1950年代後半，道路拡張計画により移転することになり，沖縄移民の間から費用を募って，現在地のパリハイウエー沿いに新寺院を建設した。沖縄センターができるまでは，沖縄関係の大きなイベントは，ほとんどここで開かれた。
10) ウルマ青年会。1933年8月，津嘉山朝吉（初代会長），比嘉至栄（書記），比嘉繁，仲嶺真助，外間盛安ら沖縄からの帰米二世によって設立された。1935年12月機関誌「ウルマ」を創刊。
11) 仲嶺真助（1912-2003）。オアフ島ワイアナエ生まれ。帰米二世。沖縄県立第一中学卒業後，1930年ハワイに戻りカナダサン生命保険会社に入社。1957年UOA（United Okinawan Association 布哇沖縄人連合会）第6代会長。UOAは1995年Hawaii United Okinawa Association（ハワイ沖縄連合会）と名称変更し，現在に至る。なお，仲嶺真助は1963年沖縄系として初めて連協（ハワイ日系人連合協会）会長に就任している。
12) 外間盛安（1914-2009）。オアフ島ワイパフ生まれ。帰米二世。沖縄県立一中卒業後1932年ハワイに戻る。1937年太平洋銀行入社。1941年11月徴兵され100大隊に所属したが日本語ができたためMISに転属。戦後は保険業界で働く。HUOA第13代会長（1964-65）。
13) Y畑商会。1913年畑興一（1884-1950）によってハワイ島ヒロに設立された酒・食糧品を中心とした卸商店。畑興一は兄貞之助の呼寄せで1908年3月来布。兄の経営

するS畑商会で働いた後，1913年独立してY畑商会を興した。1927年ホノルルに進出。戦後はタバコ，雑貨，レストランの厨房器具などにも手を広げ，現在はハワイでも有数の卸会社「Y. Hata & Co.」となり，孫のラッセル畑が社長を務めている。戦前は，日系の大手卸会社として，S畑商会をはじめ，檜山商店，藤井順一商店などがあったが，いずれも現在はない。

14) ハワイ経済研究クラブ。1947年9月設立。初代会長は儀間真福（沖縄），副会長二人は山城松（沖縄）と粟村徳善（広島）。その他の役員も半数以上が沖縄出身者だった。
15) 与世盛父子。父親は与世盛智郎（1894-1986），沖縄県生まれ。1921年ハワイに渡る。息子は与世盛智海（1932-2016），オアフ島ワイパフ生まれ。帰米二世。共に本派本願寺開教使で慈光園住職を務める。与世盛智海は1996年本派本願寺総長に就任。
16) 渡辺礼三（1923-1998）。シアトル生まれ。帰米二世。1947年ハワイに移り『ハワイタイムス』を経て『ハワイ報知』入社。のち編集長。『ハワイの日本人日系人の歴史（上）』(1986)，『ハワイ報知七十五周年記念誌』(1987) を著す。
17) ここでは述べられていないが，沖縄系の人の中にも日系全体の組織の名誉職を志す人が出てくる。一方で，こうした名誉職に就くと日本政府からの叙勲の可能性も出てくる。このようなさまざまな思惑から会長問題，会頭問題が複雑の度を増し，ナイチ，沖縄系が入り乱れ足を引っ張り合って騒ぐ原因にもなったといわれる。

2　戦中を生きる「敵性外国人」

(8) 戦時下の生活―収容所に入るまで・出たあと

ヒロへ行く

　戦争が始まって日本語学校がクローズ（閉鎖）されてからは，ヒロに行っていた。畑という卸屋（畑商店）の仕事だった。そこは，ヒロ正宗，東郷正宗というお酒を造ってたのね。畑商店というのは，食料雑貨の卸の他にヒロ酒造[1]という酒屋を持ってたわけです。そこを米軍が接収して，ハワイ島の全陸海軍の将兵のためのベーカリー（製パン工場）にしたかった。しかし，酒造所には戦前から仕込んでおいた1万5,000ギャロンの日本酒が残ってたの，樽の中に。置いとけば腐って駄目になる。軍はその酒造所を接収して使いたかったからミリタリーオーダー（軍令）を発して，今ある1万5,000ギャロンの酒を瓶に詰めて売る特別ライセンスを出した。軍としてはその酒を出しちゃって冷蔵設備を使いたいわけですね。だけど畑商店のヒロの支配人がすでに（収容所に）入れられてる。管理人がおらんのよね。それで，わしは頼まれて，ヒロに行って酒の処分をするのに1年おった。

　なぜ1年もかかったかというと，わざとゆっくり瓶詰めにしたから。昔からのエンプロイー（従業員）が，3人くらいいた。彼らは日本人だけど社会的な地位が低いから抑留されていなかった。彼らが1万5,000ギャロンを，ひと瓶，ひと瓶入れていくんだよ。

　僕は畑商店の住宅のほう，支配人の家に1人で住んでた。3階建ての建物だった。大きな住宅で，1階が店で2階が家族の住まい，3階がお客さん用の部屋だったのね。それで3階に1人でずっとおったよね。1年おった。畑商店には大き

図2−1 日系二世の重鎮のひとり阿部三次（『布哇邦人野球史・野球壱百年記念』後藤鎮平・1940年）

な地下室があるの。その中にね、今でこそ言えるけど、花火があった。卸屋で花火も売りよったから。打ち上げ用の花火です。その花火の玉が300。阿部（三次）さんは日の丸でやられた（検挙された）わけだけど[2]、畑商店のこれは火薬。米軍に見つかったらたいへんなことになる。

　それを処分するのに半年かかった。昼間は人が出入りしていけん（できない）から日が暮れてから。日が暮れると外出禁止になるから誰も来ない。日が暮れてから徹夜で、ちっちゃい豆電球を地下室に付けて、ブラックアウト（灯が漏れないよう）にして、作業をした。手順としては大きなバスタブみたいな樽に水いっぱい入れて、それに花火の玉を浸けておくの。2、3日するとやおく（柔らかく）なる、少しずつね。あんた知らないだろうけどね、この花火、（大きい玉の中に）小さい玉がたくさん入っている。それは厚紙を切って切って貼って貼って作ってある。だから紙の皮が厚い。中はパウダー（火薬）があるだけ。

(8) 戦時下の生活—収容所に入るまで・出たあと　　101

それらの玉を水に浸けて柔らかくなったものを1枚ずつはいで，取れるまではいで，取れなくなったらまた浸けておくの。全部取れると最後に薄い皮が残るの。それが火薬が入ってるところ。今度これをトイレで少しずつ分けて流す。いっぺんにやると詰まるから。紙は分からんようにしてばらばらにして捨てる。

　樽の水に漬けられるのは，1度にせいぜい10個かそれくらいでしょう。だから毎日少しずつやってね，半年以上かかった。本当は火薬の類は，軍の命令でレポートしなきゃいけないのよ。だけど底のほうにあってね，荷物の奥にあったから気が付かなかったんだよ。残ってるということ誰も知らないの。

　1年してからわし戻ろうと思ったのね，済んだからね。酒も済んだ，花火も済んだ，それで戻ろうと思ったの。そしたらヒロからホノルルに戻れないのよ。わしは片道で行ったから。往復チケット持ってればホノルルからヒロに商用に来てたという証拠になるけどね。片道で来てるもんだからヒロの住人になったわけなのよ。僕はホノルルからヒロに引き上げた人間になっていた。住人となっとるからホノルルに戻れないのよ。

　それで阿部さんのあと準州議会の上院議員になるやつ。これが弁護士で民主党の大物だから。その弁護士に金払って頼んで戻った。戻ったらすぐFBIがわしを連れに来た。ヒロにおったらわし捕まえられなかった。ヒロで活動してないからヒロのブラックリストに載ってない。もっとも，ホノルルではリストに載っていたのだから（いずれヒロも）探したかも分からんけど。

　帰米二世を調べるのにね，一番最後の船[3]で帰った帰米二世から調べていく。だから移民局を（逮捕のための）調査のヘッドクオーターにしてあったわけ。移民局に全員分のネーミングリストがありますから。最後の船で来た者からどんどん調べていく。わしは37年に来てるから，ずっと後のほう。しばらく逃れて，ホノルルに戻ったらすぐ呼び出されて。それから4, 5回呼ばれて，やっぱり抑留，ということになった。

ホノウリウリ出所後

　わしは終戦前の44年9月にパロール（仮釈放）で出てきたが，戦争中はマンパワー・コミッションというのがあって勝手に職種を変えられないの。元の仕事に戻らなきゃいけないというので，入る前に食糧の卸屋さんで働いてたか

図2-2　戦前最後の便船となった大洋丸出港の記事『布哇報知』1941年11月6日

ら，仕方なしにピグリー・ウィグリー（Piggly Wiggly）というグローサリーストア（食料雑貨店）に1年間おったわけよね。そういう名前の食糧のリテールのチェーンストアが，ハワイ，オアフ全島にあったんですよね。その中のひとつ，カイムキのブランチで1年間ほど働いてたわけよね。

しかし戦争が済んだら何かしようと思って，ピグリー・ウィグリーに行きながら，僕は1年間保険会社の講習を取ってたわけ。英語のライセンス取らないと売れないから。戦争が済んだ明くる日，ピグリー・ウィグリー辞めて，即日プリューデンタル（Prudental）というところ（保険会社）に行って，仮ライセンスをもらった。フランス人がやっていた会社。この会社の建物だけはまだ残っておる。

注

1) 戦前ハワイでは日本酒醸造が盛んだった。1908年，初の日本酒「宝島」がホノルルの山の酒屋（ホノルル酒造会社）から発売された。しかし禁酒法により1919年から1933年まで醸造販売は禁止された。禁酒法撤廃後の1934年，山の酒屋は日本酒の醸造販売を再開し，「宝正宗」「宝娘」などを売り出した。山の酒屋以外にも日本酒醸造を手がけるところは多く，開戦時の1941年には，山の酒屋のほか，富士酒造（ホノルル）から「富士正宗」，ヒロ酒造（ヒロ）から「東郷正宗」，日米酒造（ヒロ）から「国粋」，馬哇醸造（マウイ）から「日の出正宗」など，さまざまな銘柄の酒が販売されていた。

2) 当時，阿部三次はハワイ准州議会でただひとりの日系上院議員。太平洋戦争開戦後

の1942年8月，阿部の経営している大和座で日本国旗（日の丸）が発見された。現在では，この「日の丸事件」はフレームアップ（でっちあげ）ではないかと言われている。阿部は逮捕・起訴されて上院議員辞職に追い込まれ，自身もホノウリウリの収容所に抑留された。
3) 1941年11月1日ホノルル入港の大洋丸。1941年7月アメリカ政府の在米日本資産凍結令により，同年7月31日ホノルルに入港した浅間丸を最後に日本ハワイ間の定期航路は途絶した。しかし凍結令の公布が突然だったため，日本やハワイ，アメリカ本土で立ち往生した日本人，アメリカ人も多く，彼等を本国に帰すため，特別配船と呼ばれる船舶が運航された。ハワイには，10月23日の龍田丸に続き，11月1日に大洋丸が入港した。大洋丸には，ハワイに戻る357人の日本人・日系人が乗船していた。同船は日本への帰国希望者450人を乗せ，11月5日横浜へ向け出航した。これが日本ハワイ間における戦前最後の便船となった。

(9) ホノウリウリ収容所でのくらし

インターニー（被収容者）の決定

　（ホノウリウリ収容所に抑留＝収容する人間の）リストが作られていたわけなんですね。帰米二世で，1937，38年からあとに帰ってきた人はほとんど捕まってるね。かれら（米軍政府，FBI）は移民局の記録をもとに，最終船から順番にさかのぼって調べていったの。だから最終船で帰った人が一番先に引っ張られたね。そうやって，ほとんどの人が調べられとるんだから。リストに入ってる人がおる一方で，イヌ（密告者）になって自分は（収容を）逃れてる人もおるんだ。中には全然お呼びのかからんもん者もおるわけ。住所調べても分からないとか（の理由で）。

　収容する前には，何遍（回）かディリンハムビルの中のFBIのオフィスに呼んで調べるんですよ。家におるときには呼び出し掛けて，何日の何時に来いと言うてくるの。中には（家から）そのまま連れて来られたものもおる。で，3遍か4遍ぐらいお呼びが掛かるわけよ。そこで最後に（収容所に）入れるか入れんかというのを，ネイビーとGQ（General Quarterの略。ここでは陸軍のこと）とFBIの3者が来て決めるわけよ。問うのが，「おまえはアメリカのために尽くすかどうか」と，「イヌになるか」。「イエス」と言ったら，ゴーホーム，家

図2-3　ホノウリウリ収容所『ハワイ日本人移民史』

に帰れる。アサインメントには書かない（次のステップには進まない）。そこで「ノー」と言うと，収容へ一歩近づく。ただ，まだ未決なの。そして未決の間は移民局に1週間，2週間入れとく。

　一応まだ最後的な決定ではないのよ。というのは，アピール（appeal・訴えること）する権利を形式上与えるわけよ。移民局に置いといて，もしもアピールするんならアピールせいと。自分が弁護士雇って，証人を呼ぶことができる。たとえばここに仮に鈴木太郎がいるとする。鈴木は真面目に働いて何も犯罪を犯すような者じゃない，立派な人間だということを証明するのよ，そこで一応裁判したというふうにするわけなんです。しかし，協力するかと言われたときに「ノー」と言うとるので，向こうは収容する気でおる。どんなに弁護士雇っていったって駄目。向こうは言うのよね，「鈴木が真面目でいい人間というのを，おまえは外見的なことだけで判断している。鈴木の腹の中までは，おまえは証明できない。何考えてるか分からない。おまえたちは，われわれが見たところこれは反米的だ」と言ってそこでキャンプ（収容所）に送るわけ。それでもある程度立派な保証人立てて裁判なんかした人は，今度は出るのが早かった，というのはあった。

　ひどい引っ張られかたをした人もいる。女性では，山根さんという人の奥さ

(9)　ホノウリウリ収容所でのくらし　　105

ん[1]なんか，風呂を沸かしてただけで連れて行かれた。風呂沸かしていただけなのに，隣のポルトガル人の，やかましい反日派のばあさんが，それをFBIにレポートしたのよ。風呂たいてたのを隣で見て，東条の写真を焼いとるとか，エンペラーの写真を焼いてるとかなんか言うて密告したんですよ。それで引っ張られたの。旦那さんは多分もう入っていたの。大神宮[2]に関係していたし日本学校の学校委員なんかしてたの。ほかの女性では，東大寺の人[3]もいた。今おるの（現在の平井華恵住職）は初代の姪かなんかだよね。ホノウリウリに入っていた前の人は別嬪だったね。

イヌの番付

僕ら中に入ってるときにイヌの番付（密告者ランキング）ができてたんだから。東西に分かれていて，それぞれ横綱，大関以下が書かれていた。

みんな分かりますよ。FBIが調べるとき，この人以外に知らないことを尋ねられたらすぐ分かる。どっからレポートが入ってるか，誰に密告されているか分かるの。それで，もう，あれもだ，これもだ，ということになる。みんなの話を合わせれば分かる。あいつが入らん，なぜあいつが来ないと，みんな言うよ。

抑留（収容）された人間にはね，A，B，C，あるいは大，中，小とあったんだ。いわゆる大物，学校長とか，会議所の会長とかいわゆるリーダークラスの大物が入ると，あれら（密告者）は100ドルの褒賞金をもらうわけ。イヌの褒賞金。密告してその人が吐いたらもらう。いろんなレポートを出して調べて，その人が抑留されたらもらう。これは僕らの推測的な協議の結果だけどもね，当たらずといえども遠からずだったね。

中ぐらいのものがいくと50ドルで，僕らみたいな雑魚が入れられたとき，Cクラスは25ドルだったとこう言うんだ。あのころね，25ドル，50ドル言えば，本当に半月，1カ月の給料になりますからね。4，5人密告すれば，もうあんたね，楽に遊んで食えるんですね。そういう面もあるんですよ。

今（2001年当時），生きとるやつで一番大物はHというのがおる。皇太子殿下明仁奨学金の名誉会長とかやってる。こいつがイヌの親分だった。まだ若かったから横綱までいかないが，今生きてる中で一番ということ。こいつは本願寺

の中学校を出て，本願寺のお金で京都の本願寺系の平安中学に留学した。本願寺の特待生ということです。

それで，本願寺系のものは，当初から，坊主や日本語学校の校長，先生クラスがもう全部抑留されてる。それなのに，本願寺からお金もらって日本で勉強して帰った帰米二世がね，何もないということないじゃない。帰米二世は，だいたい引っ掛かっているからね。要は，こいつは戻ってからすぐ，戦争のずっと前から日本人社会の動静を探ってたわけ。戦争中はもちろんあれらはFBIの手下だから入らないわな。

そして戦争の後になったらすぐもう総領事館に出入りしだした。あれからずっと。いまだもって出入りしとるだろ。

Kというのは，マウイ島で一番大きな千何百人おる日本学校の校長だったんだ。マウイのカフルイ日本学校と言ったら一番大きな日本語学校なの。ずっと校長だった，30年代から戦争の前まで。マウイの校長さんはもうプウネネだろうが，ラハイナだろうが全部入ってる（収容されている）。教頭クラス，先生まで入ってる。マウイで一番の校長がなぜ入らないの。疑われてもしょうがない。

横綱クラスだと，のちに税関長になった，なんとかいう歯医者がおるよ。これは民主党の運動委員長ぐらいまで上がっていった。リリハで歯医者やってた男が税関長になった。ここ生まれの二世だ。ほかに横綱クラスだと，ハワイ大学のS。それと弁護士のmM。それから，もうひとりrMという弁護士がおった。マイルス福永の弁護で有名になった。これらが，ずっと上の方。

Hなんか若かったからね。横綱まではいかない。ただ僕ら1937年ごろ帰ったときには，もうそういうことはやられていた。練習艦隊の歓迎に動く人，総領事館に出入りする人，日本の学校の校長とか神主とか，全部で三，四百人のブラックリストがあったんだからね。実際8割が一網打尽になるんだ。

そういったリストを（前もって）作ってなければな，あれだけの者を1日に集めることできないよ。もちろん中には，公然とGQとかFBIのエンプロイーで月給もらってというのはおった。こういう人は分かってるからね。Iさんという人がいて，僕らもしょっちゅう，「ジロウさん，ジロウさん」って付き合ってたけど，彼らの場合は仕事（雇われ）だったから。

中には兵隊に入ってから，あっちのほうへ回されたのもおる。GQ に回された日本人兵士も多い。日本語が分かるやつがね。日本人調べるんだから，僕らをね。日本のこと分かってなきゃできない。

　僕の場合のときには，僕は日本語学校，中央学院の図書係をしてたんですけどね。学校の図書室にある本は僕が全部購入して並べておったと。そんなことを知っているのは中で働いた人だけですよ。先生として教えるだけじゃなくて，それ以外に図書の購入や整理をしていたなんてことをね。

　田坂は，日本が勝つと言っていたとか，戦時物の本ばかりを並べていたとか，そんなことを質問されるんですよ。こんなことを知っているのは，内情を知った者のほかおらないと。僕と同じように学校で先生をしておった人間も，イヌしか知らないことを問われているから，それを寄せ集めると，結局 N というやつが密告したんだということが分かったわけです。

　これ（彼）も先生で，こいつは一番遅く，中央学院の先生の中で一番遅く，1940 年に日本から帰って来た。ほんとうにもう最後の頃で，来て 1 年間ぐらい学校の先生をしていた。この N というのは，一番終わりのほうに戻ってきているから，早くに調べられているんですよね。こいつは金がなくて，キュウキュウ言っていた。学校の先生の仕事も開戦になるとなくなったんでね。で，戦争が始まると間もなく調べられて，食うに困っておったと。だから，結局イヌをやったわけですよね。なぜわしが「こいつがイヌしよった」と思ったかと言えば，僕が調べられたときに，こいつしか知らないような中央学院の内情を向こうは知っているから。こいつと，もうひとり小西（照雄）というやつと，僕ら 3 人が一時同じところに住んでたんです，下宿して。

　まあ，主に小西と N のふたりで住んでたんだが。僕もときどきそこへ行っては昼寝したりなんかしてたからね。夜なんかも飲みに行ったりなんかしてたから，まあ知っているわけよね。こいつが，僕と小西の 2 人をイヌしたわけだね，密告したわけよね。

　それで僕らふたりが入れられた。そして 1944 年のセプテンバー・フォーかな，レイバーデー（Labor Day）だったからな。僕がリリースされて家に帰ったとき，帰ってから 1 時間もたたずに N が僕のところ来たよね。

　「田坂さん，リリースになって，おめでとうございます」って言うのよ。わ

しが家に帰ることは，通知もないから，家の者は誰も知らない。「移民局の人しか知らないのに，あんたなぜ知っているか」「ちょっと耳にしましたが」と。ごまかすなというのよね。「おまえが僕らの友達をいろいろ密告して，キャンプに送ったことはみんな分かっとるんだ。おまえも気を付けよ。戦争が済んだら一番先におまえを捕まえてぶん殴るぞ，一番先におまえを刺し殺すぞ言うて，みんな待っとるぞ」って言ってやったよ。「わしがここに戻ったことは，おまえしか知らないんだ」と。「誰も知らないのに，何でおまえ知っているか。おまえがイヌしていることは分かってるんだ」と。あれきり，もう僕のところへ来なくなったけども，Nはずーっと遠くからわしらを監視しているわけ。

わしも戦争済んだらやっつけてやろうと思ってね。こいつの仕事場はカカアコのヤングランドリーっていうところだったんですよ。そこで注文取りで働いていた。注文を取って，洗濯物をデリバーしていた。だから8月の14日の終戦のその日，すぐ僕，そこへ飛んでいったよ，捕まえたろうと。もういなかった。進駐軍の仕事で日本へ飛んでた。それから15年ぐらい戻らなかった。

だいぶたってから，僕の友達が見たといっていた。日本で嫁さんもらってハワイへ戻ってきて，エアポートのVIPの係の仕事をしておると言っていた。今は年取ったから，辞めたかも分からんが。戦争済んで20年も，30年もたって，まあもうばからしいから，放っといたけどね。最近まで仕事しておったそうだ。

このNも帰米二世よ。同志社大を出て来た。わしよりだいぶ年下だった。年下言うても，大学出てから来たんだからね。1940年に22で戻っても，今生きていれば80ぐらいにはなるか。1941年の『芙蓉』[4]という同窓会誌にNの写真がある。この同窓会誌は1940年から毎年出した。僕と岩本（義雄）いうのが，やろうということになって，同窓会と一緒になってやりだした。だけど2回出したら戦争になっちゃったな。

教師の写真見ると，本土へ抑留されたのもおるし，戦争前に日本へ帰って戦死したのも多いな。あのころの先生は僕しか生きてない。みんな死んじゃった。僕が一番長生きしている。ほかにひとりも生きてないな。

非常時奉仕委員会

戦時中，非常時奉仕委員会[5]，エマージェンシー・コミッティー（Emergency

Service Committee) というのがあった。あれらに言わせれば，あのまま放っておいたら日本人は全部，モロカイかラナイ島，アメリカ（本土）に送られたかもしれない。（それを阻止するために）日本人一世，二世の権益を守るために，自分たちがアメリカと折衝したんだ，というんだけども，僕らから見ればそうじゃないわけよね。キャンプに入れるか，娑婆(しゃば)（キャンプの外）に置いておくかというのは，あいつらの委員会がふるいにかけたんだ。

　だから，入った人間から見れば同じパブリック・エネミーでね。日本人から言えば，イヌ，走狗よね，官憲の走狗ということ。

　入れられた人間は，スパイしたとか，罷業（ストライキ）をしたとか，何か悪いことをしてるんならそら当たり前だけど，何にもしてない。外におる入らない人間も，入った人間も同じことを今までやってきてる。ただ社会的地位があるとか，お金があるとか，名誉があるとかいうだけのことでね。誰引っ張ったって同じなのよ。それに引っ掛かるか，引っ掛からないかということよ。

ポリティカル・エネミー

　そんなふうに，向こうは向こうのシステムがあるわけ。中におるとね，全部情報が分かる。われわれもすごいのがおったんだから。日本の中学校出てハーバード出たとかね。日本の大学出てね，今度はアメリカの大学を出て日英両語バリバリいうのたくさんおるんだから。上院議員も入ってるんだから。阿部三次[6]という県[7]の共和党の上院議員も入っておる。上院議員の前はヒロの警察の副署長だった。あの頃上院議員といえば数も少ない。ひとつの島でふたりくらいしかおらず，権力も大きかった。

　この人は大和座という劇場を持っていたけど，その大和座のステージの裏に日の丸の旗が隠してあったというので逮捕された。それまでに自分ら手分けして隅から隅まで何遍も何遍も調べたのだからあんなものがあるはずない。あれば，ささっと焼いて捨ててるよ。以前にあったのはあってね，劇場だから。天長節やお正月なんかに日の丸を飾っている。でも処分してるよ，それまでに。戒厳司令官のほうから布告が出てるんだからね。日本人はショートウェーブ（短波用ラジオ）も持てなかった，州へ届けろと。旗とか爆薬とか全部届けていた。日の丸なんか残っているはずないよね。米軍が持って来て置いたんだよね。こ

んなことはもう全然書かないしね（これまでの移民史やインターニーに関する記録には書かれていないということ）。

　時の大統領は民主党でしょ。だからこれ（阿部三次）を抑留して補欠選挙をやって，民主党のトム沖野[8]というのが上院議員に当選した。日本人の推した共和党の上院議員をやめさせてそのポジションを取ったわけですよ。ポリティカル・エネミー（political enemy）にやられたんですよ。

　これは僕らからいえばイヌですよね。日本人の権益よりアメリカの権益を擁護する。あれらから見れば，アメリカに忠誠だから，別にイヌでも何でもない，当たり前のことをしているんだけど。

　もうひとつ，ハワイ島の共和党の下院議員，トーマス榊原[9]という人もポリティカル・エネミーにやられ，抑留されて入っていましたね。

　ふたりともホノウリウリで同じ所におりました。そしてもうひとり，マウイ島から郡参事[10]，アイランドのスーパーバイズする人です。名前を忘れましたが，この人も入っていました。この人もポリティカル・エネミーにやられた。ビジネスのためにライバルからやられた人もおるし，イヌにかまれたのもおるし，いろんな理由で入って来ているわけですよ。

　阿部さんは60に近い50代でした。僕らよりずっと先輩の，早い時期の二世です。ヒロ警察の副署長までいった人です。もちろん日本語もできました。それに碁の三段か四段で，僕は阿部さんから碁のABCを習いました

　日本に行ったことのない人でも入れられているが，それもポリティカル・エネミーにやられている。カウアイ島リフエの郵便局，島で一番大きな1等郵便局ですよ。そこの局長の元田[11]なんか，局長になって1年もたたないうちに抑留された。日本人の郵便局長，それを落とすため，白人に狙われて，何の罪もないのに入れられた。この人はおそらく日本人学校も行っていないし，日本にも行っていない。日本語が全然分からないんだから，話せないんだから。そういう人も入れられているわけです。キャンプ（収容所）にぶちこんで，しばらくして出す。出たときには，代わりに白人がなっている。もう戻れない。結局郵便局長だったから，その地位が狙われたんだね。

ホノウリウリの場所

　ホノウリウリというのは，ファーリントン・ハイウエイができて，H1（高速道路）ができて，街そのものがふたつに切れちゃった。僕らが入ったところはホノウリウリというよりも，クニア地区だな。クニアのゴルフ場ぐらいの高さで，ちょうど裏側になる。ファーリントン・ハイウェイというハイウェイからジープで15分ぐらい山ん中に入るのね。キャンプ（収容所）出た隣りはもう，パイナップル畑だった。

　僕らのいた所は，ずっと山の奥のほうで谷の間。そして谷が盆地になって外から見えない。もう山の中だから。こちらが山，むこうが山，全部周りが山だから。だからあそこにおる間，ブラックアウト（灯火管制）はないの。外から見えないからね。もう完全に谷の陰に隠れちゃってるわけ。

　キャンプ（収容所）の外は，みんなキアベとコアなどの木々が茂り，荒地になっている。収容所の小屋を建てるところはサトウキビ畑にブルドーザーかけてフラットにして，その周りを高い鉄条網が二重に張ってあるの。鉄条網の外はみんな荒れ地で雑草や灌木が茂っていた。コアの木など10尺（3m）ぐらいあった。そこがもう全部蚊の巣窟になってるわけ。

　それで周りに見張り塔が3つも4つもあるんだから。二重のバブワイヤー（鉄条網）の外に塔があって，そこにサーチライトもあるし，MP（ミリタリーポリス）が機関銃持って立ってる，そうして要所，要所，夜警やるからね。1日中立ってる。24時間立ってる。ベースボールかなんか中でやってて，球が転がって鉄条網まで行ったらMPがバンバーンと撃つ。直接撃たないよ。（脅かすために）土に向かって撃つ。

　男性の収容施設はキャンプの真ん中の水の枯れている川近くにあった。女性のキャンプがふたつか三つあって，何人おったか知らないけども，全部で6，7人くらいだった[12]。

　そのほかに，ドイツ人，イタリア人のキャンプがあった。こちらは夫婦で，家族で住んでましたね。

　僕らが泊まるところをシャック（shack）と言うんです。掘っ立て小屋です。シャックには番号がついていた，シャック・ナンバーワン，ナンバーツーってね。奇数が山手側で偶数が海手側に並んでたわけです。オフィスの入り口のほ

LEGACIES
Honoring our heritage. Embracing our diversity. Sharing our future.

LEGACIES IS A PUBLICATION OF THE JAPANESE CULTURAL CENTER OF HAWAI'I, 2454 SOUTH BERETANIA STREET, HONOLULU, HI

JAPANESE CULTURAL CENTER OF HAWAI'I

2454 South Beretania Street
Honolulu, HI 96826
tel: (808) 945-7633
fax: (808) 944-1123

OFFICE HOURS
Monday - Friday
8:00 a.m. - 4:30 p.m.

GALLERY HOURS
Tuesday - Saturday
10:00 a.m. - 4:00 p.m.

RESOURCE CENTER HOURS
Wednesday - Friday
10:00 a.m. - 4:00 p.m.
Saturday by appointment

GIFT SHOP HOURS
Wednesday - Saturday
10:00 a.m. - 3:00 p.m.

Mission Statement:
To be a vibrant resource, strengthening our diverse community by educating present and future generations in the evolving Japanese American experience in Hawai'i. We do this through relevant programming, meaningful community service and innovative partnerships that enhance the understanding and celebration of our heritage, culture and love of the land. To guide us in this work we draw from the values found in our Japanese American traditions and the spirit of Aloha.

▲ A cement slab found in Honouliuli could be a foundation to an internee barrack during World War II.

▲ Jeff Burton, archaeologist with the Western Archeological and Conservation Center in Arizona, examines an aqueduct in Honouliuli, a former site of an internment camp in leeward O'ahu.

◀ On the aqueduct in Honouliuli, the group discovered an etched date in the concrete: Aug. 30, 1920.

The JCCH Hawaii Confinement Sites Committee was established this year in response to a bill in Congress that, if passed, would preserve World War II internment and relocation sites throughout the nation. The committee will lead the Japanese Cultural Center of Hawai'i's effort to help pass the bill and maintain former internment sites in Hawai'i, such as Honouliuli. Committee members include: Don Amano (Chairman), Bill Chapman, Walter Ikeda, Lari Koga, Jane Kurahara, Brian Niiya, Dennis Ogawa, Jay Suemori, Rene Tomita and Betsy Young.

For more information on this project or the committee, contact the JCCH Resource Center at (808) 945-7633, ext. 42 or email resource.center@jcch.com.

Historical Campsites Uncovered!

JCCH Resource Center finds evidence that may pinpoint exact locations of World War II internment camps throughout Hawai'i

It began with the identification of a cement slab hidden amongst overgrown brush in Honouliuli; followed by a confirmation of a chapel said to be built by prisoners-of-war during World War II in Sand Island and the unearthing of a glass bottle embossed with the date 1944 in Kalāheo, Kaua'i. Like sleuths collecting clues to solve a mystery, volunteers at the Resource Center of the Japanese Cultural Center of Hawai'i (JCCH) and visiting archeologist, Jeff Burton, and his wife, Mary Farrell, made these discoveries last month that could possibly confirm the exact locations of World War II internment camps in the state and help shed light on a dark period in the history of the Japanese in Hawai'i.

The new discoveries, when put together with other research and oral histories collected by the Resource Center, give a clearer picture of life in the islands when an estimated 1,440 people were unjustly imprisoned at camps throughout the state during World War II, said Jane Kurahara, co-chair of the Resource Center.

"Finding a cement slab or old bottle may not seem like much of a connection, but it gives me chicken skin," said co-chair of the Resource Center Betsy Young. "It is exciting because these things may actually place the internees there."

Young and Kurahara organized site visits for Burton, Farrell and small groups of volunteers to different areas on O'ahu and Kaua'i in hopes of finding signs that could confirm the actual locations of the camps. Burton and Farrell, who reside in Arizona and co-authored the book, *Confinement and Ethnicity: An Overview of World War II Japanese American Relocation Sites*, read about the Resource Center's preservation projects on the Hawai'i internees experience online.

(Continued on page 6)

▲ An estimated 1,440 people were unjustly detained in Hawai'i camps, such as this one in Honouliuli, during World War II. *Photo by R.L. Lodge.*

図2-4　ホノウリウリ収容所跡の保存調査を行っているハワイ日本文化センターの機関誌

うから上，山手側へ1，3，5，と15まであったかな，上はね。それで下が2，4，6，8。僕ら一番奥のほうにおった。シャックの中には8人一緒に住んでるんだ。1部屋に8人おる。蚕棚みたいな棚が4つあるの。細い（こまい＝狭い）よね。寝るだけしかできない。足伸ばしたらもう精いっぱいね。幅がこれぐらい（1フィート）しかない。2（段）×4（列）でみんなこしらえてあるんだからね。で，1（フィート）×6（フィート）の底が抜けてるんだからね[13]。そこにマットレスを置いて枕と毛布もらえるの。

アーミーディフェンス（ワーク）いうのがあって，ワンダラー・デイ（1日1ドルの賃金）でみな働きよった。ノミとカンナ持ってったら，ワンダラー・デイで売れよったんです[14]。戦争中のにわか大工が建てとる家だからもうひどかった。木が生で乾いてない，生木を持ってきてやっているから，半年もしたら日が当たるところは隙間が空くぐらいだよ。ウインドウがない，ガラスがない。危ないからガラスがない。風通しがいいように，ガラスなしでスクリーン（虫除けの網）を張ってあるだけなんですね。だから，もう蚊がなんぼでも入ってくる。それでサトウ耕地の跡地だから，歩くところなんかは一応はね土で固めてあるけど，バブワイヤーの外はもう全部，キヤベ，コアの密林。やぶ蚊の巣なのよ。日が暮れると便所なんか行けない。蚊取り線香を持っていかなかったら，便所で座っているとき，口の中に蚊が入るぐらいブンブン来るんです。シャワーも取れない（使えない）。

1年半ほどホノウリウリにおるとき，1日も蚊帳外して寝たことはないの。ベッドがダブルデッキになっているのよ。下にひとり，上にひとりで寝る。下には下の人が蚊帳つって上は上の人が蚊帳つっている。1日中24時間，蚊帳がないと昼寝もできない。ああいうところに，僕ね，1年半おったわけやね。

奥のほうは15,000人の捕虜の（巨大な）収容所。15,000人の捕虜は全部朝鮮人。ここに20くらいメスホール（mess hall・食堂）があった。メスホールが20あれば15,000人の捕虜を収容できる。少なくとも10,000人は入れるわな。もともと捕虜収容所の一部を僕らインターニー（抑留者）のために使ったわけ。ただ捕虜収容所の連中との交流は全然できない。メスホールもまったく別。（戦場で捕えられた）日本人捕虜もいたが，彼らはこの大きい捕虜収容所に収容されているわけではなく，メスホールとキャンプの間のくぼ地に張られたテント

に収容されてたの[15]。

　朝鮮人の捕虜にも親日派と反日派がある。反日派は，バスで外に連れて出て，ホノルル市中見物させたり，アメリカの軍施設を見せて，アメリカがいかに偉大であるか，生活が豊かであるかということを見せる。食べ物も，しだいによくしてやって教育していくんですよ。洗脳するんですよ。そうすると，親日派の者とは，中でいさかいを起こしてけんかになるわけです。待遇も全然違うんですよね。そういう差別するわけですよ。それで後に別のところにキャンプを作ったの。カメハメハ・ショッピングセンターから少しダウンタウンのほうへ来ると，あそこにボウリング場がありますよね。その先にカメハメハ・スクールに上がる道があり，横へ墓場がある。あの辺に大きな親米（反日）派の朝鮮人のキャンプがあったんですね。真珠湾の中にも。そういうふうにして反日派と親日派を分けた。それで親日派のほうは日本人の捕虜と同じように粗末な待遇で。反日派のほうは優遇してやって洗脳してったんですよね。戦争すんで後はどうなったか知らんけど。

総領事館の人たちと日本軍のスパイ

　総領事館にいた事代堂[16]も（ホノウリウリに）入ってましたよ。僕らより10歳ぐらい上だったかな，五つぐらい上だったかな。僕は一緒に遊びよったんだから。彼は領事館に入る前は佐久間商店という店に働いていた。パラマにあってね。商店員から領事館に入って行ったんだから。

　あの当時，領事館にローカルの人は結構おりましたよ，村田いうのもおりました。僕らの友達，同じ広島の人間でね。僕のおやじの友達で，僕らの子どもの頃からその家に出入りしてたからね。兄弟6人ぐらいがここに来てみんな成功してね。次男が領事館に働いておりましたね。だから全部抑留されました。

　事代堂っていう人は，森村（正）[17]をドライブでいろいろなところに乗せていったけど，スパイ行為だとは絶対に知らなかったと思う。知ってる人は総領事以外になかった。あの人（事大堂）はね，スパイじゃないんだから。普通の商売人です。セールスマンだったんです。僕が入ったときはアメリカ本土に送られてたので，会う機会はなかった。

　このとき領事館におった人でもうひとり，尾崎さんいう人がおる。ずっと戦

前から運転手だから裏に官舎もらってた。まだ娘さんが生きてるよ。ここに行けばいろんなこと分かるだろう。

　森村正という人はいつもホテル街（通り）のバーに入り込んで，飲んだくれで通していた。ホテル街のバーはアメリカの陸軍，海軍の兵隊が，特に月給日なんか皆飲みに来るでしょうが。酔っ払って，わざと警察沙汰になりかねないようなこともやってたの。そして，あそこに入って来る兵隊たちがしゃべることを全部頭の中に入れてたのよ。ハワイに10カ月かなんぼおる間にね，絶対に鉛筆でものを書いたことないの。全部記憶している。

　この人は，だいたいは海軍の士官だったんだから。肺病になったと言うんだけども，これが疑わしい。病気，肺結核にして，2年間ぐらい外務省のほうからスパイの訓練を受けてたわけ。あの人は軍艦の細（こま）い船から大きい船まで全部，軍艦の形から，重量から，大砲がなんぼ，何人乗って，AtoZまでアメリカの海軍のことが全部頭に入ってる。それらの知識を持ってハワイへ来たわけ。ハワイに来て総領事との暗黙のうちにスパイをやった。箸にも棒にもかからないような放蕩ぶりをわざとやるんですよ。

　そして酔っ払ったら今の夏の家（なつのや）[18]ね。当時の春潮楼に行くんですよ。酔払ったといって泊って朝帰りするの。朝帰りするのは明るくなってくるのを待つため。あそこから真珠湾が見えるから，船がどういうふうに入ったか見て，もう絶対にノートは書かなかった。

医者・歯医者・洋服屋・床屋

　面白いのはね，こんな例があるのよ。僕らキャンプ（収容所）へ入るでしょ。中のインターニーは大隊長，中隊長，小隊長を決める。自主制度だからね。ほかにオフィスがあって，そこに米軍の憲兵（ミリタリーポリス）がいる。キャンプ全体の長は大尉ぐらいの人がやっている。そして，オフィスの中の普通のことはみんな軍曹か曹長ぐらいがやるんだけどね。中の辛いことは全部日本人のインターニーだけが仕切るわけなんですね。

　そしてお医者さんも日本人がいて，歯医者さんもおるしね。僕らはみんな，GIイシュー（GI Issue）と言ってたけど，入った者にはみなパンツ（ズボン）をくれるわけよ。カーキ色のパンツ，軍隊用のやつをくれるわけよね。それは

ハオレのサイズだから大きいよね。みんなこれを切らなきゃいけない。切るのに洋服屋がいるよな。それと髪もつまないといけないので床屋もいる。お医者さんと洋服屋と床屋と揃っている。そしてキャンプの中には売店 PX もあった。上（の役職）はアメリカの兵隊が来て管理するけど，実際のあれこれあれこれ細かい仕事は日本人のヘルパーがやる。

　それから食事のこと。収容者には飯食わさないけん。材料はみな軍隊の MP の本部のほうから来るけど，クックするのはみな日本人のインターニー。サーブするのも日本人。茶坊主いうてな，お茶，コーヒーくんで出すのね。僕なんかは毎朝スプーン，フォークを磨くの。仕事には，お金もらって働くのと，ただで働くのと両方あるわけよ。洋服屋とか散髪屋とか歯医者とかお医者さんは金もらう（有給）。コックももらうけど，コックでも助手はお金が出ない。

　こういう（有給の）人たちがもらうのは月 16 ドル。僕らは 3 ドル。国際赤十字で決めた捕虜の日給は 1 日 10 セント，月に 3 ドル。3 ドルの他に働いた分だけもらう。洋服屋さんが一世でアメリカ（本土）に送られた。あと縫う者おらんようになる。ほんならもう次の洋服屋がちゃんと入ってくる。向こうにちゃんとウエイティングリストがあるわけ。お医者さんがアメリカ（本土）へ連れていかれると，次のお医者さんが入ってくる。病気になったら困るもの。いちいち陸軍病院連れていくわけにいかんものね。日本料理の板前のいいのがアメリカ（本土）へ連れていかれると，今度は板前が入ってくる。

　リストがあるわけなんですね。大勢の人が調べられとるんだから。500 人が収容されたら（その背後には）3,000 人，4,000 人の調べられている人がいる（大勢の予備がいる）。

キャンプの生活　現金代わりのクーポンや差し入れのこと

　キャンプに入ると 1 日何もすることないんだもの。みんな三々五々集まって話しするだけなんだ。キャンプの外では，外は僕ら娑婆と言いますわね，娑婆ではね，5 人以上日本人は集まれない。5 人以上集まっちゃいけないというのはマーシャルロー（Martial Law 戒厳令）で決められていた。街角とかに集まったら逮捕される。だから，お葬式もできない，お通夜もできない，結婚式もできない。その上「Speak English」。日本語でしゃべるな，英語でしゃべれ，と

くる。それが，キャンプの中にいれば5人集まろうと6人集まろうと，日本語で話そうと構わなかった。

　囲碁将棋とか麻雀もやっていた。麻雀，将棋，囲碁，みんな差し入れで送ってもらえるんです。囲碁，将棋，麻雀とか，花札，トランプのような遊び道具はかまわない。差し入れできた。僕らも朝から晩まで麻雀やっておった。前にも行ったように，1日10セント，一月3ドル，30枚の紙のクーポンがもらえます。五つ綴りが6枚だったかな。1,000点10セントで遊んでいました。

　クーポンがなくなるとどうするかというと，品物です。自分の身の回りの品物は家族に注文して郵送できるようになっているので，たとえば15ドル貸しが貯まると「これくらいのサイズの15ドルくらいの黒い靴が欲しい」と相手に言って，相手の家族に送らせ，金の代わりに中で受け取るんです。

　クーポンは，PXで煙草を買ったり，ジュースを買ったりするのに使う。このジュースが，ムーンシャイン（密造酒）の酒の基になっている（後述）。キャンデーや，いろいろ飲物や食べ物も買えた。煙草は1箱5セント，1日1箱吸っても5セント残る。ジュースも5セントだった。

　音楽をやっている人もおった。楽器を差し入れてもらう人もおったが，作る人もおった。あのころ多かったのが沖縄から来た人で，ちょうど適齢期の沖縄の青年がたくさん引っ張られていた。今もありますけど，ボイルハムの缶詰があります。あいつらは，そのボイルハムの缶をキッチンに持って行って，缶切りでうまいこと開けてもらって，ウクレレみたいな，マンドリンともギターともつかないものを作るんですよ。沖縄三味線（三線）というやつかな。器用なもんでしたよ。中にね，平良という者がおって，そいつが先生だったんですよ。隣の部屋におったこいつらが，一番先に沖縄三味線作って盛んに歌ってましたよね。内地の人は三味線を弾いていた。一番上手なのはTというので，これは今でいえばマフー[19]ですよね。連れ子なんで，自分ではTとは言わずにKと言ってました。最初っからマフーで，ずっと芝居でも女形なんかやってた。三味線は小さいときからやってた。戦後は坂東三加芳というお師匠さんについて坂東流の踊りを修め名取になりましたよ。坂東なんとかと言ってましたよね。死んだいう話，聞かんからまだどっかに生きとるんじゃないかと思うんだけどね。

ただ刃物だけは（差し入れが）許されなかった。刃物は中でつくる。古い鋸の破片とか五寸釘など，何でも金気のものを持ってきてつくる。やすりがないし砥石もないから，石でこすってナイフをこしらえる人がいる。木の柄も作る。それは器用なもんですよ。

　そのナイフを使って歯ブラシから指輪を作っていました。2週間に1回家族の面会日があるんですが，子ども，特に女の子にみやげを持って帰らすためです。歯ブラシの柄を薄く切って，温めてやおく（柔らかく）して丸くする，それによく光る小さな石を，溶かして入れる。白，緑，青といろいろな色の，エボナイトでできた歯ブラシの柄を使って大勢が作っていました。僕は子どもがおらんのでやらんかったけど。無器用なやつは，クーポンを出してそれを買うんですよ。

　一世の人は収容先のアメリカ本土に行く用意で，防寒具とか下着とかいろいろ送らせていました。相当なものまでOKでした。護送船団（コンボイ convoy）がアメリカから物資を運んできて，帰る時にいろんなものも積むと同時に，インターニー（収容者）を乗せて行く。最初はサンドアイランド（の臨時収容所）から乗せていたが，1943年3月にホノウリウリが開いてからは，3カ月から半年ごとに送っていた。

　僕らは外に出たいもんだから，野菜部隊というのに志願するわけですね。そしたら3時間ぐらいね，収容所の外の空き地に畑を貸してくれて，そこで10人ぐらいが畑に野菜なんか植えに行くのよね。そういうときはマシンガン持った憲兵が2人付いてくる。ちょっとでも変だとパーンと撃つからね。撃たれて死んだ人がアメリカ（本土）でもおる，日本人がひとり死んだね。今でこそ笑い話でのんきに話ができるが，そのころはもう明日が分からないんだから。戦争がいつまで続くか分からない。

ムーンシャイン（密造酒）

　ホノウリウリではビールや酒類は全然ない。ジュースだけ，缶ジュースね。だから，中でムーンシャイン（moonshine）を造ったよね。ツールレイク（米本土の収容所）では造ったお酒をムーンシャインって言っていた。密造酒だな。ホノウリウリでもジュースで造っていた。グレープジュース，オレンジジュー

スから。うまかったよ。
　各部屋で作っていたが，酒造りを始めたのは僕らの隣の部屋が一番早かった。隣には沖縄の青年が多かったからね，密造は沖縄のほうが得意だからね。若手ばっかりだったからか，あいつらが一番粗い酒作ってましたよね。
　キッチンで働くやつ，キッチンのコックのほかに，コックヘルパーでボランティアで行くのがおるんですよね。チーフコックは月給貰って働いてるけど，あとのヘルパーはみんなボランティアで行くんですよ。最初は，そういうやつがキッチンから材料を盗んできたんですよね。それを誰かがまねて始まった。ただみんな造り方を知らないから聞き覚えで作るの。
　ジュース入れて，お砂糖入れて，あとプロシェイムという小さい四角いものを入れる。プロシェイムはキャラメル 2 つ集めたくらいの大きさで，ブレッドなんか焼くときに使う。プロシェイムというイースト菌を町の店で売ってたわけよ。それを面会に来る家族のもんに持って来さすの。見つかると問題になるけど，隠してくるの。どこに隠すかいうと，おっぱい，ブラジャーの中に入れるの。それからパンティにピンで止めてくるの。2 週間に 1 回ずつ，面会で家族の訪問があったわけですよね。家族が面会に来るときに，男は身体検査として全部体を触るんだけど，女のお乳と陰部は触らない。だからブラジャーの中とパンティにピンで止めて持って来さすんですよ。そして便所に入ってから出して手に握って渡すんですよね。
　そして各シャックにモップとバケツとホウキを置いてあるから，そのバケツに仕込むんですよ，入れ物がないから。ところがバケツはトタンだから酸に弱いんですよ。緑青が出るんで危ないんですよ。初め頃は 3 日くらいでみんな飲みよったんだが，やっぱり胃をやられますよね。
　ところが僕の部屋には富士酒造[20]の支配人がおったんですよ。一場さんというのがね。その人は技師じゃないけども支配人だから酒の醸造の ABC 知ってますよね。だから他の部屋はバケツに仕込んでも，僕らの部屋は絶対飲まさなかった，作らなかった。そのうちに，家族面会，ビジティング（visiting）で家族が来るときに花を持って来さすんですよ。花を持って来さすのに口実を設ける。「キャンプの中は殺風景でこのままでは殺気立って事件が起きる，刃傷沙汰に成りかねない。部屋が殺気立っとるから気分をおさめるために家族に花を

もって来ることを許してくれ」って，オフィスに行って掛け合うんですよね。そしたら良かろうっていうことで，家族が来るときに持って来さすんですよ。あんた知らんかな？　昔は，みそ入れるジャーが，ガロン（サイズ）のジャーがあったんですよ。丸くて筒型になってるわけね，上に取りやすいようにふたがあって。このみそのジャーのふたをのけて，その中に花を入れて持って来させた。花なんかどうでもいいんですよ，ジャーが欲しいんですよ。ふたも持ってこさせて，ジャーに花挿して，水を少し入れて持ってくるんです。そのジャーに僕らは仕込むんですよ。ジャーはガラス製。これだったら緑青もわかない。ジュースと砂糖とイースト菌を入れて，ふたをして，それを僕らは穴掘って埋める。床板外して，ひとりが潜って穴掘って中に入れて，土でカバーして見えないようにする。完全に埋めちゃうのよね。なぜかというのはあとで話するけどね。そして夜中にみんなが寝たあと，係（当番）のものが起きて行って地下に潜って瓶を出して混ぜるんですよ。やはりときどき混ぜないといけない。

　ほかのところは3晩くらいで飲むんだけど，僕のところは一場さんがやってるから完全に熟成するまで飲まさない。その代わり僕の部屋はキャンプの中で一番いいお酒ができたわけよね。それをガロン瓶が増えると，2ガロン，3ガロンと貯めとくわけですよ。

　なぜ穴掘って埋めるかというと，インターニー（被収容者）の中には，早くキャンプをリリースされたいもんだからFBIに密告するやつがおるんですよね。どことどこのキャンプでは酒を密造して飲んでるというレポ（告げ口）をする。そうすると突然全員メスホール（食堂）に集まれという命令が来るんですよ。全員がメスホールに入れられている間，ダダーっと20，30人のMPが入ってきてキャンプを家宅捜索する。みんなバケツだとかジャーなんかに入れたやつを，20ガロン，30ガロン，そのまま床下に置いとるの，埋めないで。それで見つかってしまう。

　僕らのところは絶対にわからないようにしとるので，手入れがあってもいつも助かってた。そこまでやったわけよ。それほど中に悪い（密告する）やつがおるんです，出たいためにね。誰やったか，僕ら分かってるんですね，みんな。あいつだと，あれ以外おらんと。

　うちは一場さんがいたから良かったけど，中には胸焼けするような密造酒も

あった。僕らはできたあと，そのうえに濾すんだからね。ふたつのジャーを用意して，係のものがハンカチで濾すんですよね。僕らは一場さんがおったおかげで一番いいワインを飲みましたね。

アルコール度はワインぐらいありましたね。グレープジュースとオレンジジュースは1週間に1回，PXで売り出されるので，競争でそれを買い上げるわけですよね。普通に店で市販してる缶に入ったジュースです。

イーストとジュースだけでもできるけど，やはり砂糖をいれたほうがいい。それで，砂糖は，朝，昼，晩とコーヒーが出ますから，みんなハンカチを持ってって，ブラックコーヒーで飲んで，自分の前の砂糖をハンカチに持ってためておくんですよね。砂糖とジュースとイーストがあればうまいのができます。

オレンジはオレンジ，グレープはグレープで僕らは別々に造りましたが，味は，そりゃグレープがうまい。時間をかければかけるほど糖分がアルコールになる。だから成熟するまで飲まさない。1週間か10日くらいかかりましたね。ほかのところはオーバーナイト（ひと晩置いただけ）で飲むのおるんだから。若いもん（者）なんか何日も待てませんよ。

一世の送別会

ホノウリウリに入っていたのは二世だけでなく，一世の人もいた。二世はアメリカに送られないけども一世は（本土へ送られる）便船がある。便船というのはコンボイのことです。アメリカ本土から護衛船が警護して食料や武器を運んでくるコンボイというのがあるんですよ，それが帰るときにインターニーを乗せた船が一緒に行くんですよ。ハワイからいろんなもの積んだり人間を積んでいくんですよね[21]。コンボイでアメリカ本土に送られると，また次（のコンボイ）が入ってくる。二世はずっと残っていたけど，一世は入っては出，入っては出，だった。それでいよいよ明日，一世が送られる船が出るという前の晩にお酒で送別会してやるんですよ。だから平日はあまり飲まない。

で，そのときには芸者を呼ぶんですよ。芸者といっても男芸者なの。三味線の上手な人が2人おった。婆婆にリクエストして三味線や尺八も送ってもらっていた。何でもリクエストできますから。芸者に払うのは前に言ったクーポン。前にも言ったように，国際赤十字の規則で，インターニーには1日10セント，

月3ドルの小遣いを払う国際規約になってるんですよね。現金は中で通用しないから全部クーポンになるわけです。3ドルとじのクーポンを僕ら月に1冊ずつもらうんですよね。芸者には，1時間に花代をひとり10セント，8人おれば80セント，2時間やれば1ドル60セント。ひとり1時間10セントで3時間は雇うんですよ，それも芸者の数が少ないから早く頼まんとならない。そんなふうにして宴会して送別会してやるんですよね。

　そのときに，誰が日本に一番先に帰るか分からんから，お互いがノートブックに書き置きをする。お互いに伝言するんですよ。アメリカに行く人は僕らが書いたやつ持っていく。残る僕らは，彼らが書いたもの，歌やらメッセージを集めて原籍を書いたもの[22]を持っている。で，もしも日本に，誰が帰るか分からないが，帰ったらこの原籍の友達のところに伝言をするようにと。

　みんな同じようなもの持って別れるのよね。その当時にみんなが作った歌がたくさんあるのよ。それを書いた手帳をわしが持ってるのよ。わしが作った歌もあるし，ほかの人が作った歌もある。みんな，インテリクラスだからなあ，帰米二世は。いい歌がたくさんあるのよ。みんな替え歌だよな，「大利根月夜」の替え歌，あるいは行進曲の替え歌とかね。宴会では，その替え歌をなんの節で歌えと，リクエストするわけなの。

ホノウリウリからの出所

　アメリカが優勢になって，もう日本がハワイを2度と侵略してくるだけの力がなくなったと見たとき，アメリカ政府は，今度はこのごくつぶし（無為徒食の者）を飼うとくのももったいないから，キャンプを小さくして，つぶそうと思った。出てくれ，出そうと，こうなる。裁判でいい証人がおるとか，そういうのは，順番，順番に少しずつ，仮釈放で出していってね[23]。

　そのときに，僕ら少し英語の分かる帰米二世は，次から次に5，6人呼ばれたけどね，FBIが来るのよ，キャンプのオフィスに来て，「私たちに協力しないか」という。「おまえらが協力すれば，今すぐここから出してやる。荷物は後から送ってやる」とこうなる。何するかと言うたら，彼らが一番欲しいのは僕らのような帰米二世の若い，英語が少し分かるようなやつ。それらをキャンプ・サーベジ（陸軍語学兵養成学校）の教官か通訳兵にしたい。僕らも5，6遍

呼ばれたよ。行くたびに僕らはもうそれは分かってたからね。

　それと弁護士だった丸本[24]がしょっちゅうキャンプに来ていた。戦前からの一世に頼まれ，収容されている人の凍結された財産なんかの手続きなどをやっていた。それでときどき会うのよ。丸本は通訳兵（の募集）もやってたので言ってやった。「丸本，おまえが欲しい人間全部ここに入ってる」と。じっさい，小学校の校長や教頭やら教諭も若手が全部入ってるの。一世はアメリカ（の収容所）へ送られたけど，二世の日本語の先生は全部このキャンプにおった。中にはハーバード大学出とるのもおる。オハイオの大学出とる，日本の京大出とるのもおる。日英両語の達人がたくさんおるんだもん。僕らの仲間では，5，6人の若手が，25，26歳から30歳ぐらいの若手が呼ばれて，5，6遍ぐらい調べられた。で，「OK，協力しよう。ただし21ドルでは働かない」と言うことにした。というのは，プライベート（二等兵）の新兵は給料が21ドルだったの，21ドルからスタートするの。それで，21ドルでは働かない。少なくとも僕らは教官になるだけの力がある，自信もある。だから，少佐，メイジャー（major）の階級にしてくれるんならやってもいい，と言うわけだ。これは不可能なことだから，みんなで話し合うてそれで通そうと。とは言っても，いつのまにか抜けた（応募した）やつもおるよ。そんなのは21ドルで行ってるの。ふたりおるよね。ひとりアナウンサーしよった。もうひとりは日本学校の先生とアナウンサーしよった。そのふたりがいなくなった，どうしたのかなと思ったね。

　ただ仮釈放で出なさいと言われても，出れば徴兵される恐れがあるから出ない者もおった。月3ドルで抑留されて，出所したら仕事しようと思っていたって，兵隊に採られて21ドルから始めるんじゃばからしいでしょ。

　1944年ごろ，（ホノウリウリ）収容所をしまう（閉鎖する）段になって，「出なさい」「いや出ない」というやり取りがあり，出ない者は不忠誠組として，60人か70人位[25]ツールレーク（米本土の収容所）へ連れて行かれた。その時，住田慎三郎[26]という「山の酒屋」[27]の社長，3代目の社長が，皆に推されて会長格で行った。住田は神戸商大（当時は神戸高商）に行っている時，日本で徴兵にあっている。それで日本軍の少尉か中尉までいった。そして戦争前にハワイに戻ってきて，またアメリカの大学，オハイオのデイトン大学[28]かな。そこに行くんだけど，戦争前に日本陸軍の将校だったので戦争中はキャンプから出ら

れないというのを覚悟しておったから，皆に推されていろいろな役をやっていたわけだ。

　住田はデッセンバー・セブン（December 7。日米開戦の日）に引張られて，メインランドに1回送られたのよ。ところが送られている時に，ドイツ人のインターニー（抑留者）が憲法違反で訴えたのよ。護身律があるということで，大審院（最高裁）の裁判にまでなり，アメリカ生まれの市民は，どの系でも（日系でも，ドイツ系でも），裁判もなく罪状もはっきりせずに強制抑留したことは憲法に違反すると，こうなった。裁判に勝ったわけよ[29]。それでアメリカに送られた日本人（二世）も，憲法違反になるから全部送り返された。一世は敵国人だけど，アメリカ市民権を持った者を，（裁判もなく）本人の意志に反して強制送還や強制移動させることはできない，ということになった。

　住田慎三郎もその中のひとりだったわけよね。ハワイに戻ってきてホノウリウリに入った。ほかのハワイに戻った人も，家族で住みたいために自分で志願してアメリカに行った人もおるし，ここでリリース（釈放）になった人もいるわけ。住田慎三郎はどうせ最後まで出れないと覚悟していた。そういうわけで，若い人に推し立てられてツールレークへ行って，終戦後にハワイへ帰って来る。

　僕らは住田と，ずっとホノウリウリ時代から戦後も友達だった。戦後になってからお父さんのあとを継いで「山の酒屋」の社長になるんですよ。あの人は日本で神戸商大を出ている，アメリカではオハイオの大学出ている。おそらく今までのハワイの日本人で，日英両語を書けて読めたのは，日商工の主事を戦前から戦中戦後を通じてしていた大井哲夫[30]，この人は岩国中学からハーバード大学[31]を出ていたが，これと住田だけだった。そういう人もおったんだな。

　インターニーはハワイに帰ってから，ホノウリウリ組も含めて毎年毎年同窓会やってたの，料理屋で。もう今（2001年）はない，みんな死んじゃったからね。みんな集まってね，演劇会や新年宴会とかね。いろいろやったもんなんです。まだ残ってた戦前の芸者，おばあさんになってたけど，彼女らは日本着（きもの）着てね，みんな一緒に飲んで騒いだ。もう芸者はやってない（引退していた）けど，こういうときには特に出てくるわけよ。昔のばあさん芸者呼んでね。呼ぶと来てくれたね。

注

1) 山根ツタ（1897-1982）。山口県生まれ。1942年6月第4回船組と一緒にアメリカ本土へ送られた。夫の山根正義はすでに第1回船で送られていた。
2) ハワイ大神宮。1903年伊勢神宮の分霊を祀る神社としてホノルルのダウンタウンに創設された。オアフ島最初の神社。太平洋戦争開戦後敵性財産として接収され，1957年プイア街に移転した。
3) 平井辰昇（1910-1987）。ハワイ島コナ生まれ。帰米二世。女性開教使。日本の東大寺で修行後，1941年ダウンタウンに不動院を開設。1959年東大寺ハワイ別格本山。平井辰昇は開戦後逮捕され，ホノウリウリに収容された。
4) 日本語学校，中央学院の卒業アルバム。実際は1939年から41年まで3回発行された。40年発行の第2号については図Ⅰ-1を参照。
5) 非常時奉仕委員会。太平洋戦争開戦後，ハワイで戦争協力，士気高揚のため各エスニックグループごとに作られた組織。日系社会では日系二世を中心に組織され，日本的なものの排除，日系団体の解散，442連隊兵士の志願奨励運動などを行った。インターニーの間では，収容者リスト作成にも関わっていると信じられた。非常時奉仕委員会をはじめ二世の戦争協力についての詳細は，白水（1998）『エスニック文化の社会学』（日本評論社）の2章，3章を参照されたい。
6) 阿部三次（1885-1982）。ハワイ島ヒロ生まれ。日系二世。1940年日系人初のハワイ准州上院議員となるが，戦時中に逮捕抑留され辞職に追い込まれる。戦後は政界に復帰することはなかった。前項注2参照。
7) 准州の時代（1900-1959）第2部第4章 庶民金融「頼母子講」注8参照。
8) トム沖野留吉（1906-1979）。ハワイ島ヒロ生まれ。日系二世。弁護士。沖野が上院議員に初当選したのは1950年なので田坂の記憶違いか。
9) トーマス榊原為一（1900-1989）。ハワイ島ヒロ生まれ。日系二世。1932年准州下院議員初当選。開戦時には通算4期目だった。戦後1946年再び下院議員に立候補し当選。以後連続4期務めた。
10) 現在の郡議会議員。
11) チェスター元田光喜（1907-1975）。カウアイ島リフエ生まれ。日系二世。1940年5月カウアイ島リフエ郵便局長に就任。当時主要郵便局長は大統領の指名職だったので，日系二世が局長になるということはそれだけでニュースとなった。
12) ホノウリウリには延べ400人近くのインターニーが収容され，ほとんど男性だったが，前出の平井辰昇や，ニイハウ島で日本人パイロットを助けようとして殺害された原田義雄の未亡人原田梅乃など，女性も8人収容されていた。
13) ベッドの底板はなくて枠だけがあり，そこにマットレスをはめ込む。通気性を良くするためで，ハワイには多い。
14) 開戦後，ディフェンスワーク（defense work）と言われる軍関係の仕事（軍事施設の建設補修，軍需用品の製造修理など）が大幅に増えて人手不足となった。そのため，大して技術を持っていなくても仕事に困ることはなかった。ここでは，大工道具さえ持っていたら技術はなくても，「ワンダラー・デー」（1日1ドルの賃金）で仕事はいくらでもあるとしている。なお，この人手不足のためアメリカ本土からも多くの労働

者が来たが，彼らはディフェンス・ワーカー（defense worker）と呼ばれた。
15) ホノウリウリの日本兵捕虜については，『イーストウエストジャーナル』1985年3月1日号に掲載された「抑留時代の思い出」（西川徹）に詳しい。これによると，日本人兵士の捕虜は数人から十数人単位でホノウリウリに収容され，数日から1カ月位でアメリカ本土に送られた。
16) リチャード事代堂正之（1916–2009）。ホノルル生まれ。日系二世。開戦時総領事館勤務。日本から情報収集のため送られてきた吉川猛男を連れて真珠湾などにドライブした。ホノウリウリ収容所がオープンする前の1943年3月2日，君江夫人と共にアメリカ本土へ送られた。
17) 森村正。本名吉川猛夫（1912–1993）。海軍兵学校61期生。任官後病気のため1938年6月予備役少尉となる。1941年3月，森村正の変名でアメリカ海軍に対する諜報活動のため外交官（書記生）としてホノルル総領事館に赴任。真珠湾の艦隊情報などを日本に送った。「真珠湾のスパイ」として知られている。
18) 当時は春潮楼という名称で営業していた料亭。ホノルル市の高台，アレア・ハイツにあり，2階から真珠湾が見渡せることから吉川猛男が真珠湾偵察に使ったと言われている。現在も料亭（夏の家）として営業している。
19) ハワイで男性の同性愛者のこと。
20) 富士酒造。第2部第7章 沖縄からの移民 注8参照。
21) ホノウリウリからは，第9回船（1943年7月1日出帆，34名），第10回船（1943年12月2日出帆，29名）の2回，一世がアメリカ本土に送られた。
22) この「歌やらメッセージを集めて原籍を書いたもの」については，田坂が『イーストウエストジャーナル』に連載していた「思い出の記」の第29回（2002年5月1日），第30回（同年5月15日）に，「ホノウリウリ抑留所のこと」というタイトルで詳しく書かれている。「大利根月夜」の替え歌，「砂島月夜」（川添樫風作詞）の歌詞は以下の通り。
　「1　浮世はなれた　この砂島に
　　　今宵ながめる　椰子の月
　　　娑婆への未練は　忘れていたに
　　　見れば　見れば心は曇りがち
　　2（略）
　　3　元を正せば　移民のせがれ
　　　楽土ハワイの礎を
　　　親子二代で　築けしものを
　　　なんの因果の　監禁ぞ」
23) 主にサイパン戦（1944年6月15日―7月9日）の後から釈放されていった。「especially after the US. victory in the Battle of Saipan in 1944, it became obvious that Hawaii was no longer in danger, and internees were gradually released from Honouliuli」（Hawaii Nikkei History Editorial Board（2012）*Japanese Eyes, American Hearts Volume II*, Watermark Publishing, P.125）
24) 丸本正二（1906–1995）。ハワイ島コナ生まれ。日系二世。ハーバード法科大学院

卒の弁護士。開戦後一時，非常時奉仕員会の委員長を務める。1943年MIS（Military Intelligence Service）に志願し45年には沖縄で民政を担当する。1956年日系人として初めて州（当時は准州）最高裁判事に就任。二世の超エリート。

25）同時期にホノウリウリ抑留所におり，閉所後ツールレークに送られたハリー浦田（音楽家。日本歌謡の指導などを行った）は，ホノウリウリから米本土に送られたのは69人だったとのちに述べている。

「私のように，出ないとがんばったのは全部で69人いましたが，すべてメインランドの収容所に送られました」（『ハワイパシフィックプレス』2008年6月1日）。

26）住田慎三郎（1914-2006）。ホノルル生まれ。帰米二世。1908年ハワイで最初の日本酒醸造会社「山の酒屋」を設立した住田多次郎の三男。多次郎の弟，代蔵（2代目社長）の養子に入り3代目社長となった。戦後はホノルル日商工会頭も務めた。

27）ホノルル酒造製氷株式会社。第2章 父・田坂養吉 そして戦前の日系社会 注16参照。

28）University of Dayton。1850年に創立されたオハイオ州デイトンにある私立大学。

29）ハワイで抑留されたドイツ系アメリカ人のひとり，ハンス・ジンマーマン（Hans Zimmerman）が，護身律（＝人身保護令，Habeas Corpus）に基づき，正式な裁判もなくアメリカ本土（ウィスコンシン州マッコイ・キャンプ）に送られたのは違法であるとの訴えを起こした。田坂氏は大審院（最高裁）まで行って勝訴したと述べているが，実際は申し立てが受理される前に，アメリカ政府はアメリカ国籍を持つインターニーをハワイに戻すことに決定し，ドイツ系アメリカ人はハワイに送り返された。彼らと同様，第1回船でアメリカ本土に送られた日系二世のインターニー19名もハワイに戻された。

戦後ジンマーマンは，インターンされたことに対し，約32万ドルの損害賠償を求めて裁判を起こしたが認められなかった。ジンマーマンは1905年ドイツ生まれ。1927年ハワイに移り1930年市民権を取得した。

30）大井哲夫（1908-1998）。オアフ島エワ生まれ。帰米二世。1939年，ホノルル日商工の前身，日本人商業会議所に主事として入る。開戦後1942年3月逮捕され，サンドアイランド，ホノウリウリで抑留生活を送る。戦後主事に復帰，のち専務副会頭。

31）ハーバード大卒は田坂氏の記憶違いで，実際はスタンフォード大卒。

3 戦後の生活

（10）勝った組

勝った組1 ——収容所の中で

 だいたい勝った組[1]というのは，ツールレークから起こっている。ツールレークの抑留者の中の，極親日派よね。親日本派の，特に極端のやつで，極右とか極左と言うときの，極の字ですよ。ああいう連中が基になって，日本が勝ったというよりは，神国日本が負けるはずがない，という信念から勝った組が生まれている。

 ホノウリウリに入っていた山崎自性[2]もそうだった。ホノウリウリでは，8人が同じ部屋で，そうした部屋が15くらいあった。山崎は入っている部屋の者と，自分が出てからは，後に残ったやつへ話をしていた。山崎は僕と同じように仮釈放されて終戦前に出ている。

 日本は神国，日本は負けないという信念の下で，そういう流れで抑留中の空気が伝わっているわけよね。山崎自性は仮釈放されて出ておるのに，中に残っておる同志の仲間と文通していたんだよね。それでFBIが来て，反米思想を吹きこんだということで告発された。この古いスクラップブックに新聞の切抜きがあります。

> 「米国へ不忠の廉で山崎開教使告発」（『ハワイタイムス』1946年3月2日）と「不忠誠を有罪とする一九一八年縣制定法（縣は県の旧字＝日系人のいう准州のこと）山崎氏は其の法規下に告発」（『ハワイヘラルド』1946年3月6日）のふたつの記事が貼られており，どちらにも，秋山政雄，貞永守，山本儀

平の３人へ日本勝利を記した手紙を出したということが書かれている。

　この秋山，山本，貞永というのは，おそらく（ホノウリウリで）同室だったと思いますよ。他に上野というのもおったな。僕は全然接触がなく，あまり聞いていない。部屋の中にこもっては，さまざまに討論したり，話しあったりしとったらしい。
　山崎はホノウリウリで僕と一緒に（同時期に）入っててね。ちょっと変わった坊主だったよね。向こう意気の強い，インテリタイプの坊主だったよ。それまでの坊主と違ったね。とっつきにくかった。強硬派は強硬派だったが，あいつが勝った組に入るとは思わなかったよね。収容所にいるときは，そんな様子はおくびにも出さなかった。僕は同じ部屋におらなかったから詳しくは知らないけども。
　もう一人の何と言ったか，（津波）憲実[3]とかいうのも同じようなタイプだった。これはホノウリウリには入っていないけど，ふたりとも急進派の坊主だよね。そういうタイプの坊主だった。
　山崎はどうなったか，送還になったか，帰ったか知らん。坊主だから，駐在で来ているわけだ。ということは（宗教）ビザで来ているから，本山が手を切ったらおられんよね。
　戦争中にツールレークとかホノウリウリで，神国日本は不滅という主義を持った人がおった。勝った党とは呼べないけど，いろんなものがおった。それが勝った党に影響を及ぼしているわけよね。ツールレークは，ハワイの二世もおるし，メインランドの二世もおるし，ペルー（の日本人移民）も，南米（の日本人移民）もいた。それと同時に娑婆におっても，ぼくらは外の世界を娑婆と呼んでいたが，日本は負けてないという信念を持って生きた人もおる。
　もうひとつは，日本が負けたということが分かっておりながら認められない心情もあるわけよ。そういう人もかなりおったですよ。日本の負けということが，事実であると分かりながらも自分として信じたくない。負けた負けたと言われたくないという心理状態もあるわけですよ。ほとんどの人が，収容所の人も外の人も，日本が負けたという事は大きなショックだった。
　戦争が始まったときに，僕らの仲間でも日本が負けると言ってたのは，十人

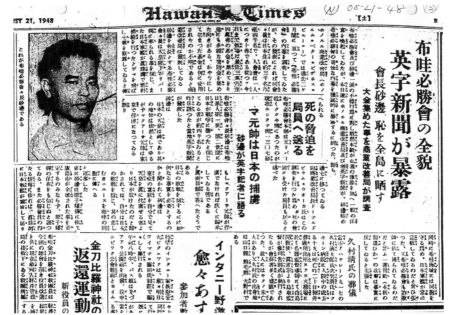

図3−1 会員数が約三千人と報じられた必勝会の記事『ハワイタイムス』1948年8月21日

に一人くらいしかおらんかったが、そういう人は、はっきりと言っていた。なぜかといえば（日米の）生産力が違うと。アメリカは、オイル（石油）でも鉄でも、自分のところで出るけど、日本は鉄も出なければオイルも出ない。2年、3年持久戦になった時には必ずやられる。案の定、冒頭日本は1点取るけど、すぐ取り返される。日本は油がないから、飛行機を飛ばせない、軍艦を動かせない、持久戦では続かない。

　僕らの友達の中で、一緒に仕事していたブックキーパーの末田というのがおりまして、この男ははっきりと言ってました、勝てるはずがないと。一世と話しても絶対譲らなかった。開戦の時、僕は半信半疑だったが、ミッドウエーではっきり分かりましたよ。収容所に入る時（1943年3月）には、日本が勝てないということが分かっておった。ミッドウエーで航空母艦がやられ、あとのコーラルシー[4]では多くの船が沈められたでしょ。そして現実になったのはサイパン陥落。一万人、一万五千人という捕虜が実際に（収容所に）入ってきたから。

ただ一世の人は日本が勝ったほうがいいと思っていました。負けたほうがいいと思っていた一世は絶対にいなかった。帰化権がなく日本国籍だから当たり前のことですよね。日本人が日本は勝つと思っていた，という事です。

　収容所の中では，朝から晩まですることがない，仕事がない。三食もらって遊んでる。時間が余っているから，いろんな人が集まって話をするんですよ。中にはあくまで日本が勝つもんだと信じている人もおって，もしも日本が上陸したら，俺はどこもらう，俺は何になる，そんな与太話をしていましたからね。一番先にあいつをやっつけてやるとかも，みんな言っていました。イヌのことですよね，前に言ったように番付があったから。

　これは一世も二世もない。(二世で) 入っているのは，ほとんど帰米二世だから (日本びいきが多い)。もっとも，中には全然日本語の分からない人もおるし，日本に行ったことのない人もおるわけですよ。(抑留されているのは) 大体は日本に行ったというのが大きな理由です。特に旧制中学で教育を受ければ，軍事教練が主要科目にありますから，これが一番大きな抑留する理由になるわけです。

勝った組 2 ── 戦後日系社会で

　勝った組の人数が増えて新聞に載るようになったのは戦争あとです。ひとつは川添樫風の『移民百年の年輪』[5]に出ている。この本の 363 ページ，「勝った組の背後に動いたユダヤ商人の魔手」というのがあるからね。ここに載っているのは本当なのよ。いや，もうドルがものすごく高くなって円が安くなった，というのは。

　あの日本劇場の古屋昇[6]のおやじなんかは，上海で，ドル買いでものすごく儲けとるようなことをしていた，と言われた。上海でドル買いをして，闇ドルで儲けたという話があるんです。本当にもう，闇ドルがものすごく値が上がったの，アメリカのドルがね。それで，ユダヤ (人) がみんな動いたんだ[7]。

　息子の古屋昇は 100 大隊で戦争に行っていた。その父親がずいぶんとドル買いやったいうので，戦後になってから，ハワイでも，ものすごく悪いうわさが立ったの。僕は遅く来たから，戦前における古屋のおやじのことなんかは，あまり知らないけども。

図 3−2　南米まで働きかけていた，ハワイの「勝った組」『ハワイタイムス』1948 年 5 月 11 日

勝った組は相賀さんの『五十年間のハワイ回顧』[8]にもずいぶんと出てくる。「勝った党と戦い抜く」というのがあって，相賀さんがずいぶんやったんですよね。だから相賀さんの『日布時事』（当時は『ハワイタイムス』）には，この前後のことが毎日出ている。これは相賀さんが，もうずいぶん（勝った組攻撃を）やって，そのことを平井隆三[9]に頼んだんです。平井は，勝った組のことを調べて書けという御下命を受けて，勝った組攻撃をやっているわけですね。相賀さんの援護射撃しているんですよ。

　平井の『駆け出し記者五十年』にも書いてある。「相賀渓芳氏が帰社して，2カ月を経過したころ，編集局の隅で，記事を書いていた私のデスクのそばに来て，少し話したいことがあるから，ちょっとおいで，と小さな声で呼ばれた。私は何事かと気にしながら，会長室に入った。そのとき，相賀さんは緊張した面持ちで，君も知っていると思うが，日本は連合国に無条件降伏したのに，その衝撃があまりに強かったためか，海外在住の日系人間で，日本は敗戦しておらず反対に大勝利を収めていると，いわゆる勝った組の宣伝活動が燎原の火のごとく燃え広がっている。特に，日系人の最も多いブラジルの勝った組はものすごく過激で，臣道連盟というのがある。ハワイでも，勝った組の蠢動（しゅんどう）は，日とともに熾烈化して，オアフ島だけでも，ハワイ必勝会はじめ，東部同志会，パラマ更生会，カリヒ八紘会その外，数団体が所属されて，そのメンバーは数千人と言われる」。そこで「君はまだ若いのだから，誰にもはばからず，勇気を出して，勝った組の一掃運動に協力してくれたまえ」と。それから平井が乗り出すんですね。

　そのまま放っとくと，また日本人が，善良な日本人市民，一世や二世が，白人のほうからの攻撃を受けるから守らなきゃいけないでしょう。日本人は騒ぐな，迷うなと。一部の狂信的な者がやっているんで，こいつらを相手にするなと，こんなもんに入ったら大ごとになるぞと。日本人の権益を擁護するために，これ（相賀）らが戦ったわけですよね。

　一時は，いやもうひどかったです。「勝った党，勝った党」で，しょっちゅう集会なんか開いていた。この中（平井の本）にも出てくるけど，砂辺（松繁）[10]という沖縄県人のリーダーがいた。あいつは昔のホノルルスタジアムの真ん前でね，石を売っていたの。石屋だったよね。子供が歌がうまくて，わしの競演

会でいつも1等を取っていた。gSと言ったかな。おやじ（松繁）は会うたこともないけど話は聞いていた。うちらはあんなもの関心なかったから，ラジオでも全然取り上げなかった。

　まあ勝った組は，やっぱり一世だね。あとは帰米二世だろうね，日本語ができるから。ここで生まれて，ここで育った人は，あまりいなかったね。この『移民の体験記』[11]という本にも勝った組のこと出てくる。1945～46年のことを探したら勝った組に関係のあるところ出てくるのよ。ただこれね，読むのが大ごとなのよ。分厚いから。

　この人は勝った組ではないけども，仕事場の仲間で勝った組がいたとか，隣りの人が，そこでいつも集会をしておったとか，勝利党のはなしとか，いろいろ出てくるの。日記だから日付に間違いはない。

　こんな風に断片的に書いた人はいるけど，勝った組のことをまとめて書いた人は誰もいないんだよね。みんな友達や知り合いだからね。僕が軍人花嫁のことが書けないのと同じでね，あんまり知り過ぎているから（書けない）。それに，外には出さないけど，中ではみんな思ってたんだから，日本人はね，負けて悔しいというのをね。

　勝った組の人の気持は，よく分かる，分かる，ということよ。だからね，みんなが，そう目くじら立てて言うほどのことじゃないなって，いうようになったんだね。ただ相賀さんは，一世の中でも，どちらかと言えばアメリカナイズされた人だからね。

　せっかく100大隊，442連隊が忠誠を示して，日本人一世にしろ，二世にしろ，アメリカに忠誠で善良な市民であろうと努めているときに，こんなものが出てくると，また誤解されて，今まで努力したことが水の泡になる，というのが相賀さんの考え方。これも，もっともなことでしょう。

　日本人から見れば取るに足らないというようなものの，白人から見れば，どう思われるか分からんし，朝鮮人なんかの反日分子がまだ残っているんだからね。いろんな利害関係で，日本人に怨みを持っている人もたくさんおるんだから。そういう人が扇動に乗ったら困る，誤解されたら困る，ということだったんですね。

注

1) 日本の敗戦を信じない人たちのグループ。ここでは収容所から始まったといわれているが，収容所以外でもハワイ，ブラジル，アメリカ本土など日本人移民の多いところで発生した。ブラジルでは「勝ち組」と呼ばれ殺傷事件も起った。ハワイでは「勝った組」，あるいは「勝った党」と呼ばれ，殺傷事件はなかったが，最盛期には約 3,000 人以上のメンバーがいたと言われている。
2) 山崎自性（1911-？）。長野県生まれ。曹洞宗の開教使として 1939 年ハワイに渡る。開戦時ワイパフ太陽寺駐在。1943 年 10 月逮捕されホノウリウリ収容所に抑留される。ハワイ勝った組の理論的指導者として知られた。1946 年 2 月開教使辞任。1946 年 3 月不忠誠行為により准州政府から告発される。1949 年 4 月帰国。
3) 津波憲実（1915-2002）。オアフ島ワイパフ生まれ。日系二世。開戦時エワ本願寺住職。第 1 回船で一世とともにアメリカ本土へ送られるが，のちハワイに戻される。1943 年あらためて米本土に送られツールレーク収容所で終戦を迎える。ツールレークでは勝った組のリーダーとして活動したと言われる。
4) 1941 年 5 月珊瑚海で行われた日米海軍の戦い。日本では珊瑚海海戦と呼ばれた。実際はミッドウエー海戦（1941 年 6 月）より先に行われている。
5) 『移民百年の年輪』（川添樫風。1968 同書刊行会）。
6) 古屋昇はホノルル生まれ。帰米二世。第 100 大隊兵士としてヨーロッパ戦線に出征。戦後は父親の所有していた日本映画上映館「日本劇場」を経営。1963 年には日本語放送局 KZOO を買収。資生堂ハワイの社長も務めた。
7) 前記『移民百年の年輪』には，「ユダヤ人が，安くなった日本円を日本人移民に高く売りつけて儲けた」という話が紹介されている。
8) 『五十年間のハワイ回顧』（相賀安太郎。1953 同書刊行会）。「勝った党と戦い抜く」は pp.687-690。
9) 平井隆三（1912-2000）。オアフ島カワイロア生まれ。帰米二世。1930 年ハワイに戻り，1938 年『日布時事（のちハワイタイムス）』入社。開戦後逮捕されアメリカ本土へ送られる。1945 年 11 月ハワイに戻り『ハワイタイムス』復帰。1990 年自らの新聞記者生活を述べた『駆け出し記者五十年』（平井隆三。1990 平井隆三出版実行委員会）を刊行した。
10) 砂辺松繁（？-1950）。勝った組の最大組織だった「ハワイ必勝会」の会長。
11) 『移民の体験記』（1974-1976 私家版）。河田登（1899-1995）が自分の日記を基に編纂した一代記。「上」「中」「下」「下続」の 4 巻に分れ，各巻とも 1000 ページ以上の膨大な記録。

（11）日系社会の権力争い

樽蛇（たるへび）

　沖縄の人は，沖縄同士で絶対にいがみ合わない。小禄の人であろうが国頭の人であろうが那覇の人であろうが，どこの人であろうが，皆共存共栄。それに対し，広島，山口は，（互いに相手を）絶対に倒してやるとか，それがひどいんですよね。

　山口の人がね，広島の人の悪口言った言葉があるんですよね。同じような競争をしてるんですが，山口の人が広島にかなわないの。数からいっても実力からいってもね。だから山口の人はいつもこう，（広島のことを）樽蛇というんです。ここのハワイの言葉ね。日本にはあまりないね。僕は広島では聞いたことない[1]。

　大きな樽の中にね，蛇を30匹ぐらい入れてごらん，投げてごらん。どうなる？
　そうすると，蛇が逃げようと思って樽（のふち）を上がりますよ。そうすると今度はうしろの蛇が上へ行こうと思って，前の蛇を降ろして今度は自分が上に行く。上に行くとまた別のが上に行く。佐藤さんが少し出ると山田さんがのしあげてくる，今度は田中さんが足を引っ張って上に行こうと思う。田中さんがやれば安田さんが今度は足引っ張る。広島の人は，共同でふたりがそろって上がることはできない。ひとり偉くなれば足引っ張る。山口の人はそう言うんだけど，山口の人も同じこと。だけど広島ほどではない。

　これはちょうど浜名湖の鰻がそうなんです。昔の話だけど，浜名湖の養殖鰻はね，湖の中に10尺ぐらいの棒を立てるんですよ。湖の中，沼地だからね。上にざるを置いてるんですよ，昔は。このざるの中に餌として蚕のサナギを入れてるんですよ。そうすると鰻が食べに上がるんですよ，お互いに。樽蛇ですよ。足引っ張って。自分がざるの中のサナギを食べようと思って足引っ張るんです。結局，強い者が残るわけですね。弱肉強食ですよね。広島（県人）はこんなものだという悪口ですね。しかし，沖縄（県人）はこんなことはしない。沖縄はもう全部協力する。

　だから，今はないけど1960年から70年頃には，広島県人会は会長争いで派

閥ができてたいへんだった。足を引っ張り合うんですよ。だから，ロサンゼルスには立派な広島県人会館があるそうだが，ハワイの県人会は，あれだけの広島県人がおる大きな団体だけど，ハワイには（県人会館は）ない。

結局，もう小田がやれば，田中が足引っ張る。田中が音頭をとれば安田が足引っ張る，みたいなことで，とうとう県人会館はできなかった。太田（馨）[2]という人が15万ドルか20万ドルで広島県人会館を建てようと思ったけども，他の人が足引張って，みんなつぶれちゃったの。

沖縄は，ワイピオに立派な沖縄センターができた。あの沖縄センターは中心になったのは小禄ですからね。一番大きなお金が出たのは小禄です。タイムス（スーパーマーケット）の社長[3]，あれの命令で「お前1万ドル出せ」と言って，ほとんど小禄の人が1万ドル出した。それでもう何十万ドルという金が集まった。小禄が一番あそこの中心になった。だからあの人が委員長だったでしょ。おそらく募金委員長だったでしょう[4]。

広島もお金は持っていたから，（やれば）十分できたでしょう。みんながまとまらなかったわけですね。

私はあの頃，堀田に言ったんですよ。堀田繁[5]にね。ホリタリアルティーのハーバート堀田のお父さんですよ。熊本の大きな土建屋だった。前はもう何千ロット（lot・区画）という土地をサブリースにしよるんだからね。ワンロット，ツーロットくらい，連協（ハワイ日系人連合協会）かなんかのために残せ，寄付せいって言うのよ。一生末代まで名前が残る。だけど「俺がやらんでも隣の人がやるよ」言うてやらなかった。ワンロットね。1万平方（フィート）ぐらいのロットでもね，もとは安いんだからね。何百ロットも開発しよるんだから。やれいうたって，結局やらなかった。「お前がやっとったら，末代まで名前が残るぞ」言うたんだが。やっぱり熊本の人だね，広島，山口ほど売名的じゃないのね。地味だからね。いまだもって連協は住まいがないじゃないですか，連協といいながら。

一方，会議所（ホノルル日本人商工会議所）はなんとか（会館を）作ったけどもね，連協はできなかった。連協というのは山口，広島組ですからね。でも，会長争いは，山口，広島がいつもけんかしてるんですよね。

連協ができるときからして，会議所の不満分子が逃げて作ったんだからね。

会議所の中の不満分子が連協作ったんだ。

　最初，谷村（基弘）[6]とか，ああいう連中が逃げた（分かれた）んですよね。逃げたのは全部，会議所の前会頭だったんですよ。それで頭が集まって今度，連協を自分たちで作ったんですよ。会議所の親分は住田代蔵[7]だったから。反住田派が連協を作ったわけですね。

　もめた原因のひとつは，『日布時事』（当時は『ハワイタイムス』）と『ハワイ報知』が分かれて戦ったから。『日布』は会議所，『報知』が連協に付いた。批判がもう泥試合ですよ。今でこそ，（口で）こんなこと言ってるけどね。これはいつかわしが書きたいけど，ここ（ハワイ）の新聞に書けないから放ってるんだけども。

叙勲制度

　それと会議所，連協とも関係あるけど，戦後の日本人社会，日系社会を一番堕落させて腐敗させたのは叙勲制度なんですよ。これが書けないのよ，誰も。仲嶺の新聞[8]だって，永井の新聞[9]だって，『（ハワイ）報知』だって，叙勲について書いたらボツにしますよ。勲章はね，馬のニンジンなんですよ。目の前にニンジンぶらさげて，お前，勲章欲しかったら働け。馬がそうでしょ。競馬でもなんでも馬車でもなんでも引っ張って最後にニンジンやるんだから。ニンジン欲しさに馬は動くんだから。

　総領事館（の目）で見て勲章やるんですよ。そして連協の会長をした人，会議所の会頭をした人は，もらうのが不文律になってる。だから日系社会では，会議所の会頭になろうと思う，連協の会長になろうと思う。会長，会頭になるというのはね，だいたい勲四等，勲五等というようになっていた。

　同時に終戦直後まだ日本が連合軍の支配下にある時，特に沖縄が占領されている時，（沖縄）民政府の上に進駐軍おったでしょ。その時にね，連協の会長と会議所の会頭のふたりは，あの頃はたいてい1年ごとに変わってましたから，毎年毎年の連協の会長と会議所の会頭は，日本国内と沖縄に，連合軍の，GHQの特別手配で，無料，無銭旅行ができたんですよ。あれが大きい。勲章はもらえるわ，日本，沖縄の無料旅行は行かれるから，みんな会長，会頭になりたいんですよ。あれがニンジンなんです。そして（総領事館の）中に藤川と

いう叙勲係がおったんですよ。藤川敬三[10]の養子。こいつが叙勲の係だったんですよ。もう10年ぐらい前に死んだけどね。それにアドバイザーとして平井隆三[11]，『日布時事』からKOHOに来て社長していた佐藤秀雄，仲嶺真助[12]，そしてフランク小田[13]。こういう連中に諮問するわけです。誰を叙勲するかっていう。彼らが誰にするって決める。

そのため，(勲章欲しい人は)物を持って行ったりね。こう，マレマレ[14]してね，ご機嫌とりをやるのがおるわけですよね。そして叙勲祝いのパーティーをしますよね。黙っとれば分からないけど，ああいうふうな人（アドバイザー）を呼んで，言うんですよ。「私は平井隆三さんのおかげで叙勲の沙汰に浴しました」って，馬鹿が言うんですよね。それを聞いて，みんな分かるわけだ。

戦前，移民の一番の勲章は故郷に錦を飾ることだった。金もうけて，田舎に帰って，土地買って家を建てるというのが，これが出稼ぎ時代の勲章だった。土着してハワイに残れば，今度は金もうけて，成功して子供を日本に留学させる，これも勲章のひとつだった。それが戦後は本物の勲章ね，本物の勲章が欲しいわけ。

それと戦前もそうだったけど，戦後は特に日本政府，外務省がお金がないか

図3-3 戦前の練習艦隊歓迎行事（1928年）[田坂コレクション]

ら，昔は日本海軍の練習艦隊なんかが入ってくる時に，ここハワイで歓迎しますよね，在留民がね。戦前，日本人が練習艦隊の歓迎行事をやるのは当たり前なんですよね。日本人は（1952年まで）帰化権がないんだから。つまり，戦前は，日本人はあくまでも日本人ですから，祖国日本の海軍が入ってくればそれは歓迎しますね。何も不都合はない，当たり前のことよね，愛国心。自分の国だから。

ところが戦後になると，連協を牛耳るのは，会長になるのは，ほとんどが日系二世なんですよ，アメリカ人なんです。勲章というのは，日本人一世にやるのは分かりますよ，日本の勲章ですから。しかし戦後は日系の二世が主になってきた。特に日米関係の外交上でいろいろやった人とか，あるいはダン井上[15]がもらうとか，築山長松[16]がもらうとか，ああいう風な人はある程度ええけどね。そういう人たちなら許せるけどね。ただ日本語学校に30年勤めたとか，新聞記者を40年やったとかいうので（勲章を）もらっているのがおるが，先生や記者を何十年やったって，これはみんな月給をもらってるんですよ。新聞記者を40年勤めたって，皆，新聞社から月給もらってるんですよ。社会に公共に尽くしたというのは，自腹を切って自分のタイムを捨ててやってこそ，初めて公共奉仕じゃないかと。だけど，勲章もらっているのが何年同じ職におったとか，何年何していたとかね。意味ないんじゃない，これでは。

この叙勲制度のために，日本社会が，連協や日商工が会長問題でバタバタするのもしょっちゅうだったんだから。

今見てごらんなさい。（勲章もらうのは）ほとんど外人ばっかじゃないですか。それはそれでいいですよね。それは日系二世が混じるんだからね。あるいはハオレ（白人）にやるんならいいです。だけど，それは日本人の叙勲じゃないですよ。アメリカ人の叙勲ですよ。

ただそうまでする必要があるかいうんですよ。そうでしょ。結局，今は総領事館を中心にいろんな催しがある時には，全部ああいう勲章をもらった人とか，勲章をもらいたいような人が出入りしてるんですよ。

いまだに連協の役員の就任式の写真って，総領事館の前で総領事と一緒に撮ってるでしょ。あれもおかしな話ですよね。まあ，あんたらマスコミが悪いんだから。マスコミが持ち上げるから。

図 3-4　総領事館で行われる勲章勲記伝達式（1992 年秋）［鈴木蔵］

　yS というのおるじゃないか，（中央）太平洋銀行の。この人，何かしましたか。自腹切ったことないんだから，あいつは。全部銀行の金ですよ。全部にしても，勲章もらったらね，世話になった人を自腹で呼ぶんならいいですよ。ところが 100 ドルみんなに払わして，自分は一銭も払わずにゲストを呼ぶ。私の友達なんか怒ってましたよ。パーティーに行くのに 100 ドル。みんなが 100 ドルずつ出して叙勲祝いのパーティーしてやった。

　お互いにこういう風にしてね。マスコミが写真を撮るようなときは，バーッとあいつらが一番先に出て，また撮ってもらえるパーティーにはあれらが代表で出るんですよね。

　それが成り上がり者の植民地の一番悪いところですよ。僕らはどこの会にも入ってないし，いつも外で，第三者でずっと見てますからね。会に入ると書けない，見えないの。どの会にも入らずに，ずっと外から見てました。だから言えるんですよね。

　三世の時代になってもだめでしょうね。三世，四世になるともう連協そのも

のに興味がありませんよね。今（2001年）は120万人（ハワイの）人口があるけども，日系アメリカ人が15万人ぐらいで，日本人一世は3万そこそこですよ，日本国籍の人はね。もっと少ないかもしれない[17]。

だいたい総領事館っていうのは，日本国籍の者の権益擁護のためにあるもんでしょ。昔は総領事館っていったら，真珠湾や陸軍の軍事施設のスパイ，間諜的な用務が90パーセントだったんですよ。あとは徴兵猶予ね。それと出生，死亡の戸籍。ほとんどは軍事スパイだったかな。今はそれがないでしょ。最近はえひめ丸事故[18]かな。あれで動いたぐらいの程度ですよね。何もないんだから。結局日系団体のために動いてね。日系団体も，奨励金を出したり表彰するのは全部総領事館を使う。

そんなことを考えるとね，本当に馬のニンジンで総領事館が日本人社会を動かしてるわけですよね。彼らは総領事が日本の代表で一番偉いぐらいに思ってるの，ハワイでは。みんな勲章をもらいたいから機嫌取るわけですよ，あそこに入り込んで。これは僕らずっと見てきてますからね。戦前でも，僕らがいわゆるハワイを彩る日本人として尊敬して，書き残してあげたいような人が，ほとんど勲章もらってません。叙勲制度がなかったから。だから，ずっと僕は記録を残していますが，その際，僕が一番基にしていることは滅私奉公です。僕はこれを秤（はかり）にしてますからね。滅私奉公，いかに自分を捨てて公共のために尽くすかという，これが僕の秤ですから。いくら勲一等もらおうが勲二等もらおうが，僕らは勲章では人間をさばかない。勲章なんかもらわずに，本当の縁の下の力持ちになって動いている人がたくさんおるんですよ。

そういう人が日系社会，日本人社会を今まで支えてきたんです。僕らはこういう人にスポットを当ててあげたい。僕がこうしてハワイでものを書いておるのは，そういう風な人を取り上げたいんですね。勲章もらってやってる人は，マスコミでみんな取り上げておるからね。どれだけおりますか，影に隠れた人が。またそういう人は，勲章やるって言っても辞退してます。僕らの知ってる範囲では。

なぜいらないかというと，30年，40年ね，自分の家業を放ってまで，私財を投げ打ってまでみんなのために尽くしてきて，今，勲章をもらったら，「あいつは勲章が欲しいから今までやってきた」と言われるのは心外です，と言う

んですよね。妬み嫉み，それが樽蛇ですよ。足引っ張るんですよ。人の成功をねたむ。人を押しのけてでも自分が出ようという。これはアメリカ本土の日系社会でもそうらしいですよ。日本人が海外に出てるところは全部，功名心はみな同じです。出稼ぎ移民のこれは宿命ですよね。権力を，財力を握るか，名誉を，肩書を求めるか。まあ（叙勲制度は）今でも良くないが，前ほどではない。連協の会長やっても，そういう重みもないもんね。そんなに会員はおらんのだから。（連協という）名前だけは，いろんな県人会など，何十，何百という会の連合だけども，その会そのものが 20 人 30 人の小さい団体でしょう。山梨県人会に何人おりますか。

注

1) 実際は沖縄出身者の間でも，内部ではしばしば争いがあった。戦後 1950 年代になるまで沖縄県全体の統一組織ができなかった理由のひとつは沖縄系が実際は一枚岩ではなかったからだといわれる。外部（ナイチ）に対しては沖縄系が結束して対抗するということはあったが，常に共存共栄だったというのは言い過ぎかもしれない。ただ，相対的には，沖縄系のほうがナイチ系より同郷の者同士の相互扶助態勢は進んでいたといってよいだろう。
2) 太田馨（1898-1983）。第 2 部第 5 章 日本人旅館・ホテル 注 8 参照。
3) アルバート照屋武雄（1913-2002）。二世。ハワイ島ホノム生まれ。レストラン経営を経て，1949 年，弟のウォレス照屋武（1915-2005）とともにスーパーマーケット「タイムス」をオープン。その後もビジネスを拡張し 10 店以上の店舗を経営した。地域社会の発展にも尽くし，ハワイ沖縄センターだけではなく，沖縄県人連合会，ハワイ日本文化センター，慈光園本願寺など多くの団体への支援活動を行った。
沖縄センターの多目的ホール（最大 1,200 人収容）は「Albert T. & Wallace T. Teruya Pavilion」名づけられている。
4) 実際は，当時の募金委員長（fundraising chair）は Ed Kuba。参照 Karleen Chinen, 'Home Sweet Home: Hawaii Okinawa Center At 25', in *Hawaii Herald*, 8, 15, 2015.
5) 堀田繁（1903-1984）。マウイ島生まれ。帰米二世。戦前建築請負会社を起業し，戦後は不動産業界にも進出，堀田土地開発会社を設立して住宅開発を手がけ，ビジネスを拡大した。1959 年二世として谷村基弘に告ぐふたり目の日商工会頭となる。
6) 谷村基弘（1902-1969）。ホノルル生まれ。帰米二世。実業家。15 歳でハワイに戻り，1956 年父親の後を継いでフェーア百貨店社長に就任。1954 年二世として初のホノルル日商工会頭。1958 年連協初代会長。2 代目であることから「ジュニア」と呼ばれた。
7) 住田代蔵（1887-1961）。広島県安芸郡生まれ。1904 年ハワイに渡る。戦前から住田商会やホノルル酒造株式会社（山の酒屋）を経営するなど実業界で活躍した。また，

戦前に 2 度，戦後に 1 度日商工の会頭に就任しただけでなく，恩賜記念会建設委員長，日本人慈善会会長などの団体の役員も務め，戦後の日系社会では元老と呼ばれた。
8) 仲嶺和男。『ハワイパシフィックプレス』社長。同紙は 1977 年創刊。「沖縄とハワイのかけ橋」を目指して創刊された。2016 年現在も刊行されている。
9) 永井雄治。『イーストウエストジャーナル』社長。同紙は 1976 年創刊。ビジネスニュースを中心に日系社会の一般イベントや移民史関係の記事も掲載。2009 年終刊。
10) 藤川敬三 (1907-2003)。滋賀県生まれ。1921 年父親の呼寄せでハワイに渡る。永年にわたり連協，日商工の役員を務めるとともに，茶道，生花など日本文化の普及に貢献した。
11) 平井隆三 (1912-2000)。第 2 部第 10 章 勝った組 注 9 参照。
12) 仲嶺真助 (1912-2003)。第 2 部第 7 章 沖縄からの移民 注 11 参照。
13) フランク小田安太郎 (1915-2001)。ホノルル生まれ。帰米二世。ハワイの植物や火山を題材とした絵画やエッチングを描くアーチストとして知られ，のちアーツハワイ社長。1971 年第 14 代連協会長に就任。
14) マレマレ (malimali)。ハワイ語で「へつらう，お世辞を言う，懇願する」などの意。日系社会では「マレマレする」という形で使われた。
15) ダニエル井上健 (1924-2012)。第 2 部第 1 章 ハワイへ帰還 日本語学校の実態 注 8 参照。
16) ウィルフレッド築山長松 (1897-1966)。ホノルル生まれ。二世。1924 年弁護士となり 1933 年ホノルル市郡政府法務官。1946 年政界に転じ准州上院議員に当選，1949 年には日系人初の准州上院議長。1959 年には，日系人初の州最高裁長官となる。
17) US Census, 2000 によれば，ハワイの日系人は州人口の 24.5 %（1,211,537 人中 296,674 人）を占める。うち混血していない「純粋」日系人と回答したのは約 18.5 万人であった。
18) ハワイ州オアフ島沖における海難事故。2001 年 2 月 10 日（日本時間），愛媛県立宇和島水産高校の練習船「えひめ丸」に，急浮上してきたアメリカ海軍の原子力潜水艦が衝突，沈没させた。乗員 35 名中 9 名（教員 5 名，生徒 4 名）が死亡した。

(12) 戦争花嫁（軍人花嫁）

戦争花嫁 1

軍人花嫁[1]が一番初めに来たのが 1947 年[2]かな。それまで少しずつは来たけども，マッカーサーがオーケーして，まとまって軍用船を仕立てて連れてくるのは 1947 年ごろだったと思う。

それまでは飛行機とかで，バラバラに除隊になって引き揚げて来るのがおっ

たけれども，その頃から軍人花嫁って騒がれるようになってきた。マジョリティの旦那は日系人で，そのほかに，ハワイアンが相当おったよね。横浜から来たのは黒んぼが多かった。というのは横浜の桟橋の荷揚げはほとんど黒人部隊がやってたから。だから戦争の落とし子というのは，横浜がもう一番問題になった。黒とのアイノコで。

ハワイアンはハラワに多かったね。ハラワは今のアロハスタジアムの山手のほう。砕石場があの辺にあった。あそこにハワイアンの除隊兵のキャンプができて，日本から来た戦争花嫁が固まって住んでたよね。そこはハワイアンと結婚した人が主でね。

彼女らが来た時には，ハワイでも圧迫されて悪口言われた。たしかに，悪かったのもおったの。ガード下に立っていたような，そんなクラスの人がたくさん来てたから。りんごの箱の中にふたつみっつ腐ったのがあるから全部が悪いと言われると同じようにね。

あとひとつ悪いのは，（戦争花嫁と結婚した）日本に進駐した軍属や軍人。日系がおる，ハワイアンもおる，いろんな人種がおります。そういう人たちが女と交際しながらね，「自分はハワイに大きな家があるとか」いい加減なことを言う。ハワイに来てみれば，お父さんお母さんは白人のサーバントとして，女中部屋というか，シャック（shack 掘立小屋）もらってそこに住んでいる。ご主人（雇い主）は立派な邸宅よね。ブラフ（bluff はったり）かけてるのよ。

そしていろんなトラブルが起きたとき，それらを一手に引き受けて救済してやった西トクエさんというおばさんがおるんですよね。二世の人です。この人がハイビスカスクラブというクラブを作って，戦争花嫁を収容し社会的な圧迫を排斥して，職業訓練の問題とかいろんなことをしていた。この人は早く死んだけどもね。この人のことなんか誰も取り上げない。平井隆三が1回書いただけ[3]。1950年代の初めだからね。あの人のこともね，もう少しやりたかった。

軍人花嫁は日本人のことばっかり問題になったけど，初めの軍人花嫁はドイツ人だからね。ドイツ人，イタリー人が初めの軍人花嫁。第100大隊，442連隊（の兵士）が凱旋する時に連れて来た。あっちのほうが早かった。一番成功したのは高橋榮[4]という州の上院議員よね。大平洋銀行の頭取までなった。あいつなんかがドイツ人の軍人花嫁を連れてきた最初だったの。100大隊の中に

図3-5 戦争花嫁（軍人花嫁）の来訪を伝える最初の新聞記事『ハワイタイムス』1947年9月24日

は白人と結婚したのが相当おったはず。ハワード三宅[5]の女房も白人だったからね。あいつもドイツ人だったと思うよ。これは下院議員までなったけども。だから戦争花嫁のそもそもの発端はドイツ，イタリーの100大隊，442連隊だからね。ただドイツ，イタリーから来たのは数も少なかったし，パンパンスタイルの人は少なかった。日本人の初めごろはパンパンも交じってたからね。だから初めの頃，前にも言ったけど，戦争花嫁に対するハワイの人びとの印象は悪かったよね。

戦争花嫁2

ハワイアンや白人，黒人と結婚したのが一番先に離婚した。というのは皆除隊兵だから，いい仕事がすぐ見つからないので，内職するんですよね。あのころ戦争花嫁さんがハワイに来て職を求めるとなると，英語が全然できないので，

一番先に日本人経営の日本食堂のウエイトレスとかだね。バーで働こうと思っても，カクテルやお酒の名前が分からなきゃできない。ちょっと難しいよね。だから料理屋の仲居ね。

　それからガーメント（garment 衣類）といって，シャツやムームーなんかを縫う工場，製縫工場ね。あそこでパワーミシンっていうのがあるんですよ，機械でバーッて縫うやつが。これは戦争直後に日本でも相当やってたから，経験のある人がたくさんおったらしいのよね。戦後になると，アロハシャツとかムームーとか，ああいうものがハワイでずいぶんと売れた。だから縫い子になるのが多かったね。少しできるのは日本語学校の先生，ラジオアナウンサー，新聞記者とかね。日本語学校の先生は，相当あっちゃこっちゃで需要があったからね。

　（日本語学校だけでなく外国語学校は戦争中閉鎖されていたが）47 年に，まず，シナ人が（外国語学校取締法は）憲法違反だと言って裁判[6]起こしたの。それが勝訴して，日本人もその頃からボチボチやるんだけども，戦争中に校舎が没収されたところもあるし，校長が年でやれなくなったところもあるし。数も戦前の 5 分の 1 くらいに減ったんだろうと思うけどね。いろんなことで日本語学校は駄目になった。

　昔先生をしてた帰米二世が全部キャンプに入れられて，戦争済んだらみんな，ほかの仕事に転職したからね。年齢的に言っても日本語学校の先生だけでは食ってはいけないから，ふたつの仕事を持ってやるとか，ひとつのいい仕事をするようになってきた。戦前の帰米二世の先生が復職しないから，戦後に来た若い軍人花嫁さんたちの仕事のチャンスがあったわけよね。だからそういう人は日本語学校の先生しながらアナウンサーになったり，新聞記者になったりした。

　だけどまあ，新聞やラジオで働いたなんてのはエリートの女性，本当に希少価値だよ。

　だから来てもすぐ別れて，水商売に行ったりレストランで働いたりしてた女性がたくさんいた。

　あんたにあの話してなかったよな。サンパギターの話。サンパギターというのはフィリピンの言葉よ。ダウンタウンにそういう名前のダンスホールがあっ

図3-6　日本語新聞に掲載された戦争花嫁（軍人花嫁）の記事『ハワイヘラルド』1950年1月1日

たの。そこの日本人ダンサーは全部戦争花嫁。いろんな人種のダンサーがおるけど，日本人は全部戦争花嫁。誰も知らない，そこは僕だけしか知らない。

わしが知ったのは，ラジオ始めて間もなくだから53年頃かな。もっと前からあったんだが知ったのは遅かった。オーナーがフィリピン人かどうかは分からんけども，お客さんは全部フィリピン（人）。日本人は，そういうものがあるということすら知らない。

その頃，どうしても夜会いたがらん女の子がいてね。料理屋に働いて夜10時ごろ仕事が済むんだけども，そのあと（私と）会いたがらないの。昼会いたがって夜会いたがらない。おかしいなと思ってあとをつけていったのよ，仕事済んだあとどこに行くかつけていったのよ。そしたらその店に入って，みんな戦争花嫁。そのころで一晩に何十ドルにもなる，チップも入るから。料理屋で働いても月25ドルぐらいだったのよ。

場所は，昔のベレタニア（ストリート）の博文堂（日本書籍店）があったところ。あそこ，以前はハワイアンのチャーチ（教会）だったの。ハワイアンの王族の教会がカワイアハオ（教会）で，平民，庶民のためのカウマカピリという教会がそこにあったの，それが1900年の（ペスト）焼き打ちで火がついて焼けるの。焼けて一度は建て直したんだけど，しばらくして今のカリヒ（ストリー

ト）のタマシロ・マーケット[7]のこちら（ダウンタウン寄り）に移ったの。今もあるけど，あそこがハワイアンの一般庶民の教会なのよね。前のところは古い建物が残ったままだったの。それで地下が空いてたのよ。戦争中から戦後にかけてフィリピン人があそこを買って地下にダンスホール造ったの。広いよな，教会のホールだから。

　日本人は誰も知らなかった。わしも最初知らなかった。上は空き家だったし，暗い古ぼけた空き家だと思ってた。これを梶山（季之)[8]に話してやったら喜んでたが，あれが来たころにはもうダンスホールはなかったな。

　そのあと，日本人の若手の軍人花嫁が水商売からだんだん手を引いていき，新しい職場が免税店になるんですよ。1964年のオリンピックを契機に[9]日本からの観光客が増える。増えてきた日本人観光客のために雇われた免税店の店員は，最初ほとんど100パーセント軍人花嫁だった。ちょうど30代から40代にかかる中年の日本人が，バーで働けば若いもんに客を取られる，客がだんだん逃げていく。自分たちも英語が少しは分かってくる。で水商売に走っておった者が免税店に入っていくんですよ。あいつらは日本語はバリバリだからね，日本人を相手に，ハワイの経験があるし，オーナーのほうから見れば英語が分かるから，上意下達であれらがほとんどやるわけですよ。あのころはベイシックペイ（基本給）の上に全部コミッションでやらしていたからね。免税店を牛耳ったのがみんな軍人花嫁上がりだったよね。これは日系女性の発展史のうちの大きな部分を占めるんですよ。

戦争花嫁3

　戦後の日系社会は軍人花嫁がおったから，日本語新聞が今まで延びて，日本語放送が今まで続いてるんですよ。日本人の男だけだったら，残ったのは居酒屋，料理屋ぐらいなもんですよ。文化的な芸能的なものは，残っていなかったはずよ。

　ハワイに永住してる戦争花嫁の子どもなんか，日英両語ができるから社会的にあらゆる方面に出てますよ。日本語の下地があるんだもん。

　今の男なんか。ゴルフやるか，ポーカー遊ぶか，ヤード（庭いじり）するぐらいのもんでしょ。何もハングリー精神ないんだもの。楽して暮らしてる。野

望も夢もない。そうかと言ってボランティアなんかあんまり男は出ないですよ。ほとんど女ですよ。見てご覧よ，日系婦人会（JWS）なんか，あれだけの病院[10]を建ててね。

戦争花嫁は，僕は2万5,000人は来てると思うんだよね。戦争花嫁もだけど，写真花嫁も大きな役割を果たした。二世を育てたのは写真花嫁だからね。あれが戦前日本語をつないでくれた。戦後は戦争花嫁のおかげで，こういうふうにしてね，日本語が生き延びているんですよ。

注

1) 軍人花嫁。戦後，アメリカを中心とした連合国占領軍の，軍人軍属と結婚した日本女性のこと。日本や米本土の日系社会では「戦争花嫁」（英語で war bride）と呼ばれることが一般的であるが，終戦後のハワイでは長く「軍人花嫁」と呼ばれ，当時の日本語新聞でも「軍人花嫁」と表記された。

「軍人花嫁の歌」（作曲西川徹，作詞川添善市，歌西川徹＆グレース雨宮）や新聞連載小説「軍人花嫁」（薄田一雄，『ハワイタイムス』1954年6月7日-7月13日）もあった。1980年頃からは，ハワイでも「戦争花嫁」が多くつかわれるようになった。そのためか，田坂氏のインタビューの中でも「軍人花嫁」と「戦争花嫁」が混在しているが，そのまま再録してある。新聞記事の代表例は以下のとおり。

「日本娘の軍人花嫁七名が今朝の軍用船で来布」（『ハワイタイムス』1947年9月24日）

「軍人花嫁の道」（『ハワイ報知』1969年1月1日）

「新しい一世・戦争花嫁」（『ハワイ報知』1985年7月18日）

2) 日本語新聞『ハワイ・ヘラルド（ハワイ報知）』では，1947年9月25日付の記事で「布哇出身兵六名に連れられ日本娘の花嫁来る・愛する夫の国に初めて来て感慨無量」との見出しで，軍人花嫁を紹介し，記事中で「日本進駐の米国軍人が米国政府の許可で日本娘と結婚し米国へ連れて来ることが出来るようになった」と述べている。

3) 平井隆三著の「駆け出し記者五十年」（平井隆三出版実行委員会，1990）の「40 戦争花嫁どっとご入来」（pp.180-183）の項で，西トクエ及びハイビスカス・クラブについて詳しく述べられている。

4) 高橋榮（1919-2001）。カウアイ島生まれ。日系二世。第100大隊兵士として出征。1959年から74年までハワイ州上院議員に選出される。1972年日系銀行として設立された中央太平洋銀行（Central Pacific Bank）の初代会長。

田坂氏は夫人をドイツ人と語っているが，実際は，負傷してニューヨークの病院で治療中にデンマーク系アメリカ人女性と知り合い1946年結婚した。

5) ハワード三宅義彦（1918-1990）。オアフ島ワイアルア生まれ。日系二世。第100大隊兵士としてヨーロッパ戦線へ出征。戦後1958年ハワイ州下院議員（当時は准州）

に初当選，以来通算14年間下院議員を務める。1988年に設立されたJAIMSの所長に就任。
6) 開戦後の1943年5月，ハワイ准州議会は再び外国語学校取締法案を制定し，小学校3年生以下の生徒の外国語学校通学禁止，4年生以上は毎年英語学校の標準試験で一定以上の成績を得た生徒のみ通学できる，などとした。日本語学校はすでに閉鎖されていたが，このため中国語学校，韓国語学校なども制限を受けるようになった。戦後1946年中国語学校3校が訴訟を提起し，翌1947年10月「外国語取締法案は憲法違反である」と判決がおりた。ハワイ准州は上告したが却下され，1949年外国語取締法案は撤廃された。これにより日本語学校も徐々に復活していった。
7) タマシロ・マーケット。1947年8月ヒロから移転して来た玉城長元が，ホノルルのカリヒにオープン。1962年現在の3階建てのビルに改装。鮮魚を主体とした店として知られ，現在も同地で営業している。
8) 梶山季之（1930-1975）。広島県出身の小説家，ジャーナリスト。経済小説，推理小説，風俗小説など幅広い分野で多くのベストセラーを発表した。ソウルで生まれ終戦まで朝鮮で過ごしたことや，母親がハワイ生まれであったことなどから，朝鮮・移民・原爆の三つをテーマにした作品をライフワークとして計画，その取材の為しばしばハワイを訪れていた。田坂氏は，広島高等師範の同窓生であることから知り合い，ハワイでの取材に協力していた。
9) 東京オリンピックが開催された1964年の4月，日本人の海外観光が自由化され，同年4月8日戦後初の日本人観光団25名がハワイを訪れた。それ以前，観光を目的とした海外旅行は認められていなかった。
10) ホノルル日系婦人会（JWS）は，1954年，当時のホノルル総領事夫人都村春子の提唱によって設立された。設立当初から，女性のための老人ホームを建設することを目標に掲げて募金活動を続け，1980年，クアキニホスピタル内に「ハレ・プラマ・マウ」と呼ばれる老人ホームを竣工した。日本人・日系人女性のための団体としては，1916年にホノルル日本人婦人会が設立されていたが，太平洋戦争開戦後，活動は停止していた。田坂氏の母クニエは，同会創立メンバーの一人だった。

4 ハワイ日系メディアをめぐって

(13) ハワイの日本語新聞

相賀安太郎[1)]

　相賀さんには，ハワイに来てから何回も会ってる。あまり大きくない。5尺5寸ぐらいかな，いや4寸くらいだな。この人は英語がうまかった。江戸っ子だから東京の英語学校出てきてる。今で言えば外語みたいなもんだよね。そして1896年ごろかな（1896年2月28日来布），英語学校のときのつてで志保沢（忠三郎）さん[2)]のところを頼って来るんですよね。志保沢さんは，志保沢商店と『布哇新報』[3)]というのを両方経営しておったから，まずは志保沢商店のほうに入ってワイアナエ支店長になった。支店長いうても1人よな。そして1898年ごろかな，ワイパフ（耕地）が開くときに志保沢さんが「おまえらワイパフの店開け」って言うので，相賀さんがワイアナエからワイパフの支店長になるんですよね。そして，しばらく後，モロカイの将来性があるというので，モロカイ支店をカウナカカイっていうところに開けるんですよね。それで相賀さんはモロカイに1年ぐらい支店長としておるんですよ。そのころにファーザー・ダミアン[4)]関係のらい病（ハンセン病）病院とのコンタクトがあった。そしてのちに，うちのおやじ（田坂養吉）と木村（齋治）さんと3人が中心になって総領事館を動かして，日本にらい患者を送り返すということ[5)]があった。

　そもそもモロカイに志保沢商店の支店長としておったということが，あの人にモロカイに関する関心を持たせたわけですよね。そして相賀さんは，戻ってから『布哇新報』に入って主筆になるんでよね。次にくら替えして『やまと新聞』[6)]に入社するんですよね。そして1905年に『やまと新聞』を自分が買い取っ

図4-1　相賀安太郎
『MEN & WOMEN of HAWAII』1954年

図4-2　牧野金三郎［田坂コレクション］

て，1906年に株式会社にして『日布時事』に名前を変えて，太平洋戦争が始まるまで社主兼主筆として続けたわけですよね。相賀さんは一生を新聞人として通した。

　1912年になると，ストライキで同じ仲間であった牧野金三郎[7]が（新聞界に）出てくる。相賀（安太郎），田坂（養吉）なんかが羽振り利かせてもうけるのを見て，「俺がなんぞね，薬屋のおやじでおるか」っていうので『布哇報知』をやるわけですよ。

　牧野は野人的で，相賀さんはクリスチャン。（相賀さんは）博愛的な穏健的な思想の持ち主だったね。穏やかな人，絶対に怒鳴らないよ，個人的なけんかしはない，牧野がけんかを売るだけだよ。こちらは野人だからね。相賀さんはジェントルマンだったね，僕らから言わせれば。

　『布哇新報』というのは，志保沢さんが始めた日刊新聞だったけど，志保沢さんが日本に帰ったあと，何人か手（経営者）が変わっていた。そして1908年から1909年にかけて増給問題が起きた。第一次オアフ大ストライキ[8]のとき，

図4-3　ハワイ最初の活字新聞『布哇新報』1894年12月1日第13号

資本家側からお金もらって増給反対を唱えたのよね。英字紙の『アドバタイザー』も，他の日本語新聞『布哇日日』[9]も増給反対で，田坂（養吉）[10]，牧野（金三郎），相賀（安太郎），根来（源之）[11]の4人が攻撃された。「おまえたちを（労働者を）だましてストライキを起こしているんだぞ」と，いろんな逆宣伝をやった。ところがストライキが済んだときに，『（布哇）新報』と『（布哇）日日』は日本人を売ったというので，多くの購読者が『日布時事』に変わったから『日布時事』がぐーっと伸びた。（『布哇新報』は）購読数が減ったので，とうとう旗巻いて，それで，銘鑑を書いてる曾川政男[12]が（買い取って）週刊にするん

ですよね。

『布哇新報』は週刊新聞になって続くんですよね。そのときに矢野涼花[13]とか，早川馬洗[14]とか，偉い人が『(布哇)新報』に書いたもんだから権威がある新聞になった。売れゆきはそうなかったけど，権威ある新聞として存在するわけですよね。中央公論みたいなものだ。

僕が(1937年に)戻ってきた頃，まだ『(布哇)新報』はありましたね。矢野さん書いてたからね。早川さんも書いてた。矢野さんはそのあとルシタナで塾を開くんですよ。日本語の塾を開いてね，日本語学校みたいなことをやってたですね。

日布時事と布哇報知

最初，『日布時事』と『布哇報知』は，5対1，少なくとも3対1くらいの差はあったよね[15]。『日布』は旭日昇天でもう伸びるばかり。設備も良くなる，それから日本とのタイアップ[16]もある。『報知』は貧弱で，だんだんと落ち目になった。しかし1920年代に第二次オアフ大ストライキ[17]，日本語学校の訴訟問題[18]の折に対立，特に(日本語学校の訴訟)問題では『日布』ともめましたよね。

『日布』の相賀さんはプロクリスチャン(クリスチャン寄り)であり，牧野はプロジャパニーズ(日本人寄り)。牧野はイギリス人と日本人のハーフだから，自身は日本人の心情かどうか分からんけども，新聞を売るためにはやっぱり日本人の機嫌取らなきゃいけないからね。公平な目で見て，牧野はどちらか言えばヤクザの親分みたいなところがありましたよね。インテレクチュアル(intellectual 知性的)じゃないですよね。ただ，『報知』の英文欄にはジョージ・ライト[19]というイングリッシュエディターを抱えておった。ライトの社説が，(主流新聞の)『アドバタイザー』に負けないぐらいの世論を惹き起こしていたという強みがあったからね。ライトの社説は白人社会で大きな権威を持ってたからね。

僕らはどちらかと言うと，おやじの関係から『日布』寄りと見られたよね。新聞として見れば，記者のレベルから言って，僕らの時代はもう全然『日布』のほうが上だった。記者がそろってたからね，数からも質からもね。

図 4-4　2012 年に創刊百年を迎え，現在も発行されている『ハワイ報知』この写真は 1927 年 2 月 21 日第 4540 号

　まあ，この日本語学校訴訟問題で，『報知』は息をつくんですよね。売り上げ伸ばしたいというよりも，何万ドルという赤字を消したの。『報知』は訴訟のあとね，「俺たちはおまえたちのために，日本語学校のために，社運を賭して働いたんだ」というので，『日本語学校勝訴十周年記念誌』[20]という記念号を出すんです。大きな記念号が出るんですよ。中身は全部広告。と同時に社債[21]を寄付させたの。300 ドル，200 ドル，100 ドル，50 ドル，25 ドルの社債をみんな持ってました。買ってたわけよ。うん。昔，資金を集めるために社債を売り出してたんですね。

　（寄附をすると）「勝訴のお礼に『報知』の社債を寄附します」という記事を載せてくれるんです。大きな（金額の）社債を寄附した人は，1 ページ大で写真入れてあんたのこと書き立ててあげると。そのためにこんな特別勝訴記念号出したわけなのよ。それで今までの借金が全部チャラになって，しばらく息つ

いとったんですね。

　で，太平洋戦争になるわけ。（戦中，両紙とも軍政府の検閲を受けながら発行を続けるが）戦後になると印刷機がだんだん古くなる，字が見えなくなる。それは『布哇報知』も『タイムス』（戦争中，『日布時事』から『ハワイタイムス』に改題）もそうだった。だんだん読者が減る。一世の日本語族が減って，英語族の時代になってくる。とうとう，（『報知』は）牧野が亡くなる，その後牧野の女房（牧野道枝）がやってたけども，これもつとまらんから他のローレンス香川[22]とかいろんな人が入って，最後に日本の『静岡新聞』に身売りするんですよ。

　『タイムス』は買い手がおらんかった。建物は比嘉というのが買ったけども，新聞のほうは売れない。相賀の孫の長男（三世）のほうが『タイムス』を引き受けて，次男がKOHO[23]を引き受けるんだけども，この長男の嫁さんがわけの分からんやつで，女帝ぶりよね。今（2000年当時）田中（真紀子）が外務大臣やってるみたいな，じゃじゃ馬だからな。嫁さんがつぶしたようなもんよね。ここのやつ（ハワイ生まれ，ハワイ育ち）だけどね，こいつがつぶしたようなもんよね，結局。平井（隆三）[24]とか佐藤とか，昔からの重役たちの言うこと聞かないんだよね。だけど印刷機械は古くなり，新聞が（活字の磨耗で）もう見えないから（購読数は減っていく）。

　これがわしが当時連載した切抜。1980年だけどもう見えないでしょう。相撲の話[25]です。このころはもう駄目で，100回ほどやるという話だったけど，77回までいったところで，新聞が駄目になった（廃刊となった）。

　読みにくくなって来た頃，平井（隆三）さんが福島新聞（『福島民報』のこと）の社長，飛島（定城）と言ったかな，あれと親しくて，「うち（『福島民報』）の機械を変えるから，古いのを全部お前にやる」ということがあった。活字もやるから持って行けって言うた。平井が相賀の孫らに話したんだけど，「運賃払ってまでこんな古いものもらわん」言うので，馬鹿がもらわなかった。あのときもらっとけばね，ただでもらうんだからね，1,000ドルか2,000ドルの運賃は払っとけばね，まだ新聞がずっと続いたのよね。それを，女房がつまらんから。結局あいつがつぶしちゃったようなものだ。

戦前の新聞記者と「カバチ」欄

　新聞記者の給料は安かった。戦後は，僕は知らないけども，戦前は日本学校の先生とか新聞記者だけでは食えないの。だから，ふたつやらなければ一人前の生活が，家庭生活ができないの。日本語学校で50円（ドル），新聞屋で50円（ドル）で100円（ドル）もらって，子供抱えた一人前の家庭生活ができる程度のもんで，アナウンサーと新聞記者とか，新聞記者と学校の先生とかふたつやらなければ（生活できない），半人前だったの。編集長とか幹部になればまた別だけど。新聞記者だけというのはほとんどいない。僕らは来た当座は学校の先生で食えないから，家庭教師をして，日本学校で50円（ドル），家庭教師で100円（ドル）もうけていた。これもいい家に行かなきゃ，いい家庭捕まえなきゃ金もらえないわね。僕は世話してくれる人が良かったからね。お医者さんの家庭とか，住友銀行の支配人とか，大きなサービスステーションの経営者とか，お金持った人だった。僕らは1週間にふた晩〈家庭教師に〉行って25ドル，30ドル，50ドルくらいもらってましたからね。

　あの頃金があるというと，やっぱりお医者さん。それと，銀行，会社の社長。まあでも，初期移民のころからお医者さんはいつも最高のクラス。それから移民官ね。移民局関係とお医者さんですよね。次に移民会社の時代があるんですよ。あとは銀行ですよね。正金（横浜正金銀行）[26]，住友（布哇住友銀行）[27]，ああいう連中。新聞記者もあの時代，金はなかったけどパワーがあったんですよね。相賀さんも金こそなかったけど，やはりパワーがあったからね。

　今の新聞記者は金もうけで提灯記事しか書かないけども，昔は日系社会をリードするという意気込みがあった。社会の木鐸（ぼくたく）という言葉があるんですよ。木鐸をもって任じておりましたから，昔の人はね。社会に警鐘を鳴らして，自分たちが指導していくという誇りを持ってましたよ。また，それだけのことをやりました。間違ったことを糾弾したり，こうしたらいいと思うことを，直接的に間接的に日系社会に訴えた。一番いい例は，戦前の『布哇報知』に，カバチという欄があった。カバチというのは広島の方言で，文句という意味なんです。「カバチをたれるな」という言葉があるんです。文句を言うな，という意味です。

　その不平，文句をつける，カバチという欄を作ったんです。これはもう，本

当みんなが感激していた。このコラムがなぜ重みがあったかと言うと，みんなが絶対に言ってもらいたいことを代言してくれるわけですよね。マジョリティーを代表しているからね。だから，新聞開けたら社説なんか読まないよ，一番先にカバチを見るんですよ。それほど興味を持たれ，権威もあったわけですよ。今はもうこれがない。

外交員

　戦前のハワイの日本語新聞社には外交員というのがあったんですよ。（この外交員が）いろんな購読者の希望を聞いてる，町の声を耳にしてるから（これがカバチの基になる）。

　外交員の一番主な仕事は新聞を売ること。購読者を増やしながら，集金もする。新聞代を集めると同時に，なんか記念号が出る，なんか特別号が出るときには広告を取る。新聞の購読を増やし，集金をし，広告を集めるという，こういうふうな仕事をしていた。これがカリヒならカリヒというふうに自分のエリアを持ってる。島には島ごとにエリアがある。こういう人たちがネットワーク張ってるわけですよ。

　昔の記者の名前は残ってるけど，外交員の名前ってのはほとんど残ってない。残ってないけども，新聞社を支えるのは外交員なんですよね。いろいろなプロモーションをやったり，外交員でも筆の立つ人は書いてるわけですよ。料亭の歴史を書いてる小幡大声[28]という人なんかは，ハワイに来て新聞社に入って死ぬまで外交員で一生を通した人です。

　『日布時事』の時代から『ハワイタイムス』にかけて，ずっと一生外交員をやった人なんですよね。そして自分は相撲が好きだから，「日布獄」というしこ名を付けて相撲を取り，新聞の宣伝までやってるの。相撲，強かったですよ。この人のことは，わしも来年明けたら書こうと思っている。わしはこの人からずいぶん世話になって，僕の資料の5分の1，6分の1ぐらいはこの人からもらった。いろんなこと聞かせてもらって，僕もかわいがってもらってた。なにしろ，うちのおやじがおったころにこの人はハワイに来てる。おやじは編集長だったから，あのころからよく知ってる。うちおやじのことはA to Z（一から十まで），全部知ってますよね。

うちのおやじは料理屋遊びが好きだった。小幡さんは料理屋係（担当）だから，料理屋の広告，宣伝を主にやってた。だから，あの人は花柳界のことにも詳しかった。そして，うちのおやじは相撲が好きで，小幡さんも相撲が好きだから，そこも気が合った。だから，わしをかわいがってくれましたね。僕はゴルフやっていて，小幡さんが糖尿になったとき，「糖尿にはゴルフが一番いいんだから死ぬまでやった方がいい」といって，（小幡さんに）死ぬまでゴルフをやめさせなかったから，恩にきてましたよね。それで，ずいぶんわしをかわいがってくれてね，で，ゴルフしたときには必ずナインティーンホールで，いつも最後まで残って，小幡さんからいろんな話聞かせてもらった。どれほど僕があの人から聞いたことか。特にこの「布哇相撲百話」なんてね，あの人からずい分話をもらってますよね。

　相撲の話なんか，全然，紙（の資料）には残ってないの。僕が書いた「相撲百話」の内容は，どの本にもありませんよ。ほとんどないのを，小幡さんから昔の話を聞いたりして，こういうふうに書いた。もう資料がないころだからね。

　こういうふうにして先輩から聞いたことを，あんたに残したいと思うし，また今度あんたが，次の世代の，興味を持っている新しい人に伝えてくれればね。ただ，そういう者は1万人にひとりもいないけどね。

　自分の都合のいいときだけはやりますよ。だからもうマスターの論文とか，卒業の論文とか，そんなのでうちに来るのがほとんどですよ。もう数え切れないくらい，いろんな人が来たよ，くさるほど。それと放送局。ひどいですよ，こいつらがやることは。テレビと新聞社ね。ここに来ればなんでもあるから，みんな聞き伝えて来る。これだけ持ってる人いないよ，威張るわけじゃないけど。

　ここに住んでいる者でも，すぐに出せるものはいないよ，もう。また，おっても出さない。僕はいつも言うように，滅私奉公で僕のものが残ればいいという気持ちがあるから。それから誰にでも資料はやりませんよ，相手見ますもの。どの程度，真剣かどうか。時間を無駄にしたくないもん。あんたなんかまだ30年人生あるけど，僕は，その日その日生きてるだけだから。笑うけどね，本当ですよ。80なんぼになってごらんよ。もう立ってるだけだからね。パパイヤの実がなって，花が咲いて，実がなって，葉が枯れて，ずんどうのパパイ

ヤが立ってるだけで，いつ枯れて倒れたって不思議ないんだもの。

日系社会と現代の日本語新聞

　日系社会にいろんな弊害がありますよ，ああしたらいい，こうしたらいい思うことがあると思うけども，カバチの欄がないもんだから，もう野放しですよ，日系社会どんどん廃退していきますよね。アメリカの英語社会のいいとこばかり取ればいいけど，イングリッシュワールドの悪いとこばかりね，習って。青少年が不良化する，家庭が廃退する。日本人同士の，いわゆる向こう三軒両隣的なフレンドシップはなくなりますよね。そして個人個人が生きて，人のことは気にしなくなっている。ボランティア行くんだってさ，自分の名前が出なきゃしないんだもん。本当に自分を捨ててやる人は数えるしかおりませんよ。遊び半分か社交半分かね。いわゆるバニティ（vanity 虚栄）ですよ，やってることがね。全部，もう自己本位，自己満足，自己娯楽ね。もう自己虚栄。本当に自分を捨ててみんなのためにしよう，自分のお金まで投げてやろうとする人いませんよ。昔はそうじゃなかったんです，戦争前まではね。もう本当の共存共栄の隣組的なものがありましたよね。そして互に銘々を尊敬してましたよね。

　今ハワイに日本人が20万人おるけど，いわゆる日本語族っていうのは3万ぐらいですからね。だから日本語新聞もどんどん減るわけですよね。『報知』は英語のほう（『Hawaii Herald』）がもうかってますよね。だから日本語は捨てたいけども，捨てられないわな，あれは。『静岡新聞』が持ってるから維持ができるんだけど，もう捨てたほうがいいのよ，今，購読者は2,000ぐらいしかないでしょう。

　中身も見てごらん，新聞なんか，特集号なんかはもう全部広告ですよ。記事なんか何もないんだ。あったって少々の提灯記事だけですよ。読もうとしても読むもの何もないから，これじゃしょうがないよね。

　永井（雄治）[29)]なんかもそうだ。紙面を埋める記事は，無料（ただ）ならいい，無料（ただ）の記事だったら長い連載ものほどいいんだから。スペースが埋まってればそれでいいんだから。記者が書いたり，原稿を頼めば，ただというわけにはいかない。今，くだらん童謡歌手のもの載せてますよ。日本がどうした，日本で自分がやったことなんか，ハワイとなんで関係がありますか。あの新聞

から僕らが切り取って残したい記事ほとんどない。次の世代に残して伝えたい，読んでためになるようなものを残してあげたい，と思う記事ないもの，最近は。ハワイの新聞だから，ハワイに根付いた話題を（載せてほしい）。そりゃ日本の政治も大事だし，日本の旅行記もいいです。ハワイの人が行って見て書いたもんなら，ある程度許せますけどね。アメリカに住んでないやつが日本で何しようが僕ら，直接ハワイに関係ないから。

　だからハワイの新聞は根本的に間違ってると思う。読者が減るか減らないかは問題ですが，日本人が住んでる以上は日本語の新聞はどれかは残ります。誰が残るかはやり方しだい，人それぞれね。仲嶺（和男）[30]も生きて（続いて），永井も生きてる（続いてる）のは，あれらは営業マンだから。アカウント（得意先）を持ってる営業マンだから生き残っている。特に仲嶺なんか沖縄（出身）だから。沖縄はひと世代遅れてるから，まだチャンスがありますよね。永井はこの先，25周年，30周年はないと思いますね。あれも60なんぼだもの。今，もうかってないから，イーブン（損得無し）だから。子どもに伝えるだけの商売じゃないです。あれはもう先見えてますよね。僕が先逝くか，あっちが先逝くか。

　仲嶺はウチナーンチュだからね。今ハワイで，いわゆる日本語族の日系社会を牛耳ってるのは，沖縄の資本ですからね。

矢野涼花・茂父子

　矢野唯雄（涼花）さんという人は熊本の出身なの。おそらく熊本市内の士族の出なのよ。徳富蘇峰が熊本の市内で大江義塾という塾をやるんですよ。（蘇峰の弟の）蘆花も初めは大江義塾に関係してた。熊本は，ああいうふうな自由思想の塾が出たわけですよね。新しい西洋のものと古い日本のものが混じったようなやつで。それで，有名な先覚者とか新しいタイプが生まれて来ていた。

　矢野のお父さん（涼花）も若いときに，大江義塾に入って勉強したわけなのよね。そのうちに蘆花もそこの先生になるわけですよね。兄弟でやってたんだけど，蘇峰は東京に出て『國民新聞』を発行するんですよ。で，そのあとしばらく蘆花が教頭みたいなのやってたんだけど，蘆花も文学のほうに変わっていく。矢野涼花さんは，東京に出て『國民新聞』の記者になるのよ。蘇峰の下で

働くのよ。で，働いておるとき，1894年ごろに官約移民がなくなって，私約移民の時代になる。熊本移民会社という大きな移民会社があって，熊本を中心とした九州一帯の私約移民をハワイに送るの。そのとき徳富蘇峰が矢野に「お前の同県人がたくさん私約移民でハワイ行くから，同船して船中の情勢とか，行った先のハワイの様子とか取材して来い」と言うんですよ。それで移民と一緒に来るんですよ。

　同じことが，うちのおやじもあるの。それより前，広島海外渡航会社という中国地方を統べる大きな移民会社があって，うちのおやじは広島県庁の県属だったけど頼まれて移民を連れてハワイに来たのよ（「父田坂養吉の章」参照）。

　そのころからおやじと矢野さんは知り合いだった。うちのおやじは広島渡航会社で来て翌年に，森岡移民会社に入るわけですよ。そのときの森岡の支店長が水野波門[27]だった。水野は森岡移民会社の支店長と同時に『やまと新聞』の社主兼発行人だったわけですよ。で，矢野が，『國民新聞』から派遣されて来とるということを聞いたもんだから，水野波門は矢野を『やまと新聞』の編集長に雇うわけです。だから水野波門の移民のほうはうちのおやじ，新聞のほうは矢野がやるから，同じボスの下で両方とも働くわけです。そんな関係があるわけよね。

　ところが1900年にペストで焼き払い[31]になって，今のマウナケア（ストリート）とケカウリケ（ストリート）の角にあった日本語新聞『布哇新報』は建物全部焼けて，機械も全部焼けちゃった。『日布時事』はククイレーンにあった。昔の飯田翠山堂横に，ククイに抜ける小さいレーンがあって日本人の小さい工場とかオフィスとか住宅があって，そこに『やまと新聞』が建っていた。飯田翠山堂のエワ側（西側），今マンションが建っている辺にあった。ちっちゃい建物だったのよね。

　矢野さんは，このペスト焼き払いが原因でヒロに行くんですよ。で，ヒロで新聞の主筆をやったり，自分で新聞を経営したりするんですよね。そして1930年ころかな，ホノルルに出てきて，いろんな新聞で働くんですよ。『報知』の編集長になったり，いろいろやっていた。で，1930年代末に，ルシタナ（ストリート）とスクール（ストリート）の角近くで義塾をやるんですよ。矢野義塾だったかな。この義塾は日本語学校に毛が生えたようなもんだから，（生徒

数は）それほどでもなかったね。そこで，日本語，英語を教えながら，新聞に寄稿してたわけですよね。

　そのころ『布哇新報』というのは週刊紙だった。それに矢野さんが書くし，もうひとり，早川馬洗というのもおった。早川馬洗と矢野さんのコラムがずーっと出るもんだから，一番権威のある新聞として認められていたんですよね。

　矢野（涼花）さんの書いた古い昔のことは，大久保（清）[32]の『ハワイ島日本人移民史』に出ていますよ。あの中に1920年ころに書いた手記がありますよね。ただ早川馬洗もそうですけど，矢野涼花も，新聞や雑誌でいろいろ書いているけれども著作は残さないね。またあのころは，ああいう人のものを本にするような出版業者もいなかったね。相賀は自分の新聞社を使って，いろんな本を残しているけどね。

　息子（茂）[33]はそのころ（塾をやっている頃）には独立してね，もう結婚もしていた。お父さんがハワイに先来て，（息子は）15くらいのときに来た。奥さんは，本当の明治の女，立派な奥さんでしたよ。僕がサーティーセブン（1937年）に来て中央学院という学校で先生しているころ，その学院長が矢野さんの親類だったから，しょっちゅうルシタナの矢野さんの家に出入りしてましたよ。だから息子さんと関わり合うのも，なんかの因縁になるのよね。矢野（茂）さんの奥さんは，ビニヤード（ストリート）にいたドクター小波津，沖縄の先覚者たる偉い人でしたが，ここの看護婦さんを長いことしてたわね。

　僕は戦前1938年から40年ころまでドクター小波津の子どもの家庭教師をやっていた。ドクター小波津のオフィス行くと矢野さんの奥さんがおるから，矢野さんよりも奥さんのほうから先に知り合いになった。戦後，僕がKIKI（ラジオ局の仕事）を始めたころから，しょっちゅう『ハワイ報知』に出入りして矢野（茂）さんと知り合うようになった。そのうちに矢野（茂）さんは独立して自分で（写真業を）やるようになった。

　僕が『ハワイ文化芸能百年史』[34]を永井の新聞社で作るときに，矢野（茂）さんのとこに写真を借りに行ったのよ。したら，「OK，お前がわしから借りたということを忘れずに，本作るんなら貸してやる，ということは，ちゃんとクレジットを入れろということだ」と，そのときに言ったわけですよ。「最初にハワイ日本人史を作るときには，ちゃんとクレジットを入れてくれた。ところ

が，谷村ジュニア（基弘）[35]なんかが連協（ハワイ日系人連合協会）の日本人史を作るときには，わしの写真を使いながら，矢野が提供したということを一字も本に書いてない。完全に無視された。田坂，俺はお前を信用するから，お前にわしの写真を全部譲るから。そして，わしが死んだら，女房に書き置きして，あと残ったものは全部お前にやるように言うとくから」と言った。それで，わし写真もらって1985年にあの写真集出したんですよ。全部じゃないけど，ほとんどは「矢野茂提供」と書いてますよ。喜んで書いたね。

　わしは，そのときに3,000ドルかな，原稿料をもらったんだよ。それで矢野（茂）さんにお礼に行って1,500ドルあげたんです。で，写真のキャプションの校正を，報知の森田さん[36]に頼んだので，森田さんに500ドルあげたのかな。そしてわたしが1,000ドル取った。矢野さんも喜んでね。そういうようないきさつがあったわけですよね。僕は，いつもあんたに言うように，滅私奉公でね，自分がもうけようとか，売名とかなんかじゃ全然なくて，残すために，残したいから作るんだから。永井も残したいという気持があったから，やったんだよな。

五大新聞記者

　森田さんは10年ほど前（1990年没）に亡くなったけど，ハワイ（移民史）のずっと百何十年を思い出して，新聞記者で5人選ぶときには，必ず入る人です。時事解説なんかものすごかったんだから。特別に頼んでやってもらうんですけど，ぴしゃー，ぴしゃーと分析解説して理路整然。この人は上海の同文書院を出てる。あそこはひとつの県からひとりしか学生を取らなかった。同文書院落ちたのが陸士海兵（陸軍士官学校・海軍兵学校）に行ってたぐらいだから。あそこはスパイの養成所とも言われていた。中野学校の前身ですよ，同文書院はね。日本政府が大陸に進出するために，英才をあそこで育てていた。

　あとは矢野涼花と早川馬洗。だいたいこの人（矢野涼花）は，徳富蘇峰じゃなくて，弟の方，蘆花の子分。この人が書くことは普通のもんじゃないですよ。本当の論客です。本当の日本の新聞の論客ですよ。まあ日本におれば『國民新聞』の記者で相当ならしてると思うけれども，ハワイに来ちゃったから，ああいうふうにして，物質的にはそう恵まれない生活だった。

　早川馬洗も論客だったからね。あれはちょっと左寄ってるけどね。だいたい

馬洗は農林省の技師だった。ハワイに来る前そういう経歴持ってたんだ。1930年代の中ごろからは家におった。この奥さんがハワイの女で一番の保険外交員になるの。ミリオンダラー・セールス・ウーメンになった。オクシデンタルという（ローレンス）香川の保険会社。オクシデンタルは大きな保険会社だったけど，あそこの花形セールス・ウーメンになるんですよ。奥さんが馬洗に好きなことさせてて，そして奥さんがしこたまためて日本に帰り，広島県の山の中の三次というとこに引退されるんだけど。偏屈者でちょっと世の中にいれられないところがあったから，あんまりいい生活はしなかったけど，奥さんが働いたから良かった。

　それと，なんやかんや言うけど相賀さんも一応入れておかないとね。

　牧野（金三郎）は話はするけれど日本語書けないから（5人の中には）入らない。だけど，あそこには長いこと主筆をやっていた寺崎（定助）さん[37]という偉い人がおりましたよね。寺崎さんは北海道から来てたんです。北海道の開拓民の息子で，ハワイにはアメリカから渡ったんじゃないかと思うんだよね，北海道だからね。ハワイに来てからは僕の勤めた中央学院の先生もしてるんです。1912年かな，当山哲夫[38]の『実業之布哇』に初め入って，そのあと牧野がひっぱって『報知』に入ってるんですよ。この人は真面目で硬い文章を書いて，ずっと40年くらい主筆やりましたよね。あの人が引退したあと，藤川猛[39]かな，主筆になって，それから森田になるんですよ。そのあとが渡辺（礼三）[40]になるんです。本田緑川[41]が一時主筆やってたこともあるな。

　あと豊平良金[42]というのが『日布』におった。豊平には浅海（庄一）[43]という偉い人が上司にいた。この人は，アメリカに抑留されたあと，交換船で日本に帰ることになった。だけど，シンガポールに寄ったときに，あのころあった同盟通信の通信員で残ってくれと頼まれ，交換船を降りて，あそこで同盟の仕事をして，一段落ついて帰るときに乗った阿波丸[44]が沈められて亡くなるんだよね，今も浅海の関係者（親戚）は，ここにおるみたい。

　まあ移民史の中で（五大）新聞記者を挙げれば，書くほうではやっぱり矢野（涼花），早川（馬洗），相賀（安太郎），そして寺崎（定助），それから森田（利秋）ね。やはり第一人者は矢野涼花，早川馬洗。そして経営者として志保沢忠三郎，相賀安太郎，牧野金三郎かな。

（新聞記者5人挙げたけど）今となっては，どれだけの偉い人であったか，ハワイでも知ってる人はほとんどいないね。

注
1) 相賀安太郎（1873-1957）。第2部第2章 父・田坂養吉 そして戦前の日系社会 注5 参照。
2) 志保沢忠三郎（1890-1942）。第2部第2章 父・田坂養吉 そして戦前の日系社会 注4 参照。
3) 『布哇新報』。第2部第7章 沖縄からの移民 注4 参照。
4) ファーザーダミアン（1840-1889）。本名は Joseph de Veuster。ベルギー生まれ。カソリック宣教師。1864年ハワイに渡る。1873年モロカイ島に赴任，同島のハンセン病隔離施設で患者の世話をするが，本人も感染し1889年同島で死去。
5) モロカイ島のハンセン氏病隔離施設に入所していた，帰国希望の日本人患者7人を，相賀安太郎，田坂養吉らが運動を起こして1908年帰国させた。
6) 『やまと新聞』。第2部第2章 父・田坂養吉 そして戦前の日系社会 注2 参照。
7) フレドリック牧野金三郎（1877-1953）。第2部第2章 父・田坂養吉 そして戦前の日系社会 注9 参照。
8) 第一次オアフ大ストライキ。1909年，砂糖キビ耕地の日本人労働者が増給や待遇改善を目的として起こしたストライキ。オアフ島全耕地の労働者約7,000人が参加したが，最終的には労働者側の敗北に終った。
9) 『布哇日日』。1903年鶴島半蔵が『ほのるる新聞』を買収し『布哇日日』と改題して創刊した日本語新聞。
10) 田坂養吉。第2部第2章 父・田坂養吉 そして戦前の日系社会 参照。
11) 根来源之（1875-1939）。第2部第2章 父・田坂養吉 そして戦前の日系社会 注8 参照。
12) 曾川政男（1888-1943）。広島生まれ。ジャーナリスト。1905年ハワイに渡る。1927年，ハワイ在住の日本人人名録である『布哇日本人銘鑑』を発刊。1932年『布哇新報』を購入し週刊新聞とする。開戦後逮捕されアメリカ本土へ送られるが，1943年ミゾラ抑留所で病気のため死去。
13) 矢野涼花（1873-1940）。第2部第2章 父・田坂養吉 そして戦前の日系社会 注3 参照。
14) 早川馬洗（1880-1950）。本名治郎。広島県生まれ。ジャーナリスト。1907年ハワイに渡る。『布哇殖民新聞』『布哇毎日』『布哇新報』『晩鐘』などの新聞雑誌で記者生活を送る。1940年帰国。
15) 田坂の挙げているのは『布哇報知』創刊直後の数字と思われる。実際はこれほどの差はなかった。1922年版『商業年報』によれば，同年4月-9月，6カ月間の平均発行部数は『日布時事』が9075，『布哇報知』が6614となっている。『報知』は後発にもかかわらず，先発の『日布』を急追したことがわかる。
16) タイアップ。『日布時事』は『東京日日新聞』（現『毎日新聞』）と提携していた。

17）第二次オアフ大ストライキのこと。第2部第3章 請け黍制度 注2参照。
18）日本語学校訴訟問題。第一次大戦を契機として起きたアメリカ愛国運動のひとつに外国語学校を取締まろうという運動があった。ハワイでは1920年代初め，外国語学校取締法案が成立し，学年の短縮，生徒1人に1ドルの課税，教育局の管理などが制定されたが，牧野金三郎は，これに対し訴訟を起こすことを訴え，1923年ホノルル市内の日本人学校6校が試訴を提起した。牧野の『布哇報知』は試訴派だったが，相賀の『日布時事』は，白人側と無用のトラブルを起こすとして試訴に反対し，日系社会が二分される騒ぎとなった。最終的に日本語学校146校中88校が試訴に加わり，最高裁まで持ち込まれ，「外国語学校への規制は憲法違反」との判決で試訴側の勝利となった。
19）ジョージ・ライト = George Wright（1876-1944）。オハイオ州ジャグリン生まれ。1917年ハワイに渡る。パールハーバーで機械工として働くが，1925年労働組合を組織しようとして馘首される。同年『布哇報知』英文編集長として入社して英文社説を執筆。労働者側に立った，主流英字紙に対する厳しい論調は評判を呼んだ。
20）『日本語学校勝訴十周年記念誌』は1937年発行。約39センチ×約27センチの大型判で550ページ以上。田坂氏は広告だけと述べているが，それだけでなく日本語学校取締令の発端から最高裁での勝訴まで詳細に書かれている。
21）社債。『布哇報知』は，新社屋建設及び新型印刷機購入のため，1927年社債を発行。総額10万ドルで，額面は100ドル，50ドル，25ドル，10ドルの4種類。完売に近かったと言われている。
22）ローレンス香川武雄（1903-1973）。マウイ島ラハイナ生まれ。帰米二世。実業家。1933年オクシデンタル保険ホノルル支店を開設。1953年牧野金三郎の死後，夫人の道枝が社長就任した時，社長補佐として入社し経営を助けた。
23）KOHO。ハワイのラジオ放送局。1960年1月1日，日本語放送局として開局。1993年5月閉局。
24）平井隆三（1912-2000）。第2部第10章 勝った組 注9参照。
25）相撲の話。「布哇相撲百話」（全77話）のタイトルで，1980年2月20日から7月19日まで『ハワイタイムス』に連載した。田坂氏は「連載中に新聞が駄目になった」と述べているが，実際に日刊の発行が停止されたのは1982年5月29日。
26）横浜正金銀行。第2部第4章 庶民金融「頼母子講」注3参照。
27）ハワイ住友銀行。第2部第4章 庶民金融「頼母子講」注5参照。
28）小magnitude 大声（1893-1972）。本名宗弌。山口県玖珂郡生まれ。1911年ハワイに渡る。1912年8月入社。1966年に退社するまで50年以上勤めた。戦後同郷人に呼びかけ郷里に食糧や日用品を送ったことから，出身地玖珂町最初の名誉町民となった。
29）永井雄治。第2部第11章 日系社会の権力争い 注9参照。
30）仲嶺和男。第2部第11章 日系社会の権力争い 注8参照。
31）ペスト焼払い。第2部第7章 沖縄からの移民 注3参照。
32）大久保清（1905-2001）。新潟県生まれ。ジャーナリスト。1924年呼寄せ移民としてハワイに渡る。『布哇新報』『コナ反響』『電報新聞』の記者を経て，1955年『ヒロタイムス』を創刊。1971年『ハワイ島日本人移民史』を編纂，ハワイ島の日本人移

民の記録を残す。同書の pp.243-347 に「ハワイの人間，ハワイの社会」のタイトルで，矢野涼花の文章が再録されている。
33) 矢野茂（1899-1987）。熊本県生まれ。1919 年父親の呼寄せで来布。同年『布哇報知』入社。写真部に所属し長年カメラマンとして活躍した。
34)『ハワイ文化芸能 100 年史』（ジャック田坂著。1985 イーストウエストジャーナル社）。官約移民百年を記念して刊行された。多くの写真を使い，100 年間のスポーツ，芸能，文化などを取り上げたグラフ誌。
35) 谷村基弘（1902-1969）。第 2 部第 11 章 日系社会の権力争い 注 6 参照。
36) 森田利秋（1908-1990）。オアフ島ワヒアワ生まれ。帰米二世。上海の東亜同文書院卒業後，1931 年ハワイに戻り日本語学校教師。1947 年 KGMB 日本語放送のニュースキャスター。1950 年『ハワイ報知』入社。1959 年同社を退社し『週刊タイムス』創刊。KIKI のニュースキャスターも務める。
37) 寺崎定助（1880-1974）。秋田市生まれ。6 歳の時北海道に移転。1906 年ハワイに渡る。日本語学校教師を経て 1912 年『実業之布哇』入社，同年創刊された『布哇報知』に転じる。牧野金三郎を助け『布哇報知』の発展に尽す。
38) 当山哲夫（1883-1970）。沖縄県中頭郡生まれ。1906 年ハワイに渡る。1912 年雑誌『実業之布哇』を創刊。開戦まで発行され，戦前最も長く続いた雑誌となった。
39) 藤川猛（1906-1977）。熊本県生まれ。1921 年ハワイに渡る。1929 年『布哇報知』入社。以後 48 年間編集局に勤務。戦争中編集長となり，戦後も一時期を除いて長く編集長の職にあった。
40) 渡辺礼三（1923-1998）。第 2 部第 7 章 沖縄からの移民 注 16 参照。
41) 本田緑川（1893-1975）。本名政亥。熊本県生まれ。1910 年ハワイへ渡る。1921 年『布哇報知』入社。1922 年コラム「電車日誌」をスタート，以後 40 年以上書き続けた。1937 年『日本語学校勝訴十周年記念号編纂』。1948 年編集長。
42) 豊平良金（1898-1991）。沖縄県中頭郡生まれ。1915 年父親の呼寄せでハワイに渡る。1920 年『日布時事』入社。1951 年から 71 年まで編集長。
43) 浅海庄一（1894-1945）。山口県都濃郡生まれ。1913 年ハワイに渡る。1916 年『日布時事』入社。1919 年編集長。開戦後逮捕されアメリカ本土へ送られる。1943 年第 2 次交換船に家族と共に乗船するが，途中シンガポールで下船して同盟通信シンガポール支局長となる。1945 年 4 月帰国のため乗船した阿波丸が雷撃を受けて沈没。同乗した三男とともに死去。
44) 阿波丸。阿波丸は赤十字による捕虜への救援物資を運ぶため運航され，連合軍から安全運航を保証されていたにもかかわらず撃沈されたので後に問題となった。日本軍が密かに軍需物資を積んでいたためとも言われている。

(14) 日系メディアと芸能
―― 楽団・歌手・レコード・訪布芸能人

戦前の黄金期

　ハワイは戦前・戦後に日本の歌を歌う歌謡バンド（楽団）ができたけど，大きな刺激となったのは，日本語ラジオ放送と日本もののレコードが入ってきたこと，それと素人競演会というアマチュア・コンテストのふたつで，それによりバンドができ，シンガーがたくさん出てくるんですよね。そして戦前の黄金時代，戦後の黄金時代が出てくるわけですよね。だからアマチュア・シンギング・コンテストというのは1つのチャプターとして，日本語の芸能界には欠くことのできない大きなエレメントになるわけですよね。それが今はカラオケ大会になってるでしょ。

　戦前，西川徹[1]というのが1928年に初めてハーモニカのバンドを作るんですよね。これがオーケストラに発展するんですね。自分のマンドリンの弟子を中心にして，今度はそれをギターにして，プレイヤーとシンガーを集めて日本絃楽団[2]というのを作るんですね。20ピースくらいのバンドだったよね，あれ。ハワイで初めてできた本格的な日系バンドです。

　1930年頃には，藤原義江[3]がしょっちゅうハワイをベースに独唱会を開いてはアメリカやヨーロッパに出かけるようになったんですよね。ハワイに来れば，日本人だけじゃなく外人のファンも付いていて儲かるから。（楽団は）そういう会の伴奏をやっていた。で，（藤原は）儲けたお金を小遣いにして，ニューヨークに行ったり，またはヨーロッパに渡ったりするわけですよね。彼がハワイに来るとね，日本絃楽団が伴奏していた。ただみたいなもんで，奉仕ですよね。助けて伴奏してあげただけで，協力しているんで，お金じゃない，という時代もあるわけですよね。バンドのメンバーは全部アマチュアで，ほかに本職を持って，余暇に音楽活動をやってるわけですね。

　1934年になると，沖縄のウルマ青年会[4]が音楽部を作るんですよ。帰米二世の中で音楽の趣味のある者を集めて，ウルマ音楽団を作るんですよ。作ったのがフランシス座波[5]と上原正次[6]。座波がリーダーで，正次がファイナンシャルのほうの世話を見てマネージャー。2人でこれをやるんですよ。1934年から

図4-5　1928年に設立された日本絃楽団。前列中央西川徹，前列右端武井輝［田坂コレクション］

だね。上原正次は二世，ハワイ島のペペエケオで生まれた二世ね。帰米ではなく，戦前ここで勉強して育った。座波も二世だが，少年時代に2年か3年ぐらい沖縄に行ってたことがあるんでね。だから沖縄の三味線（三線）が使えるし沖縄の歌も少し残してるわな。

　その頃，上原正次の兄さんがワイキキビーチにスマイルカフェという大きなカフェを持っててね。これはもう芸能人だけじゃなくて，アメリカからの観光客とか，ベースボールプレーヤーとか，いろんなメジャーリーグ・クラスの人が来て，あそこがヘッドクオーターのようだった。で，ホノルルのスポーツライターなんかが，あそこに行けばいろんなメジャーリーガーとか有名な人に会えるというので集まって来て，すごく栄えたもんですよね。それで1937年に

なると，ここがスポンサーになって，ウルマ音楽団を発展解消してスマイルオーケストラを結成したんですよ。これが戦後になってハワイ松竹になります。
　スマイルカフェは，のちに道路拡張で，その場所を取られちゃったもんだから，お金もらって，今のアラモアナショッピングセンターの入口あたりに移ったの。ケアムク（ストリート）の（山側から見て）右のほうの角，今銀行になってるわな。そこのカピオラニ（アヴェニュー）から裏のコナストリートまで，通しでずっと持ってた。
　大きなロットで全部持ってたの。前がレストランで，裏がパーキングだった。コナストリートまで続きだったんでね。ところがアラモアナショッピングセンターが1959年にオープンして，そこも取られて，兄さんは引退してスマイルカフェがなくなった。それで弟の正次は自分でケータリングの仕出し屋をやるんですね。ずっと2年前（1999年）までやってた。
　このスマイルオーケストラが戦後再結成されてハワイ松竹[7]になるんです。こんな風に松竹のルーツは戦争前からあったけど，さすがに戦前のことは知ってる人ほとんどいないです。ウルマ（音楽団）なんか知ってる人ほとんどいないからね。1934年からだから，もう60年，70年経っている。僕らぐらいしか知らない。僕は1949年ごろからラジオのほうやって歌謡番組を持ってたから，レコードも全部持ってるし，ずっと松竹ともつきあってきた。あれからずっとだから，正次とやってきたのは，もう52年だもんな。
　戦前は，日本絃楽団やスマイルオーケストラのほかにも，新興絃楽団[8]や大和音楽団（クラブ二世[9]の前身）なんかがあって，第1期黄金時代[10]だったな。

戦後の発展

　戦争中は（ハワイはアメリカの軍政下にあって）日本人の団体活動はできなかったし，日本の歌を演奏したり歌ったりなんてとてもできなかった。戦争が終ったあと，1945年の秋ごろから46年の初めにかけて，戦前のバンドが復活して稽古を始めるんですよね。46年ごろから自分たちでショーをやったり，いろんな資金募集のために出演したりしてるね。そうすると人気のあるものにはいろんなパーティー情報が入ってきますね。それで今度30，40というように雨後のタケノコのようにバンドができた。多いときには，ハワイ全島で全部で

50あった言うんだからね。といっても小さいものはね，自分のメンバーの縁故者のパーティー（での演奏）ぐらいなもんですね。

　というのは，戦前からですけど，戦後は特に結婚式はみんな料亭で開かれましたからね。中流以上の人は全部，料亭で結婚式をあげる。46年からもう料亭でやるようになったね。あのころはまだ日本料理屋が10くらいあったから，そこでやるでしょう。はじめは一式で，新郎新婦の紹介とか，仲人のあいさつとかで最後は万歳になる。それで一式が終わると，あと1時間か1時間半は二式になるんですよ。するとお客さんからのど自慢の飛び入りが出る。そんなわけで，二式は全部，雇われた日系二世のバンド，楽団が仕切るんですよ。バンドが入って演奏して，伴奏できる歌は伴奏する。向こうも伴奏付けてもらいたいから，バンドが演奏できるような歌を選んできて歌いますよ，だいたい歌うやつは決まっているのよ。まあ，そんなふうにずっとやっていくんですよね。だから日系バンドが50もできるんです。もちろんハワイ全島ですけれども，ホノルルだけでも大小合わせて30ぐらいありましたからね。

　バンドがもらうギャラは1晩最高で50ドル，100ドルくらい。小さいものは25ドルとかね。バンドといっても，プレーヤーが5，6人，シンガーが5，6人。全部で10人くらいになりますからひとりはなんぼにもならないよね。松竹なんかは特に大勢だからね。で，ほとんどのバンドは，みんなに配らずに貯めておく，クラブのジャックポットにして，とっとくわけですよ。それで楽器を買う，ユニフォームを作る，あるいはスタンドを買う。前にこう置く，マイクの付いたスタンドね。ほかにトランスポーテーションフィー（transportation fee・交通費）とか，慰労会でご飯食べて飲むとか。いろんなことのために貯めておくんですよ。5年くらいしてだいぶ貯まると，観光団で日本に行ったりするクラブもありました。

　こないだ，クラブ二世にいた（ハロルド）笹原というのに逢うた。わしがかわいがって大きくしてやったので恩にきとる。これはあのころ，どもくり（吃音）なのよ。どもくるけど，歌うとどもくらないの。皆でどもくり，どもくりって言いよったけど歌を歌うともう上手だったよ。マウイに行ったけどね。まだ20歳そこそこだった。島袋の4兄弟なんて4人ともクラブ二世の専属だったんだから。テッドが一番上。順にテッド，ジョージ，エルマ，アイリス。下ふ

図4-6 2,000人以上を収容したマッキンレー高校講堂［田坂コレクション］

たりは女の子ね。これ兄弟十何人おるんだから。皆，歌上手だけど，バンドで歌い出したのはこの4人。

戦後すぐは，いろんな難民救済のショーもやってましたけど，（『ハワイタイムス』1948年9月2日付の新聞広告[11]を示しがら）このクラブ二世のショーは，もう超満員ですよ。太いもんですよ，日本難民救済だもん。ララ[12]だから。会場のマッキンレーハイスクール（高校）講堂は2階席まで全部入れて2,000人は入るよ（図4-6参照）。入場料は1ドル20セントなので，それだけでも，2,000ドル，2,400ドルぐらいになりますね。

それでも出演者全部，出演料はただ。少しの衣装代ぐらいくれただろうけどね。会場代引いても，たぶん2,000ドルぐらいは残った。今のお金にすればその10倍くらいかな。まだ50年そこそこしか経っていないから，60代，70代

の人はこのショウのことを知っていると思うよ。歌ってた人もまだ生きてるし。

みんな仕事持って余暇にやっていた。夜とか，土日とか。みんなメカニックとかセールスマンとか，いろんな仕事持っているんですよ。どこまでもアマチュアベースだった。カカアコにハワイアンホストに次いで大きな，日本人経営のメネフネ・マックというマカデミアナッツ・チョコレートの会社があったが，これなんかはオーナー，ボスが趣味でドラムたたいてたからね。ほかには，保険屋をやりながらバンドやってる人とかもいたね。

大きいところ，ハワイ松竹とかクラブ二世なんかは，日本から来た歌手の伴奏もやりましたね。1950年，51年ぐらいから日本の芸能人が（ハワイへ）来るが，こういう人たちの伴奏は全部ハワイのバンドがやっていた。ハワイ松竹はひばりの演奏をやっていたし，クラブ二世は古賀（政男）さんのショーを全部やってた。それぞれ交替でやっていた。あの当時は，日本から来るのは歌手だけでバンドまでは連れてこないからね。

だから松尾兄弟の松尾興行[13]は，1950年に松本伸という日本のナンバー1のサックスプレイヤーと，渡辺弘というナンバー1のアコーディオンプレイヤーを1年間ハワイに呼んで飯食わしていた。松尾興行が呼ぶ日本の芸能人の演奏をするバンドを訓練してやりおったんです。1年間ここにおったからね。

そんなふうにしてやっていて1946年から1955，1956年までが全盛でしたね。

マッキンレー高校講堂

KGU[14]の日本語放送がオープニングのときは，マッキンレーハイスクール（講堂）に1,500人のお客さん集めて，開会式をやって実況放送しているわけね。そのときに松竹オーケストラが全部伴奏を務めていた。その日本語放送再開のときの番組は『松竹メロディー』という名前を付けているわけね。おめでたいという意味があるんだよ，松竹はね。わしは日本におったからそのいきさつは全然知らないけどね。

マッキンレーハイスクールは2階席もあって，下が1,200人なんぼか，上1,000人近く，全部で約2,100人と僕は覚えているけど。まあ全部見えるところだけ入れたって（2,100人くらい）入ると思うよね。

あそこは昔から，日本から来た芸能人のショーによく使われていた。それは

（市街）電車のせい。昔は（主な交通手段は）電車だったから。停留所の真ん前で街の中心でしょ。マキキ，マッカレー，モイリリ，カパフル，カリヒは日本人の区域で，そこから電車ですぐ来れる。それに1,000人，2,000人くらい入るほどの講堂は他にはないもんね。

ファーリントン（高校）は1939年ごろできたけれども，カリヒのほうだからもう場末でしょう。どちらかといえば，マッキンレーからワイキキ寄りのほうは，中流住宅地帯でしょう。ファーリントンのあるカリヒは下層階級が多く，目の前がもう低廉住宅だもんね。一番柄の悪いところで比島（フィリピン）人が多いし，ハワイアンが多いね。

歌謡ショーなんかで使うときでも，日が空いとれば（高校が使わない時は）いつでも貸してくれる。最近はNBC（Neal Blaisdell Center）[15]ができたし，マミヤ講堂もできたでしょ。カイムキハイスクールも今講堂持っているから，前ほどあそこ（マッキンレー）でやらないわな。

使用料は，まあいくらか払うけど，たいしたことはない。ただ音響効果が悪いのよ，マッキンレーはね。上はガラ空きだからね。

古賀政男が1952年に来たときにはマッキンレーの講堂が超満員だからね。押し合いへし合いで2階もお客さんでいっぱいになって，ガラス窓が壊れたんです。ひばりもマッキンレーハイスクールが超満員だったね。

美空ひばり

ひばりはシビック公会堂でやって，お客さんが入りきれないから，さらに3日間マッキンレーハイスクールでやった。それでも入りきれず日延べして，またあと二晩カワナコアスクールでやっているんです。

で，今度は各島を1カ月近く回るんですけどね。というのが（日系人部隊の）100大隊主催だからね。100大隊は1946年に凱旋して来ている。100大隊のおかげで日本人は大きな顔ができる，という気持をみんな持っていた。あいつらがよくやってくれたから，（アメリカへの）忠誠心を示してくれたから，日本人の立場が良くなるって思っていた。フォー・フォー・ツー（442連隊）はそう問題にしないけど，100大隊にはみんなが感謝していた。

フォー・フォー・ツーより人気があったね，100大隊は親だから，兄だから。

図 4-7　美空ひばり公演時（1950 年）のパンフレット［田坂コレクション］

それに徴兵だから。フォー・フォー・ツーは，ボランティアで志願兵だったんですね。100 大隊は 1940 年の徴兵で取られた人で作られた。はじめは国民軍の 298，299 大隊でカネオヘに駐屯してたわけなんですが，戦争になって一時

は武器取り上げられるんです。で今度,スコーフィールドに行って100大隊になり,次にアメリカに送られて,そこで訓練を受けて戦場に出て行く。そのあとフォー・フォー・ツーができる。フォー・フォー・ツーはあとから志願兵の戦闘部隊として行ったんですね。100大隊がもう先に(戦場に)行っていた。

その100大隊が(終戦で帰って来て,自分たちの)会館を作るというので,資金募集に(美空)ひばりを呼んだわけですよね。その頃は,まだトップスターというほどではなかった。(ひばりは)こちらが選んだというよりも,むしろ福島(通人)というマネージャーの手腕みたいですね。やり手がおったんです。そいつが動いているんですよね,日本で。こいつが売り込んだと思うね。誰が橋渡しをしたか知らんけども,日本に進駐しているハワイの日系二世かなんかが間に入ったんでしょうね。

古賀政男のときは徳永という男が間に入っていた。徳永は日本に進駐しているときに古賀政男について弟子入りして歌を習っていた。中尉ぐらいだったかな。あれが除隊になって戻って,橋渡しをして公演が決まった。そして服部良一ショーは松尾が呼んだんです。たいていはプロモーターが後ろについているんですよね。まあ,いろんな伝手(つて)でしょう。

100大隊も,ひばりがこんなに当たるとは思っていなかった。だけど,ひばりのせいで,そのあとの服部良一と笠置シヅ子のショーに客が入らなかった。服部というのは,あの『青い山脈』を作った(作曲)やつ。服部と笠置シヅ子が(1950年)6月に来るのは分かっていたのですが,その前に(ひばりが)彼女のレパートリーを全部歌っちゃったんです。そのため,笠置シヅ子がハワイであまり当たらなかった。日本から芸能人が来るとほとんどはお客さんは入ったけど,入らなかったのは,服部と笠置が初めて来たとき。フラット(flat 不振)だったね。

それはもう当たらないよね,ああいう歌をちっちゃい12歳の女の子が全部やって,人気取ってるでしょう。だからもう,ほんとうに(笠置シヅ子は)お客さんが入らない。もともと,ひばりが(日本を)出るときに,笠置と服部良一が「私たちが後で行くんだからブギは歌わないでくれ」と福島なんかに約束取って,福島も一応それをお受けしてたけど,100大隊がそれを無視してひばりに歌わせたんだよね。100大隊だから無理が通った,普通だったら通らな

いよね。まあ100大隊も，それで会館を建てられた。

　仕方ないから，アメリカ（公演）に行って帰るときに新しいメンバーを加えて，またハワイに寄った。大津お万小万の漫才や，宮川玲子，桧山さくらを加えて，李香蘭つまり山口淑子も入れたしな。そういったいろんな人を入れてリターンショーをやって，一応の成功を収めるんですね。強力なメンバーでやって，まあなんとか入った。李香蘭はもうイサム・ノグチと結婚してたね[16]。メインランドから来た。

「ハワイ珍道中」

　「ハワイ珍道中」[17]という映画で，若いころの江利チエミが歌うシーンがあるけど，演奏してるのはハワイ松竹。チエミ（の演奏）は松竹が担当した。あの映画のロケのときは，あと田端義夫，花菱アチャコ，堺駿二，バンジュン（伴淳三郎）なんかが来てた。それに監督の斎藤寅次郎。1週間ほど国際劇場でショーもやった。

　こいつらとここのやつらと大球[18]試合なんかもやってね。ぼくらも応援しに行ったことあるけど。（映画の撮影隊は）小林（旅館）に泊まっていたね。小林は前のほうに旅館があって，後ろに離れがあったんですよ。あずまや（東屋）風なね。田端は裏から出入りができるように，そこにいた。友達がローカルの二世のガールフレンド5，6人を紹介した。その中のひとりと恋仲になって，日本に連れて帰って結婚して，子供まで生まれたけど，そのあとその女性と別れたよね。別れた後（母子はハワイに）戻ったという話だね。

　その女性は，わしの日本学校の教え子だった。物産問屋の娘で旧姓は妹背いうてね。リバー（ストリート）で玉突き屋もやってた。カイムキのほうに，今新しい病院になっているレアヒホームがあるだろう，昔の肺病病院。あの近くに住んでた。すらっとして美人だったよ，田端よりも背が高いぐらいで。

　わしの友達で精々堂の山県（秀夫）いうのが，田端の友達でもあったのよ。田端が来たときに，アメリカのギターが欲しい，欲しい言うから，山県がアメリカ（本土）から一番いいマーティン・ギターをあれに取り寄せてやったのよ。

　山県はうちの兄貴夫婦らとも友達だから，日本に行ったときに兄貴夫婦を紹介したのよ。そのころ田端は岡晴夫，小畑実と並んだ三大スターだったわけよ。

そして休みなしに巡業，日本全国回るでしょう。いちいちホテルに泊まったら面倒くさいから，兄貴はいすゞ（自動車）の重役だったので，何万ドルというお金を出して移動用のバスを頼んだのよ。特別注文だよね。ベッドからキッチンから便所から全部揃っていた。だから何万ドルもするよな。あのころな。兄がいすゞに作らせて，それで日本全国移動しよったの。そういうようなことがあるから（兄は田端の）結婚式に出ていた。
　田端ほどハワイのためになった男，いないんですけどね。連協（ハワイ日系人連合協会）にずいぶん入れあげてやってね。連協のためにわざわざ来て，無料で連協の基金募集なんかやっていた。今の連協の人は若いから知らないけど，できたころの連協に来て，ただで歌ってやるだけじゃない，連協の記念誌なんか1ページ広告を自腹切って出してやってるんですよ。
　田端はわしも戦争前から好きだったからね。いつかあれ（田畑のこと）も書きたいと思って資料だけは集めとるんだが，なかなか，月に1回，2回じゃ書ききれない[19]。体が，体力が持たない。あんたみたいにしゃべったものを，こんなふうにテープでも入れて残してくれればね。

クラブ十字星

　クラブ十字星というのがあったけど知らないだろうね。今度「思い出の記」[20]に書きますけどね。クラブ二世とハワイ松竹は肩並べていて，僕は両方の司会やって関係持ってたから，代わる代わるラジオに出しよった。で，僕はこの中のいいやつを，松竹とクラブ二世から5人ほど選んで，クラブ二世が多かったけど，ハワイのトップクラスを6人を自分で抱えてたの，クラブ十字星という名前をつけて。
　メンバーは，松尾兄弟が1950年にやった国際劇場の素人競演会の全島大会で1番になったロイ住田。それから51年の1番になったノーマン西本信男。50年，51年とランナーアップ（runner-up：次点者，準優勝）だったジョージ島袋。『銀座カンカン娘』の海賊版の歌を歌って，ものすごくヒットしたジェーン板井。高峰秀子よりもこのほうがハワイで大流行したの。服部良一が1950年にハワイに来たけど，あの頃は日本からはウェーキ（Wake Island）に一度降りて，給油しなければならなかった。その島の給油所におったら『カンカン娘』の歌が

流れてきたのね。「自分が作った歌がなんで流れているんだろうかと思って聞いたら，ハワイで私の歌の海賊版が出てて，ハワイの二世が歌っておるんだと思った」という（服部良一の）思い出話がありますよ。これがジェーン板井といって，ナンバーワンの歌姫。そしてもうひとり，僕の日本語学校の教え子で，小さいときからかわいがっておったスパーキー岩本ね。最後のひとりはクラシックを歌うフローレンス大谷というのがおった。全部で6人。

　僕がマネージャーで，それにピアニストの女性，山口操。この人は戦争花嫁で早く来たんですよ。来る前はコロンビアの専属ピアニストだったんです。主に淡谷のり子の歌を伴奏してたんです。来たときに，その話を聞いたもんだから，ハリス楽器店のハリス吉岡と松竹の上原正次と僕らが相談して，カイムキのハリスミュージックストア（楽器店）の裏に家を借りてピアノスタジオを開けさせてやったの。僕がラジオでどんどん宣伝してやる。弟子のピアノ（演奏）なんかもラジオで出したり，録音したりなんかしてた。松竹の専属ピアニストにもなるしね。そんな関係がずっとあったもんだから，僕が頼んで，新しいレコードをすぐ採譜してもらった。プロだからね，1回聞けばすぐ（音符に）できた。

　僕はこれらを抱えて，KHON[21]からKGU，KIKI[22]にかけて，ずっとクラブ十字星を生番組で月に一遍出してたの。ラジオでスタジオからの生放送。スタジオでピアノ弾いて，スタジオのマイクで歌うの。これをずっと続けたんですね。クラブ十字星は1950年にはもうできてたんです。そのとき「パラダイスメロディー」というのを毎週サンデーの晩7時から8時まで1時間，KHONでやってたの。KHONには15ピースのフルバンドが入るスタジオがあってアラワイ運河のところにあった。あとでKPOA[23]になるけど。毎週サンデーの6時から7時までスポーツニュースで，7時から8時まで「パラダイスメロディー」。僕，毎週サンデー2時間KHONでやってた。

　そして1951年に僕はKGUに1年契約で行く。そのとき「パラダイスメロディー」を持ってKGUに入ったの。で，52年にKIKI（の日本語番組）を開けて（開始して），そこにもまた「パラダイスメロディー」を持っていった。ずっとクラブ十字星が付いてくるわけ。

　「パラダイスメロディー」では月4週あると，第1週は松竹，ハワイ松竹オー

ケストラ。第2週がクラブ二世オーケストラ。第3週がクラブ十字星。第4週はヒットパレードというのをやってた。ヒットパレードは日本とハワイの歌を集めてベスト10をやるんですよね。なぜやったかと言えば、日本語放送が1947年に始まる前、僕はしょうがないから白人の英語の放送を聞いてたわけですよ。その中に、終戦直後から、ラッキーストライク（Lucky Strike）という有名なたばこがスポンサーの「ラッキーストライク・ヒットパレード」を1週間に一遍やっていたんですよ。その番組、トップ10の歌を1番から順番にかけていくんですよ。それを聞いてたから、これを日本語でやろうと思って、まずレコードを日本から取り寄せることから始めて、日本語の（歌の）ヒットパレードをハワイで初めてスタートしたの。ただ僕は逆に10番からかけていった。日本のヒットパレードなんか僕らよりずっとあとの話なわけですよ。ただレコード集めるのがおおごとでしたよ。

それをずっと繰り返して、毎週サンデーに1時間、3、4年続けたね。（第4週がヒットパレードなので）月に1週間空くから、クラブ十字星引っ張って来て山口さんに任せて、新しい歌、新しい歌を（覚えさせて）どんどん発表してったんですね。それで新しいレコードというか歌をはやらせていったんです。

その後、競演会に勝ったときにノーマン西本とジョージ島袋は、賞品として日本行きの往復切符もらうんですよ。それで日本に行ってコロムビアかビクターで録音するんですが、西本と島袋は認められてコロムビアの専属で残るんですよ。それで日本に行ったままになったから（クラブ十字星は）自然消滅になっちゃった。

ハワイのレコード会社・日系二世の楽団

あのころはハワイでもレコード作ってましたね。ああいったハワイで作ったレコードは1,000単位では売れてるね。特に「安里屋ユンタ」なんて、ものすごい数売れた。

イオラニスクールのところの空地にベルレコード（Bell Record）のスタジオがあったんです。陸軍の兵舎のあとを改造した建物で、そこにはKPOAも一時おったことがあるんです。今はイオラニスクールの一部になったよね。

ハワイでレコードを作るのは、金もうけじゃないんだよね。松竹は初めだけ

ベルレコードとちょっと付き合ったけども，そのあと自分でトロピックレコード（Tropic Record）という会社を作ったんだ。上原正次兄弟が金を出して，そこで（ハワイ）松竹の歌を全部吹き込んでるよ。2, 30 枚あるかな。そのときにこれらの作詞作曲の多くをやったのが，前に言った松本伸と渡辺弘のふたり。1950 年ごろに松尾兄弟がこのふたりを呼んで，日本から招聘する芸能人のショーのために，一年間ハワイに置いておいといたわけなんですね。

　彼らは時間が余ってるから松竹のオーケストラや歌手を指導していた。両方とも作詞作曲ができるから，松竹がトロピックレコードに吹込むときには，ふたりが共同でやって，名前は出さずに松竹オーケストラの製作ということにして，たくさんのレコード残してますよね。名前は出てないけども，トロピックレコードの松竹の歌は，ほとんどこのふたりが合作でやっているわけね。

　日本もののレコードはベルとトロピックで作っていたけど，ベルは日系人でなく，ほかの人種がやってたね。日本ものよりもハワイのものが多かったんじゃないかな。日本ものはトロピックが多いね。ベルは，松竹のオリジナルよりも，戦前・戦時中に流行った日本の歌謡曲や民謡なんかを松竹のシンガー，松竹の伴奏で作らせていた。上原敏の歌とか「鹿児島おはら節」とかね。

　こうしたレコードの歌手や演奏は，プロというより，まあアマチュアだね。ほとんど全部が仕事持って余技にやってたんだからね。プロもおったことはおった。バイオリン弾いてたヘンリー与儀なんかは，そのころのホノルル・シンフォニーで第 1 バイオリンを弾いてた。プロのバイオリニストだったわけですね。それが，好きで松竹を応援してたわけね。

「別れの磯千鳥」とフランシス座波

　「別れの磯千鳥」[24]は日本でもけっこうヒットした。作詞は福山たか子になってるが[25]，あれは座波が日本で知りおうた，音楽で知りおうたガールフレンドなんだよね。ハワイに帰るのでふたりが横浜の港で別れるとき，別れの詩を座波に送ったのよ。それにあとで座波が曲を付けたのよ。（福山は）東京の女子大生だったけど早く死んだらしい。恋人同士だった。それを座波が死んだあと，いやあれはわしが作ったとか，わしが作って座波にやったとか，いろいろのが出てくるわけよね。

日本では近江俊郎が最初に歌ったけど，あれはね，1950年に古賀政男がハワイに来たのがきっかけよ。そのときに古賀政男をここで世話した人（藤原実）が自分のハウスに古賀政男一行を呼んで歓迎会してやったのよね，ここの音楽関係者なんか呼んでね。そのときに座波の話をしたわけよ。というのがその人の子どもらが座波の作ったバンド（寿音楽団）に関係してたからね。
　座波は，ちょうどその前の年に死んだのかな。だからその話をしたわけよ。「そんな若いのがおって歌を作ったけど，もう過労のために腎臓患って亡くなってしまった」言うて歌を聞かせてやったら，古賀さんが喜んで「いい歌だ」言うてね。そして「わしが日本に帰ってすぐ，コロムビアに言って日本で発売さすから」というので，自分の一番弟子の近江俊郎に歌わせて，自分がコロムビアオーケストラを指揮してコロムビアから1951年ごろに発売するのよね。そしたら日本で評判になってね。
　で，レイモンド服部[26]がNHKに働きかけてNHKでやったわけよね。そしたらそれが各レコード会社の競作になっちゃったの。そして全部で25人[27]の日本のシンガーがあの歌をいろんなレコードに吹き込んでいるわけよね。「磯千鳥」ブームが湧くわけなんだよね。
　座波は結婚しないで亡くなったけどギョールフレンド（ガールフレンド）がようけおった。ええ男だからね。もうハンサムボーイで，沖縄に似合わん，白人のようなきれいな顔立ちしてるの。だから女が放っとかんのよ，女のほうがもうこびりついたから。別れ話でもめると（上原）正次が出て行って処理していたね。
　「安里屋ユンタ」も座波が流行らせた。戦前にも「安里屋ユンタ」を歌う人はおったけども，レコードはなかったからそう普及はしなかった。終戦後トロピックレコードをやったときに，座波が編曲した「安里屋ユンタ」を，真栄城お豊さん[28]という沖縄音楽の歌手が歌って，ものすごい数売れたんですよ。これが一番のヒット曲ね。「別れの磯千鳥」も出た（売れた）けれども[29]，それよりも多かった。
　そして「安里屋ユンタ」が盆踊りに出るようになった。「岩国音頭」とか「佐渡おけさ」とか「相馬盆唄」とか，岩国と新潟と福島が盆踊りの中心だったけど「安里屋ユンタ」が入り込んでくる。必ずどの盆踊りでも「安里屋ユンタ」

の踊りが必ず出るようになるのね，いい歌だもんね。「岩国音頭」なんかは，本当の音頭ものだから長くなりますよね。だけど「安里屋ユンタ」は歌謡，民謡的なもだから，そんなに長くなかった。

復刻 CD

最近（2000年）復刻版のCD[30]が出たけど，最初のクラブ二世は売れたの。だけどナンバーツー（「CLUB NISEI ENCORE（クラブ二世アンコール）」）は売れない。最初は1万5,000ぐらい出たけど，ナンバーツーが出ない，同じシンガーでも歌が劣ってる。

向こう（製作者側）は柳の下のどじょうでいったわけよ。だけど1万が売れたかどうか。そのおかげで（2001年）8月に松竹を出す予定だったけど出せないのよ，クラブ二世が売れんからなの，売れ残ってるから，ナンバーツーが。今出したら，もう松竹のほうが新しいので，クラブ二世のナンバーツーはますます売れないだろうね。9月に出すといっているけど，10月になるかも分からん。メインランドで作っているんだけど，松竹のレコードはみんな僕のレコード・コレクションから持って行った。

松竹の今度出る分はね，ほとんどうち。僕のをひと箱持って行った。CDももうできとるのよ。クラブ二世のナンバーツーが売れないから。あれを今出したら，もう売れないわな，松竹に飛び付くからな。松竹も出してみないと分からんが。

日系楽団の衰退

1950年ごろは（日系楽団が）50近くあったけど，そのうち，小さいものはどんどん自然消滅していって，有力なものだけが五つ六つ残って，これが60年ごろまで続くんですね。ところが，その60年頃から，ユニオンが制限してくるんです。（それまで日本から来た歌手の伴奏は）ほとんどアマチュアバンドがやってたけども，ユニオンのセクレタリーやってたレイ田中というのが，自分で日本の仕事を取りたいもんだから，ユニオンに入らなければ日本の芸能人の演奏ができないようにしてしまったんですよね。それでもうアマチュアベースのバンドが完全につぶされるわけですよね。まだレイ田中，生きてますよね。

こいつが全権持ってて移民局も押さえてたから。そしてビザ発給の要件として，ハワイに来て演奏を頼むときにはユニオンバンドを使うという規則を作ったわけですよ。このユニオンレートの高いこと。松竹なんかがやってた頃は50ドル，100ドルぐらいでね。名前だけ出して，重要なシンガーの伴奏を務めた（という）プライドだけで弾いてたわけですよね。松竹なんか宝塚の伴奏までしてるんですからね。だからそういうふうな時代だったけど，レイ田中というのが握り取ってしまって，あれで完全に腰を折られるわけですよね。こいつは二世で，弟の女房が三味線のT（第2部第17章　ナイトクラブ 参照）。

　そんなわけで，最後まで残ったのが松竹。クラブ二世はロバート小島[31]というリーダーが亡くなって，それでもう自然消滅ね。その前には千鳥という大きなのがあったけども，これもリーダー（チャールス三村）[32]が亡くなってなくなるね。一番大きなのがハワイ松竹とクラブ二世で，その次が千鳥というのが一番ポピュラーだったのね。女の子だけのオーケストラ，ハワイ少女オーケストラいうのもあったんですよね。

　松竹が，古くて長くて最後まで（続いた）。そして一番メンバーも多かったしね。ハワイ松竹オーケストラでバイオリンを弾いてたヘンリー与儀というのが，きのうの朝死亡欄に載ってた[33]。80（歳）でね。この人は47年ごろ松竹に入ったんだ。このヘンリー与儀というのは，その頃ホノルル・シンフォニーの第1バイオリンを弾いてたの。与儀は沖縄つながりで（入っていた）。座波，上原正次は沖縄グループだから。

ハワイの歌，歌詞

　戦後のハワイの歌をやろう（書こう）と思ったんだが，戦後だけじゃ全然駄目だね。戦前からやっとかんとな。戦前は，日本からあんたがたが知らないような，文人墨客がものすごくたくさん来ている，有名な学者とか。それで詩や歌がね，漢詩[34]なんかが残ってるのよ。いろんな人がここ通るでしょ。そしてハワイの詩を残してるのね。

　1928年，琵琶湖の近江八景に倣って，『日布時事』がハワイ全島で「布哇八景」[35]を募集したんですよ。懸賞募集して，ハワイ八島の代表的な名所を全部こしらえたんですよ。

マウイ島ならハレアカラね，ハワイ島ならキラウエア，オアフ島ならヌアヌパリとか。1つの島に1つの名所を作って，これを「布哇八景」にしたわけですよ。その後には「布哇八景」をテーマにして，歌の募集をして「布哇八景」の歌ができてるんです。そして，これを武井輝[36]という人が作曲して，劇場で発表会をやってるわけなんですね。こんな歌なんか誰も知らないから，今のうちにね，残しておこうと思ってる。だから，戦前編と戦後編に分けて，戦前編を2回くらいにして，戦後編をあとにしようと思ってね。

　ただレコードはないね。レコードはないが，音符（譜面）は僕は見たことがある。武井輝というのはテナー歌手で日本絃楽団のリーダーだった。そして，この人は日本各地をテナーで巡業して歩いたこともある。しまいは，ラナキラパークの沖縄シチズンクラブ（Lanakila Multi Purpose Senior Center）の前でお菓子屋さんやってたよ。ハワイ生まれのハワイ育ちの二世だったと思うね。あの人が作曲して，自分が発表会で歌ってるんだね。こんな歌なんか残しといてやりたいしね。

　それから，磯節[37]というのがハワイで一時はやったことがある。日本もはやったけどね。それでハワイの島を歌った磯節ができてるんだね。こんな歌なんかも，残してやりたいし。それから暁烏敏という坊さんが残したハワイ数え歌[38]というのがあるんだよね。「ひとつとせ」とね，20番まで移民の苦労を全部歌い込んである。こんなのも，誰も知らんから。こないだ，ひとつとせから，五つまでちょっと書いたことがある。そしたら読者から手紙が来てからね，五つで止めずに，全部載せてくれないかいうて注文も入ったぐらい。だからハワイの歌として，戦前編で残しておいてやろうと思って。

　あと戦争前，杉狂児と星玲子が出てた「恋愛布哇航路」[39]という，ハワイロケを最初にやった映画があったけど，あれには歌はなかったね。あの映画は，僕が観たのは，たしか，ここへ来てからだったと思う。1938年ごろじゃないかな。あれは，ものすごくハワイでも当たったね。ここにロケーションに来たからね。

　ただ，あの頃日本の目はハワイじゃなく満洲，シナに向いてたから，ハワイじゃないから。もう日支事変（日中戦争）の頃で，日本は満洲進出の時代だから。歌としては「蘇州夜曲」や「支那の夜」，それから「麦と兵隊」「土と兵隊」と

か，そんな歌でしょ。それもあって歌まではなかったんじゃないかね。

戦後でもあんたらの知らない歌，たくさんあるもの。日本の人が歌っているハワイの歌だけで30くらいあるけど，ほとんどの人は「憧れのハワイ航路」しか知らないからね。

ただ皮肉なことはね，ほとんどの一流の歌手はハワイに来てるのに，（「憧れのハワイ航路」を歌った）岡晴夫だけハワイに来てないの。田端（義夫）は来ている，小畑（実）も来ている，（美空）ひばりは何遍も来ている。岡晴夫だけ来れなかった。もうナンバーワンでスケジュールが365日いっぱいだから，ハワイに来る1週間，2週間が空けられないのよ。それに早く亡くなったし，人気も早く落ちた。

そのころ日本の芸能人にとって，ハワイ（公演）はいい仕事というよりも，ハワイに呼ばれなければ一流と見なされなかったんです。岡晴夫が，ただひとりの例外だったんですよ。

「憧れのハワイ航路」を作曲した江口夜詩先生は，1938年に世界漫遊をするときに，西條八十とふたりでハワイに来た。朝，船が着いて1日ホノルルを散歩して，ハワイを見て帰った印象が，あの「憧れのハワイ航路」になってるの。だから戦争前に見たハワイのイメージなんだね。岡晴夫の次の歌もハワイの歌で「ハワイ航空便」だけど，これも作詞が江口先生。

ほかにも，いろんな歌があるから。「アメリカ通いの白い船」[40]っていうのもあったでしょ。それから「パラオの真珠採り」を歌った人がおるのよね。瀬川伸という，今の瀬川瑛子のお父さん，あれもハワイの歌[41]，歌ってるよね。

「憧れのハワイ航路」の頃は，まだハワイは夢に見るだけだった。1948年いうたらまだ日本立ち直ってないから。ハワイに来出すのは東京オリンピックの頃からだからね。それまではドルを持ち出せなかったからな。オリンピックの頃に500ドルまではよくなって，それからだんだん増えてきた。

三葉会・さくら祭り

そして三葉会のことも，トピックスとして残しておかなきゃならない。三葉会は名取の人たちの集まりで，初代の娘とか弟子とかが引き継いで，今は三代目くらいのものが仕切っている。

この三葉会というのが，1953年から始まった桜祭りのもとになるんです。初めの頃は日本から（桜祭りに）芸能人を呼ぶだけのお金やツテ（手段）がなかったから，第1回，2回，3回ぐらいまでは全部三葉会が主になって動いておるんですよね。三葉会はそのときに，花柳啓之という東京の松竹歌劇団（SKD）の振り付け師だった人を呼ぶんです。その人に仕込んでもらって最初の桜祭りをやる。その後は，啓之さんの関係で，松竹歌劇団が来るんですよね。そしてこのSKDが桜祭りの呼びものになるわけですね。啓之さんは行ったり来たりして，ここの三葉会を盛り立てていくんです。そのうちに今度は宝塚が来るのね。1954年か55年ごろから，宝塚が続けて来るんですよね。

　江利チエミが桜祭りに来たこともあります。ほかにはイーストショーとウエストショーというのがあって，アメリカから来るのはウエストショー，日本から来るのがイーストショーでね。東西のいろんなタイトルを付けて，いろんなものをやってますよね。

注

1) 西川徹（1906-1991）。ホノルル生まれ。帰米二世。4歳のときに日本へ行き1926年ハワイに戻る。1928年日本絃楽団結成。戦時中ホノウリウリに抑留される。戦後はドールパイナップルでメカニックとして勤務するかたわら，のど自慢の審査員などを務めた。
2) 日本絃楽団。1928年ハーモニカを教えていた西川徹が門下生を中心に結成した最初の日系楽団。創立メンバーは武井輝，玉城長吉，松永正など。
3) 藤原義江（1898-1976）。男性オペラ歌手。父はスコットランド人，母は日本人のハーフ。浅草オペラの時代から活躍し「我等のテナー」と呼ばれた。1920年代から30年代にかけ，ハワイだけでなく，アメリカ，ヨーロッパなどで公演を行った。
4) ウルマ青年会。第2部第7章 沖縄からの移民 注10参照。
5) フランシス座波嘉一（1914-1949）。オアフ島パールシティー生まれ。沖縄系二世。10代のときに約2年沖縄で過ごす。ウルマ音楽団創立に参加し，以後スマイルオーケストラ，ハワイ松竹とリーダーを務める。作曲も手がけ「別れの磯千鳥」「愛しの門出」「AJA行進曲」などを制作した。
6) 上原正次（1916-2006）。ハワイ島ペペエケオ生まれ。沖縄系二世。座波と共にウルマ音楽団創立に参加し，スマイルオーケストラ，ハワイ松竹とマネージャーとなる。ミュージシャンとしても優れ，1938年度の素人競演会ではマンドリンとハーモニカを演奏し「器楽の部」で優勝した。
7) ハワイ松竹。スマイルオーケストラのメンバーを中心に新しいメンバーも加えて，1946年結成された。リーダーがフランシス座波，マネージャーが上原正次。クラブ

二世と並ぶ二大日系楽団のひとつで，美空ひばりや江利チエミなど日本から訪れた歌手の伴奏も務めた。
8) 新興絃楽団。1937年ハリー浦田実によって設立された日系楽団。戦争で活動停止となったが，戦後1946年1月復活した。浦田は小林五郎の芸名で歌手としても知られている。
9) クラブ二世。1945年末，ロバート小島によって編成され，翌46年3月28日，29日に初ステージを行った。ハワイ松竹と並ぶ二大日系楽団のひとつ。日本から訪れた芸能人の公演の演奏なども務めたが，1965年リーダーの小島の死によって解散した。
10) 第1期黄金時代。田坂氏は「ハワイ沖縄二世の芸能・スポーツ列伝 (8)」(『ハワイパシフィックプレス』1982年3月1日) の中で，戦前活躍した日系楽団として，他に元山絃楽団，桜絃楽団，ワイアルア楽団，ホノルル音楽団の名を挙げている。
11) 新聞広告。1948年9月2日の『ハワイタイムス』では，「日本難民救済基金募集音楽大会，日本人優秀歌手総出演。時日九月四日，五日午後七時半，場所・マッキンレーハイスクール講堂，入場料一弗二十仙・レザーブ席なし，早く御出下さい。主催倶楽部二世」と書かれ，出場歌手の写真とともに掲載されている。
12) ララ (LARA)。「Licensed Agencies for Relief in Asia」の略で，戦後日本に援助物資を送るため，アメリカに設立された団体。1946年から1952年まで，大量の衣料品，食糧品，医薬品などを日本に送った。
13) 松尾興行。第2部第6章 ハワイの相撲と水崎寅之助 注18参照。
14) KGU。ハワイで最初のラジオ放送局。1922年5月11日開局。日本語番組の時間もあったが，戦中は停止。戦後は1951年11月1日，日本語番組再開。
15) NBC (Neal Blaisdel Center)。ホノルル市が建設した，アリーナ，展示場，コンサートホールなどを備える文化センター。山手側のコンサートホールは2200席を有し，ホノルルシンフォニーのコンサートやアメリカ本土及び日本からの芸能人の公演が行われている。1964年にコンサートホールが竣工した時は，柿 (こけら) 落としに，日本から中村歌右衛門，市川猿之助らが招かれて歌舞伎公演が行われた。センターの名前はニールブレイズデル第8代目市長 (在職1955-1969) からとられた。
16) イサム・ノグチ (日本名 野口勇：1904-1988)。彫刻家，画家，造形作家などジャンルを超えた世界的アーティスト。父日本人，母アメリカ人。なお李香蘭 (1920-2014：日本名 山口淑子，のち大鷹淑子) は日中で活躍した日本人歌手，女優。のち参議院議員。ふたりの結婚は1952から1957年。
17) 「ハワイ珍道中」。「ハワイの夜」に続いて，戦後2回目にハワイロケを行った日本劇映画 (新東宝，1954年9月封切)。1954年6月から約2週間ロケが行われた。出演はアチャコ，伴淳三郎，田端義夫，江利チエミ。監督斉藤寅次郎。ハワイ滞在中には映画出演者による「実演ショー」も行われた。
18) 大球。ハワイではソフトボールのことを「大球 (だいきゅう)」と呼んでいた。
19) ラジオからの引退後は，『イーストウエストジャーナル』(月2回刊)，『ハワイパシフィックプレス』(月1回から2回刊) などに，移民史に関する連載を掲載していた。
20) 「思い出の記」。当時『イーストウエストジャーナル』に，日本人移民の芸能スポー

ツ史を中心に述べた「思い出の記」を連載をしていた。(2001 年 1 月 15 日より 2002 年 12 月 1 日まで全 41 回)

21) KHON。ハワイのラジオ放送局。1946 年 7 月 4 日開局。1947 年 7 月 27 日, 日本語番組開始。

22) KIKI。ハワイのラジオ放送局。1951 年 4 月 20 日開局。1952 年 1 月日本語放送を開始するが 3 月に終了。田坂氏の入社後, 1952 年 11 月 24 日, 日本語放送を再開する。

23) KPOA。ハワイのラジオ放送局。1946 年 10 月 17 日開局。1947 年 2 月, 日本の歌の放送を開始したのち, 同年 8 月 3 日, 日本語番組開始。

24) 「別れの磯千鳥」。フランシス座波作曲による日本語歌謡曲。ベルレコードから発売されハワイで大ヒットした。日本でも多くの歌手によって歌われた。

25) 福山たか子。作詞者については諸説があるが, 楽団関係者の間では福山たか子と信じられている。この間の経緯は『歌は波間によみがえれ』(南条岳彦, 講談社 1986) に詳しい。

26) レイモンド服部逸郎 (1907-1973)。日本の作詞・作曲家。1930 年代後半から 1960 年代前半まで数々のヒット曲を世に出す。別名服部逸郎。1930 年代のはじめハワイに滞在して音楽活動をしていた。帰国後の 1934 年 NHK のアナウンサー採用試験に合格しており (その後すぐに同局を退社), その際 NHK とのつながりができたと思われる。

27) 「25 人」。前記の『歌は波間によみがえれ』では,「別れの磯千鳥」のレコードを出したのは, 最初に歌った近江俊郎, リバイバルヒットさせた井上ひろしのほか, 美空ひばり, エセル中田, 由紀さおりなど総計 21 人としている。南條はハワイの歌手を含めていないので, 田坂氏の挙げた数は, 手島時子, スパーキー岩本などハワイの歌手を含めていると考えられる。

28) 真栄城お豊。オアフ島ワヒアワ生まれの沖縄系帰米二世。1933 年, 41 年と日本へ行き琉球箏曲を学んだ。1953 年野村流箏曲師範。豊争山会を主宰し箏曲と唄を教えた。

29) 「別れの磯千鳥」は, ハワイでの売上最上位のひとつだと見られている。「純ハワイ物では故フランシス座波氏作曲になる「別れの磯千鳥」が全ハワイで 15000 くらいでたでしょう」(『ハワイタイムス』1950 年 11 月 18 日)

30) 復刻 CD。クラブ二世, ハワイ松竹の歌を集めた CD が 2000 年から 2001 年にかけて発売された。「CLUB NISEI (クラブ二世)」「CLUB NISEI ENCORE (クラブ二世アンコール)」「Paradise Honolulu・Hawaii Shochiku Orchestra (パラダイスホノルル・ハワイ松竹オーケストラ)」の 3 枚で, いずれも発売当時のレコードを基にした復刻版。

31) ロバート小島安孝 (1922-1966)。熊本県生まれ。一世。1924 年 2 歳で来布。戦後クラブ二世のリーダー。死去後の 1966 年 6 月「追悼音楽祭」が日本劇場で行われた。この音楽祭には, クラブ二世が最後の演奏を行ったほか, 当時残っていた松竹, ホロホロ, 白樺, 千鳥, キングの各オーケストラが出演した。

32) チャールス三村実雄 (1920-1986)。ホノルル生まれ。日系二世。戦時中 442 連隊兵士として出征。戦後千鳥オーケストラのリーダーを務める。

33) 2001 年 8 月 27 日付の『Honolulu Advertiser』にヘンリー与儀の死亡記事 (8 月 19 日死去) が出ている。与儀は 1921 年マウイ島ハイク生まれの日系二世。

34) 漢詩。1915 年ハワイに寄港した曹洞宗の日置黙仙師が，ヌアヌパリを詠んだ漢詩を残している。
　　「断崖絶壁描けども成り難し
　　　満目の風光玉を削って清し
　　　古戦場頭感無からんや
　　　半山は雲雨半山は晴れ」
35) 布哇八景。1929 年『日布時事』1 万号記念で募集して選ばれた「布哇八景」は次の通り。ハワイ島のキラウエア火山，ハワイ島の椰子島から見たマウナロア火山，カウアイ島のワイメア渓谷，カウアイ島のハナレイの稲田，マウイ島のハレアカラ旧火口，オアフ島のヌアヌパリ，オアフ島のワイキキビーチ，モロカイ島のカウラパパの眺望。
36) 武井輝（1905-1965）。広島生まれ。1922 年来布。ハワイのテナー歌手。1928 年音楽を学ぶため訪日。第二の藤原義江とも呼ばれた。1930 年 3 月 30 日，オアフ劇場で開かれた「第 1 回少年少女おとぎ大会」で，自ら作曲した「布哇八景」の歌を披露した。
37) 磯節は茨城県磯浜地方の民謡。明治中期全国的に広まったが，ハワイでも大流行し各島の代表的な名所や旧跡を織り込んだ歌詞が作られた。
　　　ホノルル磯節（作詞脇本勝一）
　　「ホノルル名所は　ワイキキビーチ
　　　ダイヤモンドヘッドの岬を巡り
　　　波の背乗りに　椰子の葉に
　　　アノ　洩る月夜」
38) ハワイ数え歌。一番から二十番まであるが作者不詳。真宗大谷派の僧侶，暁烏敏の著書『ハワイの印象』（1934）の中に採録されている。歌詞は，それ以外にもいくつかのバージョンがある。暁烏は 1929 年と 1933 年の 2 度ハワイを訪れた。
　　「一つとせ
　　　人の知りたるハワイ国
　　　楽してお金がもうかると
　　　皆さん思うて志願する
　　　二つとせ
　　　二親離れて出る時に
　　　早く帰れと二親が
　　　言われた此のこと忘れやせぬ」
　　　（以下略）
39) 「恋愛布哇航路」。最初にハワイロケを行った日本劇映画（1937 年 10 月封切，日活）。撮影隊は出演俳優の杉狂児，星玲子，島耕二の 3 人と監督役のマキノ満男（映画全体の監督は水ヶ江龍一），撮影渡辺孝の計 5 人。1937 年 7 月から 8 月にかけ約 1 カ月滞在して撮影を行った。
40) 「アメリカ通いの白い船」。小畑実歌，石本美由紀作詞，利根一郎作曲で 1949 年発売（キングレコード）。
41) （瀬川伸の）ハワイの歌。「ハワイのマドロスさん」（牧喜代美作詞，豊田一夫作曲，

1953年6月タイヘイレコード発売）。

（15）ラジオ局KGUからの日本派遣

保険業

　8月14日（ハワイ時間）に戦争済んだから，もう15日からプルーデンタル（Prudential保険会社）に行った。朝に仮ライセンスをもらいに行って，もうその日からすぐ保険売り出した。生命保険を主にやっていた。それまでに全部用意できてるものね。

　8月15日というと，日本人の有力な保険屋さんは，全部アメリカに抑留されてるわけ。日系二世の若い保険のセールスマンは皆フォーフォーツー（第442連隊）かワンハンドレッド（第100大隊）で従軍しているからハワイにいない，保険売るライセンス持ってる人いないのよ。数えるしかないわけよね。だからもうフィールドが広いよな。あの頃白人が日本人に売るってことはまずなかったし。やっぱり日本人は日本人でね。

　ちょうど戦争が済むころ，わしが日本学校（日本語学校）で教えたのが男も女も皆結婚適齢期。その時代の20歳そこそこの男の子も女の子も，保険に入って払う掛け金は全部親が出していた。それを1946年からKGU[1]に入る51年まで5年間売っていた。KGUはフルタイムの1年間ってコントラクトだから，こっち（保険業）はサイドジョブにしようと思ってたら（保険業の）ライセンスのリニュー（更新）ができなかった。

　そのころ僕は保険でいい金を儲けてた。1,500ドル，2,000ドルぐらいのコミッションが入って来たでしょう。保険はお客を獲得すれば初めは60％くらいコミッションもらうけど，そのお客が毎年続けてくれれば，あと9年間，5％ずつリニュー（継続手数料）が僕に入るの。だから，うんと売っておいて，そのお客が掛け続けてくれれば，リニューアルだけで食えるわけよね。

　だから今これだけやっとるのをやめたらもったいないぞ，というので，当分は両方やろうと思っていたんですね。ところが，わしがラジオ局に入ったもの

だから，保険会社は辞めたと思って4月1日のリニュー（契約更新）をしてくれなかったのよ。そしたらわし試験を取り直さなきゃいけないのよ，それが難しいのよ。日本語なら覚えてすぐできるけど，英語だもの。法律から覚えなきゃいけない。だから前は1年通ってそれを全部丸覚えして試験を受けたんだよな。あれでもう100％ラジオでやるしかなくなっちゃったの。

KGU入局

戦後一番初め，1947年の2月にKGMB[2]とKPOA[3]（に日本語番組）ができるんですよ。そして同じ年の7月，8月ごろにKHON[4]，デッセンバーセブン（12月7日）にKULA[5]で（日本語番組が）できるんです。そして今度1950年にKAHU[6]，51年にKGU（で日本語番組）ができる。

KGUに入るときには後藤（リチャード後藤浩之）という友達と一緒に入ったのよ。こいつはハワイ生まれハワイ育ちだから，日本語はしゃべれるけども読み書きができない。ニュースなんかでもカタカナやひらがな付けてやらんと読めんのよな。わしは帰米二世だから読み書きはできるしね。だから，わしと一緒にやらないか言うたけど，わしがふたつ条件出したんだよね。あの頃日本語放送は四つのステーションがやってた。そこに新しく入って，おまけにKGUというのは，戦争中は日本人の悪口をひどく言っていた[7]アドバタイザー系だから。

アドバタイザーは戦前からのハワイで一番古い新聞なのよ。日本語放送が始まったのが1930年頃[8]からで，それもKGUが一番古いんだけど，太平洋戦争で（日本語放送が）なくなって，戦争後に再開しようと思っても，アドバタイザーがあんまり日本人の悪口書いたもんだから，100大隊，442連隊のベテラン（復員軍人）が帰ってきて，親兄弟からもアドバタイザーが日本人に何したかとかいろいろ聞いたわけよ。そしてあれら（復員軍人たち）が怒って，みんなアドバタイザーを切る（購読をやめる）し，不買運動まで起こりそうになった。で，みんなスター・ブリテン[9]に変わっちゃったわけ。そのため（アドバタイザーの）サーキュレーション（circulation 発行部数）が下がっていった。アドバタイザーは何とかしなきゃならないので，日本人のご機嫌取りに日本語放送を再開することになって，わしとその後藤というふたりにお座敷かかったわけよね。後藤

というのは戦前にKGUで働きよったことがあるもんだから，あれに言ってきたわけよ。で，あいつは自分でできんもんだから，俺に話持ってきて「田坂，行かんか」言うたの。わしあのころ，保険でいい金，1,000ドルもうけてたのよね。だからわし行きたくなかったんだよね。しかしまあ，わし好きだからね。そのときKHONでサンデーに2時間もらって自分の番組持ってたのよ。そういうことがあって面白いもんだから。まあ保険の仕事をやりながらこっちもやろうと思って行ったのよね。

で，そのとき条件出したわけよ。ほかにも番組があるのに，そこに日本人に反感買ったKGUが放送始めたってスポンサーも聴取率も上がらんからね。旅費と滞在費を払って，わしを日本に1カ月やってくれれば，わしが番組を集めて持って戻ると言ったら，OKと，2,000ドルくれたのよ。

飛び賃（飛行機代）が927ドルですもの。手続きなんか入れりゃあもう1,000ドルだ。あと1,000ドルは滞在費。ホテルは6ドル（一泊）だったかな。1カ月おっても180ドル。物が安い頃だからな。ところが面白いから2カ月おったの。あとはもう自分のお金で遊んだんだけども。それがひとつの条件だった。

もうひとつは，俺が番組作ってアナウンスして，お前はビジネス。スポンサー探して白人のオフィスとのコンタクトをやる。支配人はお前にしてやる，わしはスタッフでいい，ただし月給は，お前とわしで同額ということだった。当たり前よね。それがオッケーで入ったのよ。

日本で（1）――政財界

それで行くときに，ここ（ハワイ）の山口県大島郡の人に頼まれて，戦後日本人が大島郡に行くの初めてですからね。ここの大島郡の郡人会の，特に久賀町というところの僕の友達が20,30人集まって，テープレコーダーにメッセージ入れたんですよ。島の人にメッセージを入れて持ってって，そのテープを聞かしてあげたんですよ。

そして今度は，ハワイにおる人にまたメッセージを持って帰ってあげたんですよ。全部でテープ1時間くらいとりましたよ。声の交換してあげたね。

（ハワイの日本人は）手紙や，いろんな慰問物資も日本に送ってたけども，声を聞くのは戦後初だったろうね。あの時代はまだ日本にテープレコーダーない

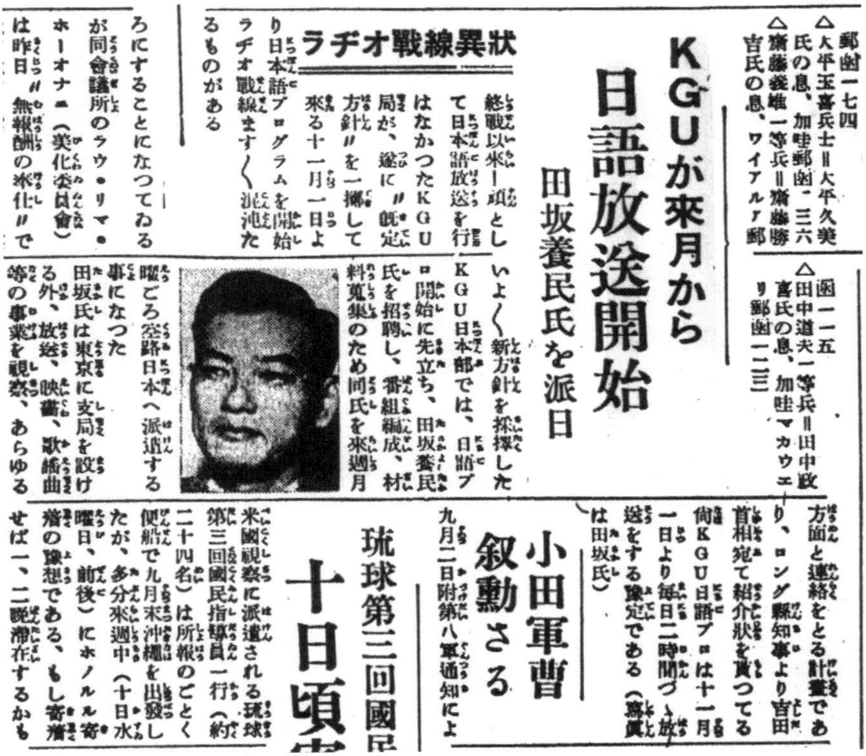

郵函一七四
△大平玉喜兵士＝大平久美氏の息、加哇郵函一三六
△齋藤義雄一等兵＝齋藤勝吉氏の息、ワイアルア郵函一一五
△田中道夫一等兵＝田中政喜氏の息、加哇マカウエリ郵函一一三

KGUが來月から
日語放送開始
田坂養民氏を派日

終戰以來一頑として日本語放送を行はなかつたKGU局が、遂に〝既定方針〟を一擲して來る十一月一日より日本語プログラムを開始

ラヂオ戰線異狀

ラヂオ戰線ますく混沌たるものがある

いよく新方針を採擇したKGU日本部では、日語プロ開始に先立ち、田坂養民氏を招聘し、番組編成、材料蒐集のため同氏を來週月曜ごろ空路日本へ派遣する事になつた

田坂氏は東京に支局を設ける外、放送、映畫、歌謡曲等の事業を視察、あらゆる方面と連絡をとる計畫であり、ロング縣知事より吉田首相宛て紹介狀を貰つてる

尚KGU日語プロは十一月一日より毎日二時間づつ放送をする豫定である（寫眞は田坂氏）

ろにすることになつてゐる

が同會議所のラウ・リマ・ホーオナー（美化委員會）は昨日〝無報酬の奉仕〟で

小田軍曹
叙勳さる

九月二日附第八軍通知によ

琉球第三回國民
十日頃

米國視察に派遣される琉球第三回國民指導員一行（約二十四名）は所報のごとく便船で九月末沖縄を出發したが、多分來週中（十日水曜日、前後）にホノルル寄港の豫想である、もし寄港せば一、二晩滞在するかも

図4―8　田坂氏の日本行きの記事『ハワイタイムス』1951年10月6日

んだから。ワイヤーレコーダー[10]はあったの。ところがワイヤーはねじれるんですよ。だから裏へ回ったら声が切れるんですよ。

まだ日本にオープンリールのテープはない。あれはわしが持っていったのだから，（後に）うちの甥坊なんか「おじさんが持ってきたやつ，東通工が買ってコピーした」と言っておった。東通工[11]というのはソニーの母体なんです。東通工のころに，だいたい自分たちが発明したテープレコーダーはあったんです。僕が持って行ったレコーダーは，あずけておいた日本のエージェントが半年ぐらいしてソニーの方に売っちゃった。

これは（コピーしたということは），ノーと言えない証拠があるの。なぜかと言えば，デンスケ[12]いうの覚えてないかな，ラジオの街頭録音なんかに使った

やつよ。皇太子さんが1953年にここに来るので，わしはあれを日本から取りよせたの。ソニーの前身の東通工の製品よ。それで，このデンスケの説明書（の項番）の番号がアの1番，イの22番とか，「アイウエオ」になってるの。その番号と僕が持っていったリベアのテープレコーダーのパーツ番号とぴったり合う。A1がアの1になってるの。対応してて，まったく同じだった。Cの5がウの5になってる。全部，ABCをあいうえおに直して，いろはだったかもしれんが，全部合ってるの。だから僕はあれをコピーして，自分たちが持っておったテープレコーダーに改良を加えてると思ってる。

　日本に持っていったのは，リベアというアメリカのメーカー。まだホノルルにはあまり出回っていなかったので，友達に頼んでアメリカのメーカーからとってもらったの。そして，このリベアのテープレコーダーはラジオを聞きながら同時録音できるの。今のラジカセみたいなものよ。当時で300ドルくらいだったかな。

　ところが，わしがこれが持っていった時，日本はまだ民間放送がなくNHKだけなの。だからNHKのいい番組を録音して持って戻ろうと思ったの。ところがサイクルが違うの。

　録音できるけどスピードが違う。電力のサイクルは名古屋が境なの。名古屋が境で50と60に分かれる。だから東京では録音できんけども大阪で持っていけばできた。

　東京で録音したのも，いくつか送ったけど，局でトランスフォームしなきゃいけない。あれが面倒なの。今でこそ電気製品も海外向けのものができてて，ここのサイクルに合わしてるけど，昔は大阪で買って持ってくれば使えたけども，東京から持ってきた分は使えなかった。

　（1951年）11月1日からはKGUの日本語放送が再開され，毎朝2時間，月曜から土曜まで放送があったわけよ。そこで使うため，戻る（帰国する）まで毎日15分ずつテープに録音して，パンアメリカンのエアメールでここに送りよったの，毎日ずっとね。東京で録音したやつは，ここのオフィスのトランスフォーマーを使って聞けるようにしていた。

　日本へは10月の8日ごろ行って12月の4日に戻ってきたの。55日おったのよ。30日で戻る約束だったの。ところがあんた，あのころ360円が1ドル，

物が安いわ。帝国ホテルでも1日（1泊）6ドルだよ。日本円で2,000円くらい。電車賃が7円だよ，都電のね。で，汽車はもう全部無料。バイヤーの資格で行ったから汽車はただ。今のレールパスみたいなもんよ。おまけに今のグリーン車よりまだいいわけよ。前の2両ぐらいが進駐軍専用の車両だから乗り放題。バイヤーの資格は，（日本に）行く前に身分証明書かなんか持って行って，簡単にもらったよな。だから金はあまり使わずに面白う遊べるから（ハワイへ）戻りとうないよな。

ただ日本に行くとき，戦争中抑留されてるから，（ハワイに戻ってきた時に）移民局の調べで送還されないかと心配だった。記録に残ってるからね。僕らびくびくしながら，行くときはいいけど，帰りが心配だったよね。あのころ，日本に行く旅行者の規則として，日本で使ったお金はどこで換金したかという，お金を換えたその受け取りを全部そろえて持って来て，持ってったお金と，円に換えたお金と，残金とちゃんと合わなければもう上陸させない，といううわさがあった。僕らは1,000ドルと自分の小遣いを別に持っていって全部申告して出国するでしょ。僕らは抑留されて，反米的な焼き印を押されている親日反米分子だから，全部交通公社で換えた。1,000ドルをね。闇ドルは買わなかった。やってたら闇では440円まで上がってたから，すごい金額になったね。兵隊（進駐軍の米兵）は闇をやっていたけれど，僕はそれができないから，すべて交通公社で360円で換えてもらった。そういう時代だったの。

上は総理大臣から，各界の，いわゆる超一流の人物の話を録音した。だけど，あのころは電源節約で日本はいつ停電なるか分からないの。何時から何時までいうふうに予告がなくて，録音してると切れるのよ。そうすると，その日にほとんどできないわな，いっぺん切れたら3時間，4時間はもう何もできないから，またあくる日（翌日）あらためてということになる。

ただインタビューはできないの。時間がもったいないのと，僕らがしゃべる日本語では東京の人や偉い人に分からないの。僕らのはハワイの広島弁，英語，ハワイアンといろいろ入っているから。あの時分，ハワイの日本人はもう全部そう。日本語そのもののアクセントが広島弁だから。

と同時に「ユーが」「ミーが」だから。「私が」「あなたが」じゃないもん。それが日常会話になってるから。特に（ホノウリウリ）収容所はなんかひどい

よね。いろんな県の人が集まってしゃべるんだから。いつも200人，300人の人が出入りして（いる）から，言葉が乱れてるんですよ。だからわしは（質疑応答式のインタビューではなく）もう全部，「ハワイの皆さまへ」というテーマでメッセージをもらった。そうすれば10分か15分で済むでしょ。

　日本に行くときにわしは30分のリールを1グロス持っていったの。12ダースね。（インタビューは）上は吉田（茂）総理[13]から。ただ吉田総理だけは，メッセージは声じゃなくて筆，奉書紙に全部筆で書いた。書記官が書いて，サインだけ吉田がしたんだろうけど。それ以外は，あのころ最高裁が田中耕太郎[14]，日銀が一萬田（尚登）[15]。それから通産大臣が佐藤栄作[16]だったの。あとで総理大臣になった三木武夫[17]が進歩党かな？なんかああいうような政党にいたとき。それから山口少年に襲われた浅沼，右派社会党の書記長だった浅沼稲次郎[18]。まだ社会党が一緒になる前の右派だった時代。それから新日鉄ができる前，富士製鉄時代の永野重雄[19]ね。それと小林中[20]というのがおった。あとは日清紡の桜田武[21]，大映の永田（雅一）[22]ね。そういった政治家や財界人，25人。全部5分から15分くらいの録音をもらったね。

　そのころでも，そういう人たちに簡単には会えない。ただ僕の兄貴がいすゞ自動車の重役だったの。兄貴は広島の高等師範附属，僕と同じ附属出て，岡山の六高，それから京都帝大に行ったの。というのが，京大が東大よりも柔道が強かったから。広島の附属から出た人は，ほとんどが六高に行って柔道やって京大に行ってたね。サム（some 何人か），東大へ行ったけど。僕らが子どものころ，六高は7年間，全国の旧制高等学校の柔道のチャンピオンだった。7年間も連勝してたわけよ。それほど強かったのよね。

　桜田でも一萬田でもみんな，柔道関係，広島関係。僕らの先輩になるの。そして永野重雄というのは兄弟6人がみんな秀才だったんですよ。その一番兄さんが永野護という弁護士で番町会[23]のメンバーにもなっていた。政界の黒幕だったの。これは広島一中で広島の出身でしょ。そして兄貴の仲人だったの，永野護が。

　そういう関係で，兄貴に頼んで永野護さんに渡りをつけてもらったの。だから永野護の電話ひとつで，みんな会ってくれた。吉田さんは，僕が行く3カ月ぐらい前，講和条約調印の帰りにハワイに寄って[24]，すごい歓迎を受けてるの。

そして僕はアドバタイザーを通して，ここのガバナー（governor 知事）の紹介状を持ってるから，向こうは断れないわな。

　財界の大物はじめ，京都の会議所の会頭，京都市長から広島市長から全部，僕の（出身の）高等師範附属の学校関係と，その永野さんのおかげで録音をもらった。

日本で（2）──音楽界

　江口夜詩[25]という作曲家がおるんですよ。この人は「憧れのハワイ航路」を作った人なんですよね。この人が僕の友達の山県秀夫と知り合いだった。山県はその当時，リバー（ストリート）とホテル（ストリート）の角で精々堂商店という，薬，学用品，文房具，書籍，日本ものレコードなんかを売る大きな店をやっていた。山県は僕らが行く3カ月前に日本から帰って，日本で江口夜詩に会ったんだけど，病気で再起不能と言われてたんです。恐らくヒロポン（が原因だったと思う）。

　それで，わしに「田坂，すまんけども，お前，日本に行くときに，わしが薬買って江口先生にやるから持ってて渡してくれ」と言うので，薬，預かっていった。おそらく，なんとかマイシンだろうと思うんですよ。薬頼まれて持って行って，そこで「僕はこういうふうなことで来ました」と。そしたら江口先生の具合が良くなって，すぐキングレコードに渡りをつけてくれた。文芸部長と録音係の人を紹介してくれて，僕が音羽（東京都文京区）の講談社の裏のキングレコードに行ったら，録音の係の人が，当時のキングレコードの専属歌手の，「ハワイへの皆さんへ」のメッセージを，15インチのディスクに全部録ってくれた。

　あのころのキングで一番は津村謙。それから若原一郎ね。春日八郎は江口先生の愛弟子だったの。デビュー前で，まだレコードは発売されてないけども，春日のあいさつも録ってくれたはずだ。そしてそれまでの戦後出たレコードと，新譜のレコードを全部そろえてくれた。

　そして次は服部（良一）先生[26]を頼って行ったんですよね。銀座の並木通りに事務所があった。服部先生がコロムビア，ビクター，テイチクと全部やってくれたの。服部先生は1950年に笠置シヅ子とか渡辺はま子とか，いろんな人を（ハワイに）連れてきてるからね。その時にも山県がハワイで世話をしてた

から。わしもあのころラジオ（KHON）やってたから服部先生も知ってて，そこを根城に，先生の指図に従って，いろんなものを録音していった。あのころ服部良一って言ったら大御所だから，全部向こうへ頼んで，専属歌手が来るたびにあいさつを録ってくれて。それを持って戻ってくる。

　これを全部，パンアメリカン（航空）のエアカーゴ（貨物便）で送った。あの頃は安かった。それにわしの教え子がオフィスマネージャーしてたの。ハワイの中央学院の教え子。この赤田というボーイは，中学校3年生，4年生くらいのときにわしが教えたんですよね。兄弟おるんですね。パンナムにおるのは兄さんのほうで。このお父さんは，中央学院の父兄会の理事だったわけです。お父さんは赤田弥一郎[27]かな。デッセンバーセブンに抑留されたんですよ。日本語学校の理事であり，またこの人は神社に関係してたから，一番先に入れられて，アメリカ本土へ送られていたんですよ。そしたら，この兄弟が徴兵の時期なんですよ。18（歳）か20（歳）か，そのころだった。兵隊に取られる時期だもんだから，兄弟でFBIに行って，抑留しているお父さんのところに一緒に住まわしてくれって申し込んだんです。あのころはリロケーションキャンプがあって，家族キャンプもできてたから，お母さんも連れて行ったんかな。家族キャンプでお父さんと一緒になったの。そして1943，44年ごろに交換船が出るの。（交換船は）2回出たけど1回は主にワシントンの外交官が，2回船は収容所の民間人から募って行ったわけ。その交換船でファミリー全部日本に帰った[26]。帰ったら，もうすぐ終戦だもんね。終戦になるとすぐに日米両語が役に立つ，まだマッカーサーが入るか入らん頃日本におった。

　ここでジュニアハイスクール，ハイスクール出てれば，もう英語がバリバリでしょ。あのころの日本語学校の生徒は日本語しゃべることは当たり前だもん。収容所ではみんな日本語だし。だからすぐパンアメリカンの仕事もらったの。まあ偶然，いいほうに芽が出たわけよ。赤田兄弟はハワイに戻らず，ずっと日本だった。僕も51年に帰って，65年ぐらいまで日本に行けなかった。ラジオ（の日本語番組を）ひとりで，ワンマンショーだから。

KGU退社

　わしが日本から送ったテープはサイクルが違うからここに残ってないの。浅

沼稲次郎のスピーチなんか希少価値だよ，あの人はそれから10年先に殺されたから。

わし1年の契約でKGUに入ったからね。(1951年)11月1日から(1952年)10月31日までの契約だったんだよね。

KGUでちょっと問題があったのよ。ちょうどマネージャーがテーブルの上にチェック（小切手）が並べてあったからね。封がしてないもんだから開けてみたのよ。そしたら後藤と同じ給料のはずだったのに，わしに300ドルくれて，あいつは600ドルもらってるの。そのときはわし黙ってたのよ，言ったってしょうがないからね。そしたら縁があったんだね，帰ってからすぐKIKI[28]から，マネージャーやってくれないか言うて来た。12月に戻ってきて，もう3月ごろにはKIKIから日本語放送やってくれというオファーがあった。

そのときKIKIは，ジェームス村上（要）というのが日本語放送をやっていた。仕事は税理士で，市郡参事（現ホノルル市会議員）までやった男なのよ。バカだから，時間を2時間買って，1月，2月，3月やったのよ。2時間買い取ったんだが，普通は2時間買い取る前，3カ月ぐらいはスポンサーを探して決めておくのよ。すでにKGMB，KPOA，KHON，KULAと四つ，五つのステーションがあるのに2時間買ってから探し始めた。KIKIはもう，小さい誰も知らないステーションだったからね，大損して3カ月でギブアップしちゃったの，借金残してね。それで向こうは誰か探していた。だけど僕はアドバタイザーの金で日本へ行っていたし，1年間分の番組資料，録音とかも持ってたわけよ。それに契約が10月31日でまだありますものね。1年契約だから。

「KGUと1年契約を結んでいるから，行きたいけども今すぐ動けない」って言ったけど，「それは裁判に訴えたら，あんた，もう今日から（KGUの）仕事しなくてもいい」と向こう（KIKI）は言うわけよ。

アメリカの法律は，ヘイビアス・コーパス（Habeas Corpus 人身保護法）というのがあるの。契約で人を縛るということは憲法違反だと。昔，契約移民から自由移民に移行したのがそう（その法律によるもの）だったの。弁護士連れてきて「KGUがあなたを1年間縛るということは，これは人身保護法でできない。金で個人の期限を縛ることは憲法違反だから，いつでも逃げられる。だからあんたさえ来る気ならわしのほうで手続き取る」と。

私を金と時間で縛ることはできないんですよ，アメリカでは。だからもうこんなこと問題じゃない。まあ礼儀上ね，2週間のノーティス（notice 事前通告）はあるけど。

でも，わしも日本人だったからね。KGU にたくさんのお金も使わせておるし，日本でタイムを過ごしてきておるからね。1年の契約制というのは誰も知ってるし，コントラクトにサインしてあるから「わしは1年は動かないから，もしほかの適任者がおれば間にやらせてくれ。その代わり1年たったら，喜んであんたのところにわしが入ります」と言ったら向こうが待ったよ。僕は契約の切れる1カ月前に KGU にノーティス出して辞めます。それで11月からすぐ KIKI へ来てスポンサーを探しはじめたりしたね。

注
1) KGU。第2部第14章 日系メディアと芸能 注14 参照。
2) KGMB。1930年1月3日開局した戦前からのラジオ放送局。戦前も日本語放送を行っていたが，戦後は1947年2月23日，日本語番組再開。
3) KPOA。第2部第14章 日系メディアと芸能 注23 参照。
4) KHON。第2部第14章 日系メディアと芸能 注21 参照。
5) KULA。ハワイのラジオ放送局。1947年5月14日開局。田坂氏は1947年12月7日に日本語番組が開始されたと述べているが，実際は1947年8月31日，日本語番組開始。
6) KAHU。ハワイのラジオ放送局。1950年9月20日開局。同日，日本語番組開始。
7) 戦時中，『ホノルルアドバタイザー Honolulu Advertiser』は，もうひとつの英語主流新聞『ホノルルスターブリテン Honolulu Star-Bulletin』に比べ，より反日的な傾向が強かった。『スターブリテン』は「JAP」という語を紙面で使用しなかったが，『アドバタイザー』は使ったと言われている。
8) ハワイ最初の日本語放送は，1926年5月9日に KGU で放送された宗教番組だが，定期的に放送された一般番組としては，1929年10月26日に KGU から放送された音楽番組が最初となる。
9) 『Honolulu Star-Bulletin』はその源流を1882年創刊の『Evening Bulletin』にまでさかのぼることのできる英語の主流新聞。『Honolulu Advertiser』に次ぐハワイ第2位の発行部数を誇った。2010年6月7日，両紙は合併して『Honolulu Star-Advertiser』として再出発した。
10) ワイヤーレコーダー（wire recorder）。録音媒体としての磁気テープが生まれる前に使われていた，ステンレスワイヤーを媒体とした録音機。音質が悪く操作性に難点があったため，一部でしか使われなかった。
11) 東通工。東京通信工業の略。ソニーの創業時の名称で，1958年ソニーと改称した。

12) デンスケ。新聞やラジオの取材用に使われた，持ち運びできる小型録音機。1951年ソニーが業務用として発表した製品がヒットしたことから有名になった。名称は当時の新聞連載漫画「デンスケ」から来ている。
13) 吉田茂（1878-1967）。第45,48-51代総理大臣（1946-47,1948-54）。占領下（1945-1952）の大部分の時期，総理大臣を務めた。
14) 田中耕太郎（1890-1974）。法学者。1946年5月第一次吉田内閣に文部大臣として入閣。1950年最高裁判所長官に就任。10年以上務め，歴代1位。のち国際司法裁判所判事も務めた。
15) 一萬田尚登（1893-1984）。銀行家，政治家。1946年第18代日本銀行総裁就任。1954年まで務めた。のち鳩山内閣，岸内閣で大蔵大臣。
16) 佐藤栄作（1901-1975）。第61-63代総理大臣（1964-72）。1948年10月第二次吉田内閣で官房長官として入閣。1951年第三次吉田内閣で郵政大臣兼電気通信大臣。田坂氏は通産大臣と述べているのが，このときは郵政大臣兼電気通信大臣だった。通産大臣となったのは1961年7月の第二次池田内閣の時。
17) 三木武夫（1907-1988）。第66代総理大臣（1974-76）。戦前からの政治家で1937年4月衆議院初当選。戦後は中小政党を率いていた時期が長く，田坂氏のインタビューを受けたときは国民民主党幹事長。1955年自由民主党結成（保守合同）に参加。明治大学在学中，カリフォルニアなどに遊学。1932年にはハワイを訪れ各島で講演を行った。
18) 浅沼稲次郎（1898-1960）。政治家。大学在学中から社会主義運動に参加し，1936年無産政党を糾合した社会大衆党から衆議院議員に当選。1945年日本社会党結成に参加。1951年社会党が左右に分裂したときには右派社会党に属し書記長。1955年社会党統一後書記長。1960年には委員長に就任するが，同年10月に開かれた立会演説会で，17歳の右翼少年山口二矢に腹部を刺され死去した。
19) 永野重雄（1900-1984）。実業家。1948年過度経済力集中排除法により日本製鉄が八幡製鉄と富士製鉄に二分割されたとき富士製鉄社長。1959年日本商工会議所会頭。1970年政治家に働きかけて八幡製鉄と富士製鉄の合併を実現させ新日本製鉄を設立，会長に就任した。政界にも大きな影響力を持ち「財界四天王」の一人と言われた。
20) 小林中（1899-1981）。実業家。1943年富国徴兵保険（現富国生命）社長。1951年日本開発銀行初代総裁。池田勇人（第58-60代総理）と親しく「財界四天王」の一人。
21) 桜田武（1904-1985）。実業家。1926年日清紡績入社。1946年同社社長。日経連（のちの経団連）設立に尽力し1960年常任理事，74年会長へ名称変更。「財界四天王」の一人。
22) 永田雅一（1906-1985）。実業家。1925年映画界に入り，1942年大日本映画製作（大映）を設立し専務，1947年社長。戦後の映画界発展に伴い，業績を大きく伸ばした。常に大言壮語することから「永田ラッパ」とも呼ばれ親しまれた。
23) 番町会。戦前，財界の大立者郷誠之助を中心に作られていた財界人のグループ。戦後は財界四天王といわれる桜田武，永野重雄，水野成夫，小林中などがメンバーで，政財界に大きな影響力を持った。
24) ハワイ寄港。吉田茂は，1951年9月にサンフランシスコで行われた講和条約会議

に出席するために訪米したが，往復の途次，ホノルルに寄港した。
25) 江口夜詩（1903-1978）。作曲家。1930年西条八十とともにハワイに寄港。その時の体験をもとに1948年「憧れのハワイ航路」を作曲。
26) 服部良一（1907-1993）。作曲家。田坂氏の訪日に先立つ1950年7月，笠置シヅコらとともにハワイを訪れ公演を行っている。
27) 父親の赤田弥一郎（1890-1975）は，開戦時中央学院理事会の書記で，1943年3月第8回船でアメリカ本土へ送られる。田坂氏の教え子でパンアメリカン航空のマネージャーをしていた兄は赤田務（1921-2010）。田坂氏は，赤田ファミリーは交換船で帰国したと述べているが，実際は，戦時中の交換船には乗船しておらず，戦後アメリカ本土の収容所から直接日本に帰った。
28) KIKIはハワイのラジオ放送局。第2部第14章 日系メディアと芸能 注22参照。

（16）ラジオ局KIKIの時代

FCCライセンス

KIKI[1]はワードアベニューにあった，というか実際はワードよりちょっとエヴァ側の通りだった。名前忘れたけどね。一般にはワードと言うとるけどね。入り口がエヴァ側。ワードから見えるところにあって反対側にジェム（スーパーマーケット）があったでしょ。今はなんか大きな建物がある。スポーツオーソリティー（スポーツ用品店）かな。あのちょうど真っ正面。まだあそこに建物あるはずよ，裏から回れる。

KIKIでは，しゃべるのも，レコードをかけるのも，それから機械を操作するのも全部ひとりでやる。それでひとりでやるためにはFCC（Federal Communications Commission）[2]の（オペレーター）ライセンスを取らなきゃいけないの。

オペレーターライセンスがなければ，ライセンスを持ったエンジニアがひとり，局におらなきゃいけないのね。僕の局ではライセンス持ってたのは社長だけ。でも社長はいつもはいないからひとりだけエンジニアをパートで雇っているわけですよ。僕がおれば，僕がライセンス持っているけど。

ライセンスは僕が一番先に取ったんです。KIKIに入ったとき，僕のように3時間のパーソナリティショーを持ってるのが，たくさんおったんですよね。

フィリピンのマネージャーがおる，ハオレ（ハワイ語で白人の意）もおる，ポルトガル（人）のマネージャーもおる。十何人がみんなFCCライセンスのテスト受けたの。

ところがライセンス取ったの僕だけなの。みんな落ちた。全部英語だから，ほかの局の日本人アナも取れないのよ。僕はFCCの英語の規則を日本語に訳してもらって，それを全部覚え込んでいったんだよね。保険よりこっちのほうがもっと難しかった。

ぼくの局では英語ができるハオレもフィリピン（人）もみんな落ちたの。なぜか言うとね，ステーションの機械のゲージは全部メートル法なの。ハワイの人はメートル法知らないから，あれができないの。センチ，ミリメーターがわからない。

僕は（広島）高等師範付属小の生徒だったけど，日本で一番初めてメートル法を教えたのは，僕の学校だから。文部省は，最初，高等師範の附属でメートル法を教えさせたの。1920年頃かな，日本でメートル法が始まったのは。それが始まる前に子どもから教えないといけないというので，高等師範の付属小学校からメートル法を教科書で教えるようになったんだから，メートル法なんて僕は草分けだからね。

みんな不思議がったよ。「ジャパンボーブラ[3]」が英語も分からんくせに，なぜあいつだけライセンス取るのか」言うて。だから今度はわしがみんなに教えてやるわけよ，メートル法が分からないのだから。メートル法を全部教えてやって，5, 6年ぐらいのうちにみんなライセンス取るようになったんよね。

このライセンスもエブリイヤー（every year），更新するの。ただ手続きすればいい。怠ったらまた試験取らなきゃいけない。ラジオ局にいる間はずっとオフィスが毎年やってくれてたけど。

今でもボードラン（番組を担当）する人は（ライセンスが）必要。古い人はみんな取ってるからね。取らなきゃやっていかれないから。

プロダクションフィー

KIKIに入るときには，村上（「KGU日本派遣からKIKIへ」参照）の（苦労）ことを知っているから，「わたしは時間を買いきってはやらない，パーセンテー

KIKI JAPANESE PROGRAM 860
8 a.m. to 10 a.m. Monday Thru Saturday

キキ日本語放送
二十四日マンデーから開始
月曜から土曜まで
毎朝八時より十時まで

毎週マンデー午前九時から
ホノルル・セールスが提供する
南慶さんの歯切講談
二十四日初の讀み物は
成功美談、苦學の錦

平部夫人(曽木さん)の連続小説
布哇の夜
毎朝八時半から
チェリーブラッサム
飯田薬山堂
ちから餅
合同提供

スポーツ、映画、歌謡、ローカルのこぼれ種
見たり聞いたり試したり
おもしろいテレホン・コンテスト
バイ・バイ・クイツ
新しいヒット・ソングを集める
歌の玉手箱

アイカネ
ジャック田坂君を
よろしく御願ひ致します

日本劇場	フレンドリー・セービス・ステーション	ファースト・ギャラクシー・マーケット	ウンズ商会	エクスパート電器	ビッシヨブ街	イワクニ洋服店	ホノルル生花店	サイパン食堂	ランチヤー街	訪井服装店	パール楽器店	オアフ家具店	建築技師
古屋 昇	ジミー上原	ウンズ清水	沖本實	吉村寛	リンキー中川	テッド平山	中川豆腐屋	朝倉良平	勝井鈴木	トーマス福田	ローレン長行事 孝夫	植野義	

| 藤元三男 | 上野健二 | 安田論司 | 山本正勇 | 田中一美 | 岩本政人 | 内田式亥 | 田中哲男 | 関中英利 | 山内茂雄 | 森田崇敬 | 王堂利一秋 | 藤瀬俊子 | ケネス田中正男 |

図 4-9 KIKI に入局した田坂氏の日本語番組（1952 年 11 月 22 日）

ジでしてくれ」と言って入ったのよのね

　僕は売上の3分の1をもらう。3分の2は放送局が取る。広告とか経理は放送局がやって，その月々の売上の3分の1を僕がもらう。コミッションとしてもらうわけですよね。そのほかにプロダクションフィーというものを僕が自由にチャージすることを許可すると。3分の1のコミッションのほかに，僕が取った20ドル，50ドル，100ドルのプロダクションフィーは1セントも局が取らず僕に全部くれる。

　プロダクションフィーは製作費ということで，放送局ではなくスポンサーから取るわけですよ。だからスポンサーは広告料金と製作費と両方出すわけね。

　広告費は30秒でいくら，1分間でいくら，5本ならいくらというレートがあるでしょう。そのほかに，たとえば歌謡番組をスタジオプログラムでやるときには，オーケストラなんか呼んでこなきゃいけないですね。そのためにお金が要るからという名目で取るわけですよね。

　クリスマスとお正月は特集番組やりますよね。クリスマスだったら「メリークリスマス」というメッセージをスポンサーからもらうんですよ。今はやらないけどね。昔は全部やるんですよ。「どこそこからご愛顧の皆さまにメリークリスマス」みたいな感じで。クリスマスとお正月と両方やって，クリスマスのメッセージを10ドル，お正月のメッセージを10ドルもらうんですよね。これはプロダクションフィー。

　クリスマスとお正月は白人が休んで全然放送しない。英語のプログラムがないから，僕が代わりに，朝5時ごろから夕方5時まで12時間もらうの。それを全部ひとりでやるの，誰も雇わないで。その間全部日本語放送になるわけ。

　白人はニューイヤーとクリスマスはほとんど出ない。アラモアナショッピングセンターもクリスマスは開けない。だから僕は12時間で300件か400件くらいメッセージ取りよったから。3,000ドル，4,000ドルって上がるんだから。それをわしが全部もらうんだから。もし時間を買い取ってたら，もう大損ですよ。買い取るとなったら，1時間1,000ドル，2,000ドルだから，もう話にならないよね。すぐ足出ますよ。だから50年前でストアマネージャーが200ドルか250ドルぐらいしかもらわない時代に，僕ら月平均1,000ドル以上の月給もらってた。まだあの頃，最低賃金が1時間40セントくらいですよ。

(16) ラジオ局KIKIの時代

他の局では契約しておったのもおるし，中には局が雇って月給制度で働いている人もおった。直営にしてアナウンサーやってくれる人を雇う。パーセンテージと言ったのは僕らが初めだったよね。だから誰もプロダクションフィーというのは知らないよ。

僕はそのプロダクションフィーで日本からレコードを買ってたの。新譜が出るともうすぐ送らせていた。あれと僕は『週刊明星』をずーっと毎週送らせてたからね。あの中に日本のレコードのベスト10が出るんですよ。それを見て，日本の今週のベスト10をラジオで流すんですよ。ただレコード集めるのがおおごとなんです。

日本のレコード

1951年に僕は日本に行って，そのあとはエージェントを置いて戻っているから良かったけど。それまでのKHON[4]のときは，新しいレコードは全部岡村さんという人を通して手に入れていた。岡村さんはサービスステーション（ガソリンスタンド）をやっていて，観光団なんかでよく日本に行っていた。横浜の紅葉坂というところに藤巻という戦前からの観光旅館があるんですよ。そこの主人の野村さんという人を岡村さんに紹介してもらって，あそこに泊まったハワイの観光客が帰るときに，僕が頼んで買いそろえてもらっておいたレコードを全部船で持って帰ってもらうんですよ。20枚くらい入る古いレコードのケースがあるんですけど，それに入れて動かんようにして持って帰ってもらうんです。船が桟橋に着くたびにそれを受け取りに行くんですよ。あんなふうにして僕は日本からずっとレコードを1950年ごろから取ってたわけよ。

まだ50年ごろは通商条約もなく，ハワイのレコード屋さんに日本のレコードがなかなか入らなかった。日本でレコードにするエボナイトかな，あれがなかった。日本国内でも足らないのに，海外に出すだけの余裕がなかった。戦争直後の日本のレコードは，中は紙，ボール紙で，それにゴムを張っているだけのが多かった。だから音が悪いよね，コーティングが薄いから。

それと，サンフランシスコの講和条約が締結される前のレコードはメイド・イン・ジャパンじゃないの。メイド・イン・オキュパイド・ジャパン（Made in occupied Japan）になってた。その頃の僕のレコードは全部「オキュパイド・

ジャパン」。そんなようないろんな制約で，まだレコードがハワイに自由に入ってこないわけよね。ラジオステーションの使うレコードは，進駐軍の軍人や軍属がエアメールで送ったものを借りてやる程度だった。それじゃあ数が知れているよね。

KIKI に入ったころから，僕は自分でお金払って，飛行便で取りよせるようになりました。51 年ごろから LP[5]，EP[5]が出だしたので楽になりましたけど，それまでは全部 SP[5]だったから苦労した。日本のレコードでほとんど間に合うけど，それだけではいけないからハワイのものも混ぜて僕は（番組を）作りましたよね。

ハワイはハワイでベストセラーがありますよね。日本の曲は，僕がラジオで出して，そのあと 6 週間ぐらいしなければ普通の局にまわらないわけよ。普通の局は「今日やるレコードは全部精々堂商店提供のレコード。火曜日はパラマ楽器店提供のレコード」というように全部借りてやるわけですよ。他の局のレコードは船で（来て），税関を通ってレコード屋に行って，レコード屋からラジオステーションに行くから時間がかかる。6 週間僕のほうが早いわけですよね。だから聴取率も上がりますよね。特に音楽をやっているやつなんか，まだ日本のレコードが売り出されないうちに僕の放送から覚えて，採譜したりしていたね。

日本語放送は，各ステーションの一番売れない時間，朝早くとか夜遅くとかね。あるいは昼間とかにやるので，どうしても重なりますよね。スラックタイム（slack time 空いている時間）というのは決まっていますから。（日本語放送をしている局は）いくつもあるから，強力な番組を作らなければお客さんが来ない。それで僕は徹底的に歌（の番組）にしていったんだから。

歌謡番組

現役時代は，部屋いっぱい棚作って 2,000 枚のレコードを全部入れてたんだからね。いつでもパーッと出せるようにしとかなきゃならない。あのころリクエストアワーというのがあって電話で（リクエストを）取るんですよ，すぐかけてやらんとならんので，どこに何があるか覚えてないといけない，部屋の両側は全部レコード棚で，全部覚えてないと商売ならんわね，ひとりでやるのに。

リクエストはだいたい分かってるから，大抵ひとつのセクションに置いとけば間に合うんだけど，難しいやつはごまかしてね。

　僕は 1950 年ごろからヒットパレードで番組作ったんですよね，日本のレコードの毎週 1 週間に一番よく売れるレコードを，各レコード屋から全部リストを作ってもらって 10 年くらいやってた。その 50 年代から 60 年代初めにかけたベスト 10 を僕が総計して，一番人気のあった 50 曲を，1962 年の特集番組[6]かなんかで全部出して（放送して）いったんです。50 番から 49 番とずーっと上がっていった。

　「銀座カンカン娘」「別れの磯千鳥」ね。みんないい歌でしょ？「炭坑節」「三味線ブギ」「お富さん」「テネシーワルツ」ね。それから「好いていたのに」，これは上原敏の歌だけど，ここのテッド島袋が上原敏以上に上手に歌った。クラブ二世（の CD）に入ってたけど，本当は（ハワイ）松竹の歌なんですね，だから松竹（の CD）にも入ってるよね。「湯の町エレジー」「東京見物」，いい歌ばかりでしょ。「ヤットン節」，これがまたいっとき流行ったのよね。それから「パラオの真珠とり」。今の瀬川（瑛子）とかいう女の子のお父さんですよ。それから「花笠道中」でしょ，「リンゴ追分」でしょ。1950 年代は，美空ひばりは本当に人気があったんですね。この前が，岡晴夫，それから小畑実になるんだけど。

　「憧れのハワイ航路」は 1948 年ごろからだったんだけど，このおかげで観光客が来だしたんだから。エルビス・プレスリーも大きいね。「ブルーハワイ」（という映画に主演した）ね。もうこれらがハワイに観光客を引っ張った。「ハワイ航路」は岡晴夫の戦後の全盛時代の歌だしね。

鈴木南慶

　それから（鈴木）南慶さん[7]っていう講談の人もいた。1951 年に僕が KGU[8]（の日本語放送）を開けるときにね，来てもらった。南慶さんが毎週土曜日の夕方 6 時から 6 時半ぐらいまで 30 分講談をやっていた。テープレコーダーなんかあまりなかったから生でやってもらった。そのときは連続講談をやっていたので，水戸黄門なら水戸黄門を毎週続けていた。

　南慶さんはパリハイウェイの上の方，オアフ・カントリー・クラブのゴルフ

場で家もらって，戦前から夫婦でロッカールームの管理してたわけ，掃除したりね。あの人の土曜日の講談が済むと，いつもわしが家に送ってあげてた。家では奥さんがチャーっと酒のさかなを用意して待っとる。毎週土曜日はもう空けといて，一升下げて，あそこへ行って夜遅うまで南慶さんと話していた。そんな関係があるから，僕が 1952 年に KIKI に入るときに南慶さんに頼んだら「1 週間に一遍ぐらい出てあげるよ」言うて。あっち（KGU）が連続講談だから，僕のほうは読み切り講談。ああいう人はもうプロだから 5 分だろうが 10 分だろうが，延びてもだいじょうぶ。一応 30 分と決まっているんだけど，「南慶さん，今日はこれよ」って言って，45（分）と出すと 44 分 30 秒でピシャーッと切るの。ソーシャルセキュリティーもらって 65 歳で日本に引き上げるまでずっと僕のところにいた。南慶さんは 1930 年前後にアメリカ（本土）におったのよ。アメリカの興行主に雇われてアメリカ（本土）をずっと巡業していた浪花節語り（浪曲師）だったの。浪花節語りだったけれども講談に変わって，ハワイに戦争前に来たの。そして太平洋戦争で帰れなくなったから，今度オアフ・カントリー・クラブのジャニター（janitor 管理人）みたいな仕事を夫婦でして過ごし，戦後も残って，辞めるまでカントリークラブで稼ぎ（給料）もらってた。それでラジオで講談やったり，いろんなショーなんか出たりしてね。真面目なジェントルマンだから，カントリークラブもかわいがって大事にしてた。家まで用意してやって，引退するまでずっとおいていた。引退して今度日本へ帰って，福岡で亡くなった。

　講談はうまい。もうひとりいた村井吉山さん[9]より南慶さんのが上手だった。全然違う。南慶さんは連続もやるし。村井吉山さんというのは，むかし弁士をやっていた。戦後すぐ，戦前の映画持ってきて，中浜（正行）[10]とふたりでやって儲けた[11]じいさん。

　南慶さんは日本で修行して浪花節語りとしてアメリカに渡った。南慶というのは講談の名前だよね。アメリカにおるときは違う名前だったよ。ハワイへは村井吉山さんとふたりで一緒に来たんだよね。それともうひとり，戦前から戦後にかけて弁士やってた竹間（政行）[12]いうのがおったの。この人は東洋劇場の宣伝部にいて，講談師もやっていたけど，講談本を読むの，語るんじゃないのよ。あの人も朝ね。毎朝 5 時半から 6 時まで，講談本を読むのよ。この人は

お稲荷さん持ってたの，モイリリのお稲荷さん[13]。もともとミセスのお父さんがやってて，次にミセスがやって，ミセスが亡くなって今度自分が神主になったの。竹間さんも，死んじゃったからね，今は出雲大社に行ってますよ（出雲大社に合祀されている）。

曾木幸子

　曾木幸子[14]は軍人花嫁でも来たのは早いほうですよね。1948年ごろだったかな。だんなとはすぐ別れた。1年もたっておらなかっただろうね。2, 3年KPOA[15]において，僕が52年にKIKIを始めるときに引っ張った。そしてそのころに日本から留学生で来ていた平部貞昌という人と結婚するんですよね。それでふたりで働いてた。ワイフが小説を読んで，ハズバンドが英語のニュースの翻訳なんかやっていた。それで1953年まで僕のところにずっとおって，ワイフに300ドル払ってたのよ。月300ドルね。自分だけが働いてハズバンドサポートするのよね。そしたら，いくら姉さん女房でも体裁があるから「田坂さん，すまんけどね，私は150ドルにして，ハズバンドを150ドルにして，ハズバンドをニュースキャスターという名前にしてやってくれ」と言ってきた。そのうち平部がハワイ大学を卒業して夫婦で日本に帰ったんだよね。

　この子が小説を読んで聴取率が上がった。そのころは僕の歌番組と曾木の小説（朗読）と鈴木南慶さんの講談と三本の柱でやってたんですよ。

　この子は上手だったよ，この子は七つの声を持ってたんですよ。おじいさん，おばあさん，お父さん，お母さん，娘，男の子，女の子，全部の声ができた，七つの声が。七色の声といえば，あの頃ハワイに時々来ていた浪花節の伊丹秀子[16]というのがおってね，天中軒雲月だね。それが七色の声で有名だった。もう浪花節といえば雲月だった。戦争前に2回ハワイへ来て，戦後も一遍来ている。その七色の声をこの曾木がやるわけ，小説の朗読で。ありゃあもう神業だったよ。

　それまで小説の朗読というのはなかったんですよね。曾木が初めて開拓した。自分で小説を選んでいた。そのころヌアヌ街とベレタニア街の角近くに小島書店という古い本屋さんがまだあったの。持主が引退して店じまいしてからは他の人が借りて，最後は東洋劇場[17]の前にあった。ヌアヌとベレタニアの角の店

図4−10　KIKI局の人気アナウンサー，曾木幸子［田坂コレクション］

は，1900年代初めの移民時代からずっとあるんですよね。早いほうの店ですよね。日本語の書店といえば，一番早い（古い）本屋は森重さんという人でベレタニア街にありました。そのあと小島（定吉）さんがやるし，博文堂[18]ができるんだけどね。

　曾木は，その小島書店に行って，自分がいいと思う小説を借りてきた。「小島書店提供」というクレジットをときどき入れてやれば無料（ただ）でいい，ということになっていた。

（16）ラジオ局KIKIの時代　　215

1952，3年のころは日米通商条約もやかましくなく，版権の問題なんて何もないから。だからどんな本でも勝手に読み上げていましたよね。

　曾木のおかげで，もう放っておいてもお客さんが聴きよったからね。僕とその曾木の小説と，そして南慶さんと3人で始めた2時間の番組がしまいには3時間になった。

　僕は月曜から土曜日まで30分，曾木に小説を読ますのよね。月曜から土曜まで6件のスポンサーの共同提供にして，スポンサーの広告が小説の間に入る。「どこどこの提供でお送りします」と，曜日を決めて1件の名前だけ入れていた。曾木さんが日本に帰るまでスポンサーが1件も止めない，動かないのよ。「どこか止めたら入れてください」というウエイティングリストが，すごく長かったけど全然動かないのよ。

　1952年から53年にかけてね，僕の局が（聴取率）ナンバー1を張ったことがあるんですよね。僕は朝6時から9時まで3時間ずっと放送してたけど，そのときにアクヘッドププレ（AKUHEAD PUPULE，KPOA局）というアナウンサーと，もうひとりラッキーラック（LUCKY LUCK，KHON局）というのがおった。どちらもローカルの人ね，ステーションは忘れたけれども。この2人が英語で6時から9時の僕と同じ時間でやるんですよね。曾木さんが入るまでは，アクヘッドがナンバー1でラッキーラックがナンバー2だったんだよね。それが，曾木さんが入ってくると，今度は僕がナンバー1になって，アクヘッドがナンバー2，ラッキーラックがナンバー3になった。それほど曾木の読んだ小説っていうのは，ものすごい人気だった。

　それを中林（美智子）[19]とか北村（光餘子）なんかがまねて他の局でやるようになるの。曾木のあと中林はKPOAに入ってやる。次に北村がKAHU[20]で始める。その後60年にKOHO[21]ができて，63年にKZOO[22]ができて，北村はここに移って続けていた。小説朗読は，まだ誰かがやってるはずだよね。

　テレビが出たから前ほど騒がなくなったけど，そりゃもうテレビがないころは，ラジオのあの番組をみんな待ちよったんだから。あの時代，1953年ごろに，小説読むだけで僕は300ドル払いよったんだから。1950年代に300ドルったら大きなお金だよ。

　もっとも，それだけではもったいないから，毎日，『ママの日記』という番

組を持たしとったんですけどね。30分やらすんですけど，今度は10件か12件ぐらいのスポンサーを探してくるのよ。これは，毎日の自分がつけた日記を読むというスタイルなんです。そして1回に6件位のスポンサーを入れておると，間にスポンサーの広告は読まないのよ。たとえば宮本宝石店が入ればですね，お友達が結婚するのでお祝いに（宮本宝石店で）ネックレスを買ってやったとか，スーパーマーケットが入ると，今晩の料理はそこのスーパーで肉を買ってきてハンバーガーを作ったとか，家具屋が入ってると，その家具にまつわる話を入れるとか，スポンサー名を日記の中に織り込んでいくのよ。それを毎日。でも，それだけじゃかわいそうだから，エアメールでどんどん取寄せた日本の新しいレコードはリリースする前にあの子に渡すのよ。で，その新しいレコードを使いながらね，自分でシナリオを書いて，日記を読んでいた。だから帰るとき原稿が柳行李いっぱいあった。「あれ残してくれ」言うたけど，どうしてもくれなんだ。「これ私の宝だから，汗と涙の結晶だから，これだけはこらえてくれ，持って帰る」と言った。置いてくれとったらそりゃあ大きな資料になったんだが。

選挙と放送

　戦前は選挙のことを考える余地なかったな。戦後になってラジオやり出して選挙広告取るようになってからだな。パッツィー・ミンク[23]を手伝ったけど，(ダニエル) 井上[24]とはあまり関係なかったね。僕らはもうパッツィー・ミンクを中心にして，若いヤング・デモクラット（democrats・民主党員），ハワード三宅[25]とかね。ああいうやつらを僕らがバック（後援）してやっていた。

　選挙広告は特別のレートで，もう決まってるからね。お金のレートについては，選挙広告はやかましいのよ。だから選挙広告としてやると，いちいち同じ値段取らなきゃいけないから，いろんなゴシップ・コラムの時間をこしらえて，サイドで応援してやるのよね。そしてもう原稿なんか全部書いて，パッツィー・ミンクでも三宅でも，みんなわしが日本語教えてしゃべらすんだから。全部稽古，稽古して，原稿をローマ字で書いてやって読ませて，今度発音を直してやって。あれでわしも仕方なしに選挙に行かなきゃならん。三宅が僕らのとこの14区におったからね。パッツィー・ミンクは国会の下院議員だった。

二人とも日本語はまずまずというところ。お父さん，お母さんは日本人だから会話ぐらいできよったけどね。ただ原稿読むとかいうことは（難しかった）ね。日本語では堂々と話すことはできないわな。だからテープを取って，それを直して流すんですね。

　（ジョージ）有吉[26]も日本人であそこまでいったからね。なによりもデモクラットだったから。ハワイの日本人の70パーセントはデモクラットだからね。だから，リパブリカン（Republican 共和党員）の連中は「日本人はブロックボート（block vote 組織投票）やるから（大勢当選する）」と新聞に書くわけですよね，嫌味でね。でも，（ダニエル）井上なんか日本人だというだけで当選したんじゃないんだから。抜けてた（抜群だった）もんね，井上は。あれぐらいの立場になると，日本人にこだわってられないもんね。あれは白人だったら，20年前にはもう副大統領候補ですよ。もうシニアセネター（古参上院議員）でもプライオリティは一番上だからね。白人だったら大統領選でも出られる立場ですよ。日本人だから遠慮して出ないのね。

KOHO の発足

　そのうちに1950年代の終わりごろ，宿借りステーションばかりではいけないから，日本人が資本を出して，日本語専門の放送局をやろうというふうになってきた。そして，ようやっと1960年に KOHO ができるんですね。1959年に KGMB の日本語放送が廃止になる，KPOA が廃止になる。それで行くところがないもんだから，KAHU と KANI[27]を巻き込んで，新しい放送局の動きが出てきた。KAHU というのはワイパフにあるけど遠いからと言うのでもう止めたがってた。KANI もカネオヘのステーションだから聴こえないのよ。コーラウ山脈の300，400メートル向こうだから聴こえないよね。パワーが弱いしね。あそこは沼地で低いから，ハイじゃなきゃ（高いところから電波を送らないと）ダメなのよね。アンテナ立てて，タワー立てても難しい。赤字で倒産間際までいったので，あのライセンスを買って，テイクオーバー（企業取得）して KOHO ができるんですよ。そんなわけで，KANI を買い取って，KGMB と KPOA と KAHU と KANI（の日本語番組）が一緒になったのが KOHO なんですよ。

そのときに，わしんとこにも来たわけよ。「お前ら入れ，みんなが一緒にやろう」言うてね。わし言ったのよね，「今までハワイの日本人日系人が4人，5人で仕事をやって1年2年続いた試しないの。お前ら足引っ張りよって，必ず瓦解するんだから，俺はもう先が見えとるから俺はもうお前らと一緒にやらない」。内心わしは，「お前らと俺の力考えてみれば，同じ月給貰うんだったらバカらしくてやれない」と思ってたの。「お前らの方法でやったら，俺がもう全部かぶって，お前らを食わすようなもんだ」って。あのときは，そういう自信があったから「俺は入らない」と言った。僕は入らずに彼らは1960年1月1日にKOHOを始めたんです。

フーバー立石事件

　ところが1年せんうちにみんな足引っ張りよるので，（KOHOが）ふたつに割れちゃったのね。
　『ハワイタイムス』が株のマジョリティーを買い上げて，1961年から『ハワイタイムス』の経営になったの。そうしたら内輪もめを起こしたフーバー立石[28]をはじめとする13人が，逃げたというか追い出されたような恰好になって，僕のところに泣きついてきたのよ。「なんとか田坂の時間を貰えんか」言うて。僕は社長のハワードとゼネラルマネージャーの（アンジェロ・）ロッシが100パーセント信頼してくれているから，KIKIの日本語に関する放送は，全部僕の許可がなければできないようになっているの。だから僕の下に沖縄放送も2つ開けさせました。大城（登美）と親川（喜栄）さんの2人。僕は，その売上の5パーセントもらえるのね。
　フーバーらが来たので，しょうがないからロッシに「こうこうこういうわけで，13人がやりたがっている」と言うと，「お前の時間をやるならやらせてやれ」言った。フーバーは「夜の時間が欲しい」と言うので，わし，朝と夜，両方やってたから，夜の時間を2年間ぐらいやらせたんですけどね。あれが毎月，2,000ドルか3,000ドル売ってたよ。僕は5パーセントもらえるから，2,000ドル売れば，僕は毎月100ドルもらえるの。3,000ドルなら150ドルもらうんだから。ところが，あれらは3,000ドル売ったとしても，3分の1しか入らないから1,000ドルしかならない。13人で分けられない。

わしもかわいそうだから，それに，あのころわしは儲けよったから，5パーセントを取らなかったよ。それで2年ぐらいやってたの。

ドルニュース番組

ハワイナンバーワンの森田（利秋）さん[29]というニュースキャスターがKGMBにおったんです。1947年からKGMBの朝6時のニュースをずっとやってたんです。もう定評があるんですよね。1959年にKGMBが日本語放送を止めたから，話をして朝の6時から30分のニュースに来てもらったの。

この人は7年ぐらいわしのニュース読んでくれた。6時からのニュース，遅れてくると原稿書く時間がない。そうすると途中で『アドバタイザー』買うてきて，それを読みながらマークをつけて，シャーッとそれを読みながら喋るんだよ。6時間際に来ても，『アドバタイザー』開いて，それ見ながら日本語でニュース読むんだから。この人は『ハワイ報知』の編集長だったの。編集長だからニュースなんてタイトル見ただけで分かるよね，ニュースの動き分かってるもん。きのうの今日だったら，そんなに変わるもんじゃないんだ。ニュースの流れがみんな頭に入っている。今までずいぶん新聞記者見たけど，この人にかなう新聞記者はいないよ。戦後の日本語新聞の記者で時事解説書ける人いないもの。見たことないでしょう，ハワイの時事解説。ラジオでも，時事解説をときどきやってもらったんだけど，時事解説というのはあの人しかできない。ひとつのポリシーを持たなきゃね。不変のものを持たなきゃいけない。今の日本語新聞は社説なんかないじゃないか．

KZOO開局

そのうちに，ウォン（メリー・ウォン）というシナ人のばあさんがKZOOを開けたんだけど，アンテナが立てられないからKIKIのアンテナを借りてやってたの。同じカカアコの1ブロック隣だからね。KIKIはワードアベニューのちょっと入ったところにあって，アンテナはワードに面してた。KZOOは今のビルのすぐ近くにあった。

それでウォンのばあさんと立石が話をして，1週間前に「KZOOでやりますから，KIKI辞めます」って言ってきたの。白人（社長とゼネラルマネージャー）

が怒るよね。泣きついてきて，あれだけの便宜図ってやったのに。僕も，もうあの頃KIKIに顔向けできなかったよ。

で，フーバー（立石）は「KZOOでやります」と言って移っていった。ところが彼はああいう男（トラブルを起こしやすいタイプ）だから続かないよね。すぐ辞めてしまって，そのうちに今度古屋（昇）[30]があれ（KZOO）を買ったの。

あの頃フェーア百貨店[31]というのがあったの。谷村（基弘）[32]が社長だったけど，父親（松右衛門）と合わせても株のシェアは34パーセントぐらいしかなかったの。古屋のお父さん（古屋理一郎）の時代，あのグループが，山梨県（出身の人たち）のグループがマジョリティを持ってたの。1959年頃，谷村のフェーア百貨店と佐藤クロージアス（clothiers佐藤服装店）[33]がライバル同士だったの，男子服装品でね。で，佐藤さんの佐藤クロージアスがアラモアナ・ショッピングセンターで先にいいとこ取っちゃったの。だから谷村も対抗上，ダウンタウンのほかにアラモアナに店を開けたかったんです。ところがフェーア百貨店は谷村のワンマン経営で営業成績が上がらないし，配当も何もないもんだから，山梨グループの連中は「売ろう，売ろう」と思っていた。「持ってたって儲からない。そのうえ谷村に任せてアラモアナに開けさせたときにはどうもこうもならなくなる，赤字になるのは間違いない」というので，谷村に「どうしても行くんならおまえの力で行け」と，グループを解散して（会社の資産を）分けちゃったんだ。その金があったのよ。その金でKZOOもやるし，資生堂のビルディングをキング（ストリート）に建てるの。

あれ（古屋昇），この間死んだよな。あいつとはけんかしたり，いろんなことがあったな。長い付き合いだからな。古屋兄弟（昇，亮，清）では清だけ残ったな。あれはエンジニアだから経営はできないんだ。だいたいが，亮というのがマスコミのみんなに好かれたの，やおいし（柔らかいし），頭が（腰が）低いし。ただ早く亡くなった。あれが亡くなってから駄目になったのね。あいつは小さいときから日本に行って，東京の歯科医専出で歯医者の免状持っていた。戦争でハワイへ帰れなくなって，戦争中は日本におった。

KANIと倉石朋道

KANIは倉石（朋道）[34]いうのがやっており，あそこで電話応答番組の「ピー

プルズ・スピーチ（People's Speech）」というのをやってた。この番組のライセンスはKANIが持ってたの。倉石もはじめの1年は，KOHOで「ピープルズ・スピーチ」という同じ名前でやってたの。ところが中に立石とかいろんなものがいてケンカなんかになって，『ハワイタイムス』がテイクオーバーしたときに倉石も辞めたんです。

　それで自分で観光団作って日本へ遊びに行って，帰って来てから，アラモアナ・ショッピングセンターの中にKOOD[35]というステーションができたので，そこの時間を買って「ピープルズ・スピーチ」をやったのよ。そうしたらKOHOから，そのタイトルは使えないとクレームが入った。で，しょうがないから「もしもしタイム」というタイトルにした。電話で「もしもし」言うでしょう，日本人は「ハロー」言わないで「もしもし」ってかけるから，そこから取った。昔のシアーズローバック（アラモアナショッピングセンター，エバ側にあったデパート）の地下でね。ウルワース（スーパーマーケット）があったところで，その前はホテイヤさん（日本の書籍，雑貨などを扱った日系商店）があった，あの奥にあった。アラモアナの角とホテイヤの奥に便所があって。便所の奥にKOODというステーションがあった。便所の横に植木なんか置いて，きれいにしてたよね。

　そのころ松山善三（映画監督）が，ハワイに別荘を持ってた。で，倉石と友達になって，それで松山善三が日本に帰ったとき「ハワイにこんなものがある」と文化放送に教えたの。それで今度は文化放送が日本で「電話応答」というのを始めた。日本では文化放送が草分けなの。今でも，日本でしょっちゅうやっているでしょう。

KIKI 新人コンテスト

　1953年から1960年までジャック田坂アマチュア新人コンテストという，のど自慢やっていたの。年1回で全部で8回やったことになる。7月から8月にかけての夏休みを利用してやっていた。150人前後の応募者が，毎年あってね。浦田とか青柳とかの音楽院に通っているのが主だった。音楽院が盛んになるように，弟子が増えるようにというので頼まれてやったことがある。初めのサンデーはベイビー組の予選やって，それからジュニア組の予選やって，シニア組

の予選やって,そして準決勝ちゃんとやって。最後に決勝大会やります。そして済んだあとは入賞者だけ,上位の入賞者だけ集めてサンキュープログラムやりよった。8週間の予定でやりましたから。それと,のど自慢やるとね,謝礼広告[36]が太い（大きな利益になる）のよ。

　子どもだからね。嫌になるといけないから,できるだけ公平を期して,交ぜるようにした。評判良かったんですよね。そのためにずいぶんと音楽院が協力してくれた。そしてスポンサー集めて,景品を集めてやっていた。あのころはまだ景気良かったからね。まだテレビのないラジオの時代だからね,いい景品が集まった。

　音楽院の先生が皆生徒を送るから,いつも100人以上集まるわけですよね。あの頃は大きな音楽院が三つね,浦田（実ハリー）と青柳（盛雄）とそれから木村っていうのがワヒアワにあったんです。木村音楽院は,マーガレット木村という1932年の河合太洋[37]の第1回のど自慢（素人競演会）に優勝した女性がやっていた。（マーガレットは）河合がのど自慢を初めてやった年のチャンピオンで,そのあといろんな競演会に出た。いわゆるのど自慢荒らしですよね,そのあと自分がワヒアワで音楽院をやるんです。音楽院は今で言う歌謡教室ですよ。あのころ（授業料は）1週間に2回ぐらい行って月5ドルぐらいだよな。主に日本語学校に通ってる生徒が多かった。日本語が分からんと難しいもんな。浦田なんか今年（2002年）で50年いうんだから52年ごろから始めてるんですね。青柳も同じ頃からだね。

　ここに1956年の新聞の切抜き[38]が残っている。各組1等から4等まで表彰し他に特賞もあるから,全部で20人以上になる。皆に景品やるんですよ。また入賞すると親が御礼広告を出す,これが新聞社の儲けになるんですよ。だから新聞社でもこういうのを取り上げてくれるんですよ。

　のど自慢はスタジオでやるの。スタジオでわしひとりで全部やっていた。僕のKIKIはね,小さいステーションに似合わず大きなスタジオあったんですよ。大きな,オーケストラが入るぐらいのスタジオがあったものだから。あそこで木原というピアニストを専属で頼んでいた。あの当時はテープがないから,伴奏は全部生のピアノだった。木原という人はクラブ系のピアニストだったけど,どんな歌でもできるんだよね。たいていの歌は弾けるから,あれが伴奏して,

図 4–11　KIKI のど自慢入賞記事『ハワイタイムス』1956 年 8 月 29 日

そこで歌うんですよね。そして，12, 3 人，14, 5 人のジャッジに家で（ラジオで）聞かすんです。ジャッジは全部楽団のリーダーとか，ベテランのシンガーとか，音楽の専門家。そして絶対に名前を言わないの。新聞記者とかあんなものには頼まない。おたまじゃくしの読める人しか頼んでないわけね。歌っている人は誰がジャッジが分からない。ジャッジは誰が歌っているか分からない。出演者は番号と歌の題しか言わない。それで，済んだら僕が電話かけて皆に点数もらうんです。全部もらって集計して出すんですよね。できるだけ公平にし

た。そうしなかったら続かないのよね。

　それまでね，国際劇場で，昔の公園劇場の時代からですが，松尾ブラザーズ[39]という興行師が，全島のど自慢大会をやってたんですね。だけどこれは情実が多すぎるんですよ。特に沖縄県に対する偏見が強かった。ジョージ島袋[40]なんかはね，沖縄だから1等なれんのですよ。兄さんのテッドも1等になれない。皆2番。ジョージは（兄弟の中で）一番上手だったけれども，50年，51年かな，51年，52年かな，2年続けて2等なんです。あんまり，みんなが「なぜ力がある人を1等にしないのか」と松尾の悪口を言うもんだから，1等だけが日本行きの往復切符もらえるんだけど，2年続けて2等になったというので，ジョージも日本行きの切符をもらった。それだけ世論がやかましかった。

　そして日本に行くと，ビクターとかコロムビアと契約して，一応ね記念のレコードを出すわけです。50年に1等になったのはロイ住田というんだけど，これはビクターに突っ込んで，51年に勝ったノーマン西本というのは，コロムビアに突っ込んだ。ジョージ島袋もコロムビアに突っ込んで，そして，このノーマン西本信夫とジョージ島袋は，そのままコロムビアの専属で残るんですね。それでコロムビアからいろんなレコードが出ているんです。特にジョージは，ハッパハオレ[41]のね，ハワイとアメリカの歌を交ぜたような歌をたくさん出してます。ハワイ民謡を日本語で歌うとかね。いろんなものをやっていた。そういう時代があったんだよね。

　まだまだ続ける気だったけど，60年にジュニアチェンバー（Junior Chamber ホノルル日商工の青年部）がさくら祭り[42]でのど自慢やる言うから，わしは下りたんです。だけどさくら祭りでの，のど自慢も続かなくなって，今度はKOHOが始め，（会社が）つぶれるまでずっと続けたんですよ。だから1930年頃からずっと，どこかがやってるわけよ。KOHOがつぶれたのが93年ごろかな。あれぐらいまで，ずっと続いていたわけですよね。KZOOは途中から入ってきたけど，KZOOのはカラオケだろ。カラオケコンテストだろ。カラオケがハワイに入ってきて拡がってくるのが85年ごろかな。山田（双山）さん[43]は80年ごろからやっていた。あの人は民謡から入ってきた。80年ごろに金沢明子と原田直之の「民謡をあなたに」という番組，NHKでやってたんだよね。あれをキクテレビがずっとやっていたのが刺激になってハワイに民謡ブームが

起きるんですよ。

文筆生活に

わしは62で（仕事を）辞めたけど，62で辞めたら（年金は）80パーセントしかもらえないの。あのころわしは80まで生きると思わん。お酒飲んでな，たばこプクプク吸うてな，肝臓がんや胃がんになる一番悪いことしてるだろう。で，わしはもう（満額となる）65からもらってやるよりも早くもろうて，早く死んだほうがいいと思って，62で引退するのに，僕はもう何も異存はなかったわけ。早く辞めたらそれだけ楽だから。

KIKIの日本語番組は，辞めるときに返しました。「誰かやれ」と言ったけど，誰も自信がないからやってくれないので「KIKIに戻します」と言うたのね。僕がおる20年間，ゼネラルマネージャーのアンジェロ・ロッシが，この人はイタリー人（イタリー系アメリカ人）だったけども，僕を100パーセント信頼してくれてね。なんでも逆らわずに「イエス，イエス」とやってくれて楽だったですよね。そのかわり，広告取って，原稿書いて，放送して，集金まで全部僕の責任です。僕が集めなければコミッションももらえないんだから。

社長はハワードさんという人でしたが，特にハワードさんの奥さんが僕のこと全幅的に信頼してくれてた。そのころ，KIKIの30パーセントは僕の売上で食っていた時代があるからね。だからもう何言っても，なんでも通してくれましたよ。プロダクションフィーなんかも僕の言うようにしてくれた。僕が儲ければステーションも儲かるんだから。ただ小さいステーションで，白人のネットワークがないから，白人の番組は弱かったね。

わしがラジオをやるとき，あの頃もう日本語ラジオ，日本語新聞は将来がないと言われていた。新聞は残るがラジオは危ないって。あの頃新聞はまだカナがついていたから。それで20人か30人ぐらいの友達に「（ラジオに行くのを）どう思うか？」って聞いたら，もう80パーセント，90パーセントが「やめておけ」言うたの。もう先がないとみんな思っていたわけね。だけど収容所で無駄食いしてるだろう。あれを取り戻さなきゃいうのがあったから（がんばってやった）ね

それでも食えないから，次に「たぬき」レストラン始めるのよ。1960年頃

かな。だから24時間寝ずに働いて，遊んで。ゴルフも始めたからね。1週間ほとんど寝ないなんていうのは，もうしょっちゅうだよ。飲むのは2時3時まで飲んでたよ，あのころ，ナイトクラブがあったから。ラジオは朝5時半に入るけど，みんな声で分かるよ，「あ，田坂ゆうべ飲んだな」いうのは。

62歳でリタイアしたからラジオは1976年までやったことになる。「たぬき」も同じときにやめた。店はまだやっていたけど白石さんという人に譲ってやった。店は1980年ごろまでやっていたな。リタイアしたあとはずっと物書きだ。

だいたい日布（『ハワイタイムス』のこと）から始めたんだ。津島（源八）さん[44]という人がおって，友だちでゴルフ仲間だったんだが「田坂さん，何か書かない？」言うので書き出した。そのあと報知（『ハワイ報知』）も頼みにきた。

ラジオ時代はもの書いたことない。ただハワイに来たときからおやじのことを書こうと思っていたから，資料はぼちぼち集めてた。

ただ，わし一遍離婚しとるからな。そのとき全部置いて家飛び出しちゃったから。あのとき全部着のみ着のままで出たからな。あれで全部資料も何も置いてきた。1960年頃だったな。だから戦前に集めた資料ほとんど置いてきて，また集め直した。ただし頭に入ってる分だけ残っとる。

だからだいぶ資料がたくさんあったよな。特に51年に日本に行って持って帰ったものなんかね。大阪の日本橋にはずっと3丁ぐらい古本屋が並んでるの。大阪の道頓堀から真っすぐ行って，筋横切ったら全部古本屋街だったの。大阪に行ったときそこで買いあさってきたから。

注

1) KIKI。第2部第14章 日系メディアと芸能 注22参照。
2) FCC（Federal Communications Commission）連邦通信委員会。アメリカ国内の放送通信事業の規制監督を行っている。
3) ジャパン・ボーブラ。ボーブラは中国・四国・北九州方言でカボチャのこと。ハワイのカボチャは，外皮が黄色く，中も黄色いので，外側も日本人，中も日本的という意味で，特に帰米二世に対しての揶揄をこめた呼び方。これに対し，アメリカ育ちの二世はバナナ（外は黄色く，中は白い＝白人的）と呼ばれた。
4) KHON。第2部第14章 日系メディアと芸能 注21参照。
5) SP，EP，LP。回転数の違いによるレコードの種類。SP（standard playing）は78回転（1分），EP（easy playing）は45回転（同），LP（long playing）は33 1/3回

転（同）。1950年代半ばまでSPレコードが主体だったが，1枚で3-5分と収録時間が短いため，1950年代から，より収録時間の長いEP, LPレコードに置き換わって行った。

6) 特集番組。1962年11月，KIKI日本語放送十周年記念番組として5時間にわたって放送された。
「一九五〇年代から一九六〇年代にかけての十年間のTOP50と題して，五時間に亘って最も人気がありレコードが良く売れた五十曲を選んで放送した」（「ハワイ今昔物語27・日本物レコードの歩み（四）」『イーストウエストジャーナル』1981年2月15日）。

7) 鈴木南慶。本名吉川清。講談師，浪曲師。浪曲師時代の芸名は香川銀月。戦前アメリカ本土からハワイに移り，そのままハワイに居ついた。KGU, KIKIなどの浪曲番組で活躍したが，1954年9月帰国した。

8) KGU。第2部第14章 日系メディアと芸能 注14 参照。

9) 村井吉山（？-1956）。本名岡崎鶴吉。愛知県生まれ。講談師，映画弁士。戦時中没収をのがれた無声映画のフィルムで戦後初（1946年）の正月興行を行ったとき，中浜正行と共に弁士を務めた。

10) 中浜正行（1896-1997）。本名中浜亀助。山口県生まれ。映画弁士。1912年父親の呼寄せでハワイに渡る。1917年頃から映画弁士となり，戦後初の映画興行では村井吉山とともに弁士を務めた。

11) 戦時中，日本映画上映は禁止されていたが，戦後上映できるようになった。しかしトーキーの日本映画はすべて没収されていたため，没収を免れた無声映画を1946年正月に，村井吉山や中浜正行などの弁士付で上映したところ多くの観客が詰めかけた。これについては『移植樹の花開く』（川添樫風，1960 同書刊行会）の中の「終戦後出現した日本映画ブーム」（pp.439-440）の章に詳しい。

12) 竹間政行（1902-1991）。旧姓坂本。芸名は坂谷壷人，坂谷狂朗。広島県尾道生まれ。映画弁士，俳優。1924年新派の俳優としてハワイに渡る。俳優業のあと坂谷狂朗の芸名で弁士に転向。トーキーの時代になってからは合同娯楽に入社，日本映画部主任を経て東洋劇場支配人を長く務めた。

13) モイリリのお稲荷さん。モイリリ稲荷神社。京都の伏見稲荷の末社。1913年カカアコに設立され，のちモイリリ，キング街に移転。1979年閉鎖されハワイ出雲大社に合祀される。社殿はオアフ島ワイパフのプランテーションビレッジに移築された。

14) 曾木幸子。アナウンサー。戦争中からNHKでアナウンサーを務め1949年5月戦争花嫁としてハワイに渡る。日本語ラジオ局KPOA, KIKIでアナウンサー。KIKI時代には小説朗読で人気を呼んだ。1953年10月帰国。

15) KPOA。第2部第14章 日系メディアと芸能 注23 参照。

16) 伊丹秀子（1909-1995）。本名伊丹とめ。浪曲師。6歳の時に初舞台を踏み，1934年二代目天中軒雲月を襲名。多彩な人物を語り分け「七色の声」と言われた。1947年伊丹秀子に改名。

17) 東洋劇場。1938年6月ダウンタウンに建設された日本映画上映館。内装は日光東照宮を模して作られた。戦時中から戦後にかけてはアアラ劇場と改称。

18）博文堂。1916年ダウンタウンにオープンした日本書籍店。文房具，剣道柔道用具，雛人形なども扱った。現在もワードウエアハウス内に移転して営業中。
19）中林美智子，北村光餘子。共に戦争花嫁としてハワイに渡り，長年日本語放送の女性アナウンサーとして活躍した。
20）KAHU。第2部第15章 ラジオ局KGUからの日本派遣 注6参照。
21）KOHO。第2部第13章 ハワイの日本語新聞 注23参照。
22）KZOO。ハワイのラジオ放送局。1963年10月18日開局。同日，日本語番組開始。
23）パッツィー・タケモト・ミンク（1927-2002）。第2部第1章 ハワイへ帰還 日本語学校の実態 注10参照。
24）ダニエル井上健（1924-2012）。第2部第1章 ハワイへ帰還 日本語学校の実態 注8参照。
25）ハワード三宅義彦（1918-1990）。第2部第12章 戦争花嫁（軍人花嫁）注5参照。
26）ジョージ有吉良一（1926- ）。第2部第6章 ハワイの相撲と水崎寅之助 注16参照。
27）KANI。ハワイのラジオ放送局。1953年11月11日開局。同日，日本語番組開始。
28）フーバー立石洋一（1929-1979）。ハワイ島カウ生まれ。帰米二世。幼時に日本へ行き1947年ハワイに戻る。KPOA支配人を経て，KOHO創立時支配人を務めるが，内部紛争で退社。KIKIで放送した後，1963年，日本語主任としてKZOO入社。1967年古屋昇が買収した時に退社。1978年KZOO支配人に復帰。
29）森田利秋（1908-1990）。第2部第13章 ハワイの日本語新聞 注36参照。
30）古屋昇（1919-2002）。第2部第10章 勝った組 注6参照。
31）フェーア百貨店。1932年8月，谷村松右衛門（山口県生まれ。一世）を社長として開業。日系社会で最初の百貨店。1956年谷村松右衛門は引退し，長男の谷村基弘が社長となった。
32）谷村基弘（1902-1969）。第2部第11章 日系社会の権力争い 注6参照。
33）佐藤クロージアス（服装店）。1927年，佐藤太一（山口県生まれ。一世）が，日本人で初めてレディーメードで洋服を仕立てる「佐藤服装店」をオープン。1960年アラモアナセンター進出を機に「佐藤クロージアス（clothiers）」と改称。
34）倉石朋道（1913-2002）。オアフ島ワイパフ生まれ。帰米二世。1932年ハワイに戻り，日本語学校教師，新聞記者を経て，1955年から日本語放送の世界で活躍。自ら企画した「もしもしタイム」で知られる。
35）KOOD。ハワイのラジオ放送局。1959年10月17日開局，同年10月19日，日本語番組開始。
36）謝礼広告。入賞者は『ハワイタイムス』や『ハワイ報知』に広告を出すのが通例となっていた。
37）河合太洋（1895-1976）。本名川崎勝幸。熊本県生まれ。興行師。1911年ハワイに渡る。河合清風と名乗って無声映画の弁士となった後，興行師に転じ，バラエティーショーや浪花節を招聘したり，少女レビュー団，盆踊り大会などの興行を手がけた。1933年には，ダウンタウンの日本館でハワイ最初ののど自慢大会（素人競演会）を主催した。
38）1956年8月29日付の『ハワイタイムス』の記事では，シニア組，ジュニア組，ベ

イビイ組の3組に分れ，各組とも1等，2等，3等が1名，4等が5名，他に特賞として4名が表彰されている。
39）松尾ブラザーズ。第2部第6章 ハワイの相撲と水崎寅之助 注18 参照。
40）ジョージ島袋（1928-2011）。1952年日本に行きコロムビアに入社。「ジャパニーズルンバ」などのレコードを出した。美空ひばり，島倉千代子などとデュエットしたレコードもある。
41）ハッパハオレ。ハワイ語。ハッパは半分，ハオレは白人の意。半分白人という事で，日系社会で使われると，白人と日本人（日系人）の混血児を意味する。ここではハワイの音楽と白人の音楽が融合された歌ということ。
42）さくら祭。日系二世によって設立されたホノルル日本人青年商工会議所の主催で，1953年の春，第1回さくらまつりが開催された。「さくらの女王」を選ぶビューティーコンテストが人気を呼んだほか，初期には日本から芸能人も呼ばれた。現在も行われている。
43）山田双山（1923-2006）。台湾生まれ。1953年ハワイに渡る。1980年カラオケ・歌謡教室である祐山会ハワイ支部を結成。民謡普及にも力を尽した。
44）津島源八（1897-1985）。岡山県生まれ。1916年ハワイに渡り日本語学校教師。1930年『日布時事』入社。1968年の移民百年祭記念小説募集では応募作『ハワイ移民の子』が1等に入選した。

5 日系社会裏話

（17）ナイトクラブ

　1950年代から60年代にポルノ（映画の）劇場ができるころと前後して，日本人経営のナイトクラブがホノルルにできるんですよ。それ以前は日本人経営のナイトクラブというのはなかった。料理屋，料亭はあっても，ナイトクラブそのものがなかった。このナイトクラブが，日本から大抵3カ月から6カ月平均で，女の子というか，（洋舞，日舞の踊り手，歌手，三味線奏者などの女性）芸人を呼ぶんですよ。多いときには15人くらい一遍に来た。だいたい3カ月平均で換えていくんですよね。だから，中には25人くらい呼んでおいて，8人帰して，また8人呼ぶとか，ローテーションでやったところもあった。
　15人の中に看板になるような者がおるとそのまま残るんですよ。だからいいやつは1年，2年ぐらいずっとおる（滞在する）のもおりましたよね。
　ビザも，あのころはそれほどやかましくなかったね。まだ警察もそんなにやかましくなく，移民局もそううるさくなかったしね。みんな裏から手を回していたしね。住むんじゃなくて，半年とか3カ月稼いで帰るなら，まあいいかということだったのかも知れん。
　当時（ナイトクラブは人気で）客はよう入ったね。僕ら毎晩行きよったもん。夜10時くらいからやるの。映画館が済んで，料理屋が看板になる，飲食店が一段落つく。それから二次会，というお客さんが目当てだから開店は10時くらいになる。（閉店は）たいていは午前2時ごろだった。
　（ハワイのナイトクラブは）三味線なんかの邦楽と，日本のナイトクラブやキャバレーのダンスみたいなのと両方あったわけよ。フロアダンスよね。ストリッ

プまでとは言わないけれども，パンティーひとつぐらいになって，一時はブラジャーも小さくしてやるのもおったわけね。ストリップまがいのことまでやったけど，ストリップまでいかないのよね。ストリップはストリップの劇場がホテル街にあったからね。

　そのころの日本人経営のナイトクラブだと，ホノルルだったら，ホテル街に『ハバハバ』というのがありました。ほかにはリバー街，カレッジウォークのちょっと山手側で，重永（茂夫）さん[1)]がベニス食堂やってたところに『クラブ銀座』があった。『オエーシス』というのもあった。これが一番大きかった。日本でいうオアシスのことだけどオエーシスが本当の英語なのよ。オアシスはジャパニーズイングリッシュね。

　ナイトクラブでは，ショーの間とか，ショーが済んだあとなんかに，お客さんが（芸人を自分のテーブルに）呼ぶんですよね。そしてチップをわたす。それからこんどはショーがすんだあと，自分のひいきの芸人を夜食に連れてってホテルに泊まりに行くとか。みんなこの頃は半分売春だからね。そして自分が馴染みになって，そのまま結婚した人もたくさんおるんだから。あんた知らんだろうけど，ハワイの芸能界で有名なＴという三味線の上手がおるだろう。あれは，『クラブ銀座』で三味線弾いてたのよ。毎晩のように弾きよったんだ。「とんち教室」[2)]で有名な三味線豊吉の弟子だった。この人は『銀座』のステージショーの楽団をやってた田中というのと結婚するわけよ。だけど『銀座』で三味線弾きよったと言われるのを嫌うのよ，この人は。だからナイトクラブの芸人のことも書きたいけども書けんわけだよ。こうした話が出てくるから。

　それから『サウスシー』というのがワイキキにあった。これも日本人経営で，国際劇場，公園劇場を持っていた映画などの興行師の松尾兄弟[3)]がやっていた。

　それと『シーサイドガーデン』，これは今ヒルトン（ホテル）が建っているところにあった。あとカラカウア（アヴェニュー）の『フォアビドゥンシティー（Forbidden City）』。今Ｒ＆Ｃトラベルいうのがあるあたりにあった。

　ワイキキには『ラウイーチャイ』もあった。これはチャイニーズレストランだけど，その中に，いっときだけどもナイトクラブがあって，いろんなアメリカの有名なバンドが来てたんだよね。その間にときどき日本人（アーティスト）も呼んでたのね。

ホノルルの外では『パールシティータバーン』があった。郡部では一番大きなナイトクラブだった。この『パールシティータバーン』をやっている人と,『ハバハバ』をやっている人が兄弟なの。
　ワヒアワの『ドッツイン』というのも,昔はナイトクラブだったんだよね。『ドッツイン』なんか,松竹の上原正次とよく行きよった。ラストショーを見て戻ったら3時,4時になるから,家に帰らずに,もう5時半から放送だから,寝ずに放送しよったよな。
　日本からは,いろんな芸人か来てるが,江利チエミも来て『サウスシー』で歌った。松尾が呼んできたよな。
　客は白人もハワイアンもいたけど,だいたいは日本人のお客だったね。ショーの終ったあと,(芸人が)お客さんとどこかホテルに消えるっていうことも結構あった。間違いないよ。
　ナイトクラブ『オエーシス』は,10年間僕のラジオの大きなスポンサーだった。『オエーシス』の横に芸人の寄宿舎があったんだが,新しい女の子が日本から入って来ると,広告の打ち合わせということで,わしがすぐに呼ばれるわけよ。ラジオで新しく来た芸人を宣伝してやるのね。だからほとんど僕らは飲んで食うの無料同然だった。礼儀上,ちょっと(お金を)『オエーシス』のほうに届けるだけで,ほとんどただみたいなもの。だから提灯持って(番組で紹介したり宣伝して)やったもんよ。そして,わしが経営者に呼ばれて行くと,「お前,どれが一番好きか?」と聞いてくる。その子をわしに取り持ってくれるわけ。
　『オエーシス』は(提灯持ちしたから)ただみたいなもんだったけど,ほかのところへ行くと,あのころで,ひと晩,10ドル,20ドルは掛かるよね。それにカバーチャージがあるからね,入るのに。だいたいファイブピースのコンボのバンドが入っていた。中にはアコーディオン弾くのもおるしね。それから三味線がおるでしょう。踊りは洋舞と日本舞踊と両方。それに歌が入るんだ。三味線弾きもおるし,手品やるのもおるし,口笛吹くのもおるし,いろんな芸能人が次々次々来るわけですよね。歌専門のもおるし,踊り専門のもおるしね。バラエティーをそろえて来るわけですよね。だから,顔ぶれみて,行ってよかったらそのままおるし,悪かったら,ほかのナイトクラブに行く。

図5−1　ナイトクラブ「ハバハバ」の広告『ハワイ報知』1954年9月7日

　このころ，ハワイに来てたクラブの女の子たちは，だいたいは，もう30どころ（30歳前後）だから，日本でそれほどいい月給をもらってないよね。ハワイ来れば，食わしてもらって，いくらか月給もらう上に，あとが太い（けっこうな収入がある）のよ。ナイトクラブで出演中，ショーの合間にお客さんのテーブルに行って座るとチップもらうでしょう。ショーが済んだらどっか食べに行ったりね。またホテル泊まって商売する人間も出るよな。結婚するぐらいまでいくのもおるんだから。中には体売りたくないものもおって，そういうのはみんなに愛嬌振りまいて，次から次へとテーブル変わってはお酒の相手してや

るわな。その度ごとにちょっとずつチップもらうわけだ。

　それに，帰る（帰国する）ときには，お客さんにたくさん声掛けておけば，けっこう餞別（贈り物）がもらえる。ある子などはトラックいっぱいの贈り物をもらって，なんとアイスボックス（冷蔵庫）までもらって帰ったのもおる。これは1年ぐらいおって，（ハワイ滞在が）長かったからね。あのころのハワイは景気良かったからね。オリンピックを契機に60年代半ばからよくなったよね。観光客がどんどん来よったから。農協も来るでしょう。

　そのナイトクラブも1960年代くらいがピークで，今はもう，ほとんどないね，儲からんから。それに当時，60年代にナイトクラブ（の経営を）やってた人はみんな老齢だし，子どもが継ぐような商売でもないからね。

　まあ，ハワイのローカルの人には，遊郭がなかったからその代わりみたいなものだったかもしれんね。

　戦争前は，日本人のナイトクラブどころか，外人のナイトクラブもほとんどなかったね。ホテルなんかでやってたかも分からんけど，僕らそう聞いてないね。またあのころのロイヤルハワイアンとかワイキキのホテルは歓楽のための施設じゃないんだから。ロイヤルハワイアンとか一流のホテルは長期滞在のアメリカの金持ち連中のためのホテルだからね。ロイヤルハワイアンは特に長期滞在が多かったからね。米本土の暑いときとか寒いときのね。

すしバー・日本料理店

　また『オエーシス』というのは，ナイトクラブであると同時に，ハワイで最初に「すしバー」を始めたところでもある。今ある日本人のすし屋さんのすしバーよね。カウンターがあってすし握って食わすというのは，ここから始まったんです。酒だけじゃなくて食事も出る。太田（政平）さんという人が東京の『いろは寿司』のマネージャーだったんですが，『オエーシス』の板前として，すし職人として招かれてきて，彼がすしバーを開くんですよね。わしは太田さんと仲良くなって友達になって，わしが飯屋（『たぬき』）を開店したとき，『オエーシス』の定休日だった火曜日には，朝からずっと1日，家や店に来て，いろんなことを教えてくれたからね。最後の1年，僕に付き合ってくれた。それから日本に帰った。飛行機で帰らず，ゆっくりしたいからと言って船で帰った。こ

図5-2 現在も残るナイトクラブ「ハバハバ」の建物 ［鈴木撮影］2016年4月

の人の娘さんが今日本で有名な女優の梶芽衣子。梶芽衣子は前名が太田雅子だったからね。その後わしは20年間日本食レストランとしてやってたけど，そのABCから手ほどきをしてくれたのが太田さんというわけだ。

　だから太田さんとは家族でつきあった。梶芽衣子の妹は歌うたいだったんですよ。レコード歌手だったんだよね。梶芽衣子には弟もいた。わしは太田さんの息子を家に預かって，半年ほど遊ばせてやったりしたこともあるし，梶芽衣子の東京の家にも，いつも行って話をしたりしてたよ。梶芽衣子が小さい時，わしの家に遊びにきたこともあるしね。

　太田さんは2年契約で来たのかな。1956年に来て58年に帰ったんだ。わし

は『たぬき』を58年に開けたから。同じ58年ごろに『京や』[4]ができている。

『京や』が開店するときは3人の板前を日本から呼んだの。それが金田（千太郎）と石井（昭一）と，もうひとりは名前忘れたけどね。金田は天ぷら職人，石井はすし職人で来たの。もうひとりはパーティー料理を主体にオールラウンドで何でもできる。そしてそれぞれ独立した。金田はローカルの子と結婚して，金持ちのファミリーだったから資本出してもらって『スエヒロ』（日本料理店）を開ける。石井は自分ですし屋を開ける。そしてもう一人は，モイリリの『東雲別荘』（料亭）の板前に入り込んで，ずっと辛抱してたね。みんなハワイに残ったね。

注

1) 重永茂夫（1901-1984）。第2部第6章 ハワイの相撲と水崎寅之助 注2参照。
2) 「とんち教室」。1949年から68年にかけて放送されたNHKのラジオ番組。三味線豊吉のほか，柔道家の石黒敬七，落語家の六代目春風亭柳橋などがレギュラーメンバーだった。
3) 松尾兄弟。第2部第6章 ハワイの相撲と水崎寅之助 注18参照。
4) 『京や』。ワイキキの日本料理店。インタビューでは「58年ごろ」となっているが，実際は1956年に日本から調理師を招きオープン。「ワイキキのランドマーク」として知られたが2007年3月閉店。

(18) 売春・ポルノ

暗黒時代

1885年から1900年までの暗黒時代のダウンタウンは「シナ人」が中心だった。財力が違っていた。それでもあのころ日本人（の歓楽街）は，ヤクザが300人ぐらい，女が200人ぐらい，ヌアヌ（ストリート）とベレタニア（ストリート）とスミス（ストリート），マウナケア（ストリート），そしてリバー（ストリート）のへんからずっとパウアヒ（ストリート）の上ね，そのあたりにあった。特に，1890年から1900年にかけての，ダウンタウンの日本人売春街はすごかった。総領事も手におえないんだから。だから，ホレホレ節[1]で総領事をやじった

歌[2]なんかが出てますよね。

　それと，やくざの親分が5，6人から10人くらいの女の子連れて，ワイパフならワイパフ，アイエアならアイエアのキャンプ（砂糖キビ耕地）に行くんですよ。そこで，ひと部屋では，ばくちを打つ，ふた部屋，三部屋は女が春を売る。ペイデイ（給料日）を狙って行くんですよ。ペイデイを狙っていけば（労働者が）金持ってるんですから。月に一遍くらいなら，みんな発散するくらいの金は出るわな。ばくちを打つでしょう。だから，あんなの（負けた人）が「ポイの肥（こえ）」[3]になるんです。

　ホレホレ節にあるけど，移民が頼母子を落として日本から嫁さんを呼ぶでしょう。しかし，せっかく頼母子を落として女房を呼んだのに，寝取られてべそをかく[4]，ということも起こるわけです。酒飲んだりばくちなんか打つと，やくざがそれをカモにするわけよ。初め勝たしといていい気にさせておいて，その後，シャーッと負かして借金ぐるめ（借金まみれ）にするわけよ。そうすると女房を質におくようになる。ばくち打たせて女房を取り上げるんですよ。あれ（こうしたケース）は多かったね。日本から夫婦で来たやつで，男が甲斐性なしで，女房がばくちのカタになったのが多かった。あのころは，耕地で働く女房もおるけど，体の弱い華奢（きゃしゃ）な女だったら家で縫い物なんかしよったんよね。同僚の（服の）破れたのをつづったり，洗濯したり。家で仕事してたおなご（労働者の妻）は，たいていソーイングミシンを持ってた。だからおなごはソーイングミシンをつけて300円くらいの相場だったの。これは梶山（季之）[5]にはもってこいの題材だったんだもん。あれに書かしたら本当，もう誰も追いつかないよね。

イヴィリーの売春街

　1900年にダウンタウンが焼けて，そのあと半年か1年ぐらい，焼け出された人間は全部イオラニパレスとカカアコの2カ所に避難所を設けてそこに入れてたの。だけど，そこをぬけ出したり，ハワイ島やマウイ島へ散っちゃったりした連中も出てきた。だから避難所に残っておる（売春関係の）やつを引っ張りだして，裁判にかけて日本に送還しようということになった。ところが裁判で必要なウィットネス（witness・証人）が出てこないのよ。みんな怖がって出

ないわけよ。結局，裁判は却下されて，売春関係者も（各地に）散っちゃったわけよ。しかし，2, 3年経つうちにひとり，ふたりと戻ってきて，イヴィリー街に集まったわけよ。もともとイヴィリー街には1850年前後から捕鯨船隊のための白人の売春宿があったの。

　そこに（砂糖キビ耕地から）ホノルルに通った男たちもいたわけね。ホレホレ節にもあるでしょ[6]。月に1度の月給もらっては，エワやアイエアからオアフ鉄道に乗って来て，（降りてから）イヴィリーの売春窟まで歩いていく。パイナップルのキャナリー（缶詰工場）あたりまで，イヴィリーの両側に大きな2階建ての建物がずっと並んでたんだから，日本の遊郭みたいに。それで（そこに）裏から上がっていく。治外法権だった。大目に見てるわけ。また，あれをやらなかったら，普通の女の子を強姦するから，それを恐れたの。カリヒの人間なんか危ないのよ。スコーフィールドやパールハーバーから兵隊やセーラーが出てくるでしょ。良家の子女をみな犯すから。特に（真珠湾の後）もう日本人となると敵国人だからね。日系の顔をしてるとやられかねない。

　今の沖縄でもそうでしょう。（米軍は）なかなか（アメリカ人の）犯人を渡さんでしょうが。あのころ（戦中）は，日本人は敵国人だから（たとえアメリカ人が日本人を強姦しても）野放しだもん。だから性犯罪を防ぐために売春宿を置かなければしょうがないわけね。

警察との癒着

　ハワイでは，法律的には昔から1回も売春が認められたことはないけど，もう大目に見てた。ただ1900年の焼き払い大火[7]があって，その後散らばった女郎たちがみんなイヴィリーに集まったときには検査制度があった。1週間に一遍ずつ検査するとかいうことはあったけども。当時は（売春は）大目に見なければ市民に姦通問題，強姦問題が出てくると言われていた。特に兵隊なんかは，もう何するか分からない，知能の程度の低いね，あばずれものが多いんだから。徴兵から志願になってくると，もうこれ（兵隊の質）は悪くなるから。ああいうふうな軍人による性的な暴行を市民に加えられることを恐れるから大目に見ていた。戦前もそう，戦後もそうですよね。あれを大目に見ないと犯罪が増えて市民に恐怖を与えるからね。ある程度はなきゃいけない。特に戦前は

燒失したれば何れ遠からず再建築に取掛るならん芝居も中々繁昌にて殆んど毎夜興行す普通の芝居の外に藝妓芝居小供芝居など一寸毛色の變つた興行あり此等の點より見るも恰度日本内地に居ると異なる所なし木戸仙廿五仙棧敷代五十仙
醜業婦是ハ日本特産の名物にして三年以前には市の一隅なるイウイレイと云ふ所に公許の遊廓を設け日本人三百名以上ありて、大に風俗を害せしを以て基督教信徒は極力之に反對し盛んに運動したる爲め遂に公娼を全廢せしむるに至りしかど之を根底より撲滅するとは甚だ六かしきものと見へ是等の魔女今は市中の各部に潜伏して相變らず夜々客袖を引いて社會に害毒を流し居れり警察の腐敗甚しく此等の醜類より月々幾何宛の金錢をかすり取りて默許の姿にて過ごし居れり醜業婦の出産地は福岡縣にして新潟之に次ぎ徳島熊本又之に次ぐ此等醜業婦は皆夫を有し初めから娼妓でなく百姓の娘が垢切れ手を洗つて低に始めたのであるから其醜殊に甚し
藝妓近頃藝妓の數大に増加しホノル、に現時三十餘人あり是は大抵廣島縣の出産にして他は熊本山口人一二名あるのみ密賣婦と共に社會の風俗を紊亂し居れり

＊ホノル、市

日ホノル、に二百余もあらんが其中百四十五人は同縣人で

警察と売春業者が組んでたからね，袖の下をもらって。たとえば，今週の土曜日の1時から2時までにお前のところを襲うぞと，こう言うとくんですよ。実際に警察がだーっと10人くらい乗り込んで捜索したって，誰もおらない。そんときには，ちゃんと袖の下が警察署長に行ってるわけよ。上納金を納めている。博打だろうが，麻薬だろうが，みんな上納金を納めている。それは公然の秘密だったから。

　だから太平洋戦争が済んで間もなく，戦前から戦時中にかけてずっとホノルル警察の署長をしていたゲーブルソンという人は，（収賄が）暴かれるのが怖いから，すぐ飛んで，アメリカ本土へ帰りましたよ。テキサスかどっかの大きな牧場を買って悠々自適ですよね。みんな警察と裏はツウツウでしたよね。そのあとシナ人のきつい署長になって，あれからだんだん風紀が良くなった。

戦前の娼家

　（ダウンタウンの売春宿では）みんな，個人営業ではなくシンジケートがおるわけよね。あのころ（戦争前）はほとんど兵隊相手だから。真珠湾の水兵相手だからペイデイなんか特に忙しかった。やはり白人が多いかった。「黒んぼ」（黒人）はあんまりいなかった。まあハワイは黒んぼはあまり来ない。それでも，いっときね，黒んぼがアメリカ本土から入ったんですよ。黒（黒人）の売春婦，黒の女街（ぜげん）が入った。みんな恐れて町が寂れたことがありましたよね。

　チャイナタウンには2階を売春宿にしたのがあった。戦争前から，（米）陸海軍とか海兵隊とか，ああいう軍人相手の売春宿がチャイナタウンの2階にあった。

　日本人は，ああいうところ（チャイナタウンなどのダウンタウン）に行くのは少ない。日本人は日本人相手で普通にやってた。僕らは，どこにどの家（売春宿）があるか知ってたから，そこに行くの。僕らはなじみがおったから白人（娼婦）のところにも行きおったけどね。日本人のおるところは，カリヒに1軒と，ワシントンジュニアハイスクールの前に1軒あったしね。それからクアキニ（ストリート）とフォート（ストリート）の角にもあった。あちらこちらにあるわけよ。

　そういう場所は，5，6人から10人くらい（女性が）いたね。カリヒは多いかっ

た。カリヒは，今で言えば金比羅さん[8]に入る道があるでしょう。あの角の2階建てのビルの上が全部日本人（娼婦）だった。金比羅さんに入る左側の角で，その上でやってたわけよ。全部日本人専門だった。その下（1階部分）にあとからフランク小田[9]が「ユーラック」というバー開けるのよ。上とは関係ないけどな。

　その右側が空地でな，わしら車置いて行きおったんだが，近くに生徒の家があるのを知らなんだのよ。おやじがわしの友達で，後から「先生，うちの娘が，『あ，先生のカーじゃ，先生のカーじゃ，どこ行くんだろう』と言いおるから，『ああ，金比羅さんだろう』てごまかしたけど，先生あっこに（あそこに）車を置くな」と言われたことがあるよ。

　その頃，1発2ドル50セント。ショートよ，30分よな。泊りはない，だいいち泊まるとこないの。やるだけ。ダウンタウンでも，みんな同じ，同じ値段だった。飲んでいくと出ないよ，まあ飲まなきゃ行かんけど。するとレインチケット（rain ticket）[10]呉れるのよ。次に行ったら1ドル50セント。

　日本人のほうは，そんなに時間をやかましく言わなかったけど，白人はもう違った。30分あっても，初めはぐずぐずして，なかなか裸にならないで，時間を引っ張ってね。それで30分延ばすと，また2ドル50とられる。追加は少し安いとか，そういうのはない。

　中には美人もおった。ああ，もう，すごいのがおった。白人でムービースターにしてもいいようなのがいた。金髪でスタイルも良くマリーンいう名前だったけどな。なじみの娘で，よく行ってた。

　ワシントン・ジュニアハイの前にもあったけど，あそこはあんまり行かなかった。というのは，小波津（幸秀）という有名なドクターがおって家はヤング（ストリート）にあるのよね。わし家庭教師に行ってたから。子どもの勉強部屋がヤングの裏側でキング寄りにあるわけよ。裏はフェンスも何もなくパーキング場になって，キング（ストリート）のほうにその建物があって，車が入るのが見える。子どもたちは（そこに売春宿があるなど）知らんけど，やっぱりぼくも（彼らの日本語学校の）先生だからね。

　クアキニ（ストリート）とフォート（ストリート）の角にもあったよね。今はもう，あの辺はハイウェイになってるけどもね。あそこは，5, 6人女の子がおっ

て，普通のコテージよ。スリーベッドルームくらいのハウスだったかな。パーラーなんか全部外して，うまいこと四つか五つくらい部屋作ってな。グロサリーストアに勤めているとき，デリバリーで缶詰や野菜とか持っていってたけど，あそこのおばさんが子どもみたいにかわいがってくれよったから行かなかったけどな。でもカリヒ（地区）はよく行ってた。カリヒは（女性が）10人とはいわんだろうね。ずっと部屋がね，長いんだから。長屋が50メートルくらいあるんだから。で，両側だろ。（10人より）もっとおったと思うよ。行くと遣り手婆みたいのがおるのよ。ただ金はそこでは渡さないで，女の子に直接渡す。チップはなかったね。年齢は25から30くらいよ，あのころね。おもしろいんだね，女郎で50,60まで生きた人いない。不思議に全部早く死んでる。これは工藤美代子がアメリカの（娼婦の）本[11]書いてるでしょ。あれ見てるとね，長生きしたのがおらない，調べようと思っても調べようがない，みんな早く死んでいる。そういう女で一番多いかったのが滋賀県出身。女衒がおるんですよ。ハワイにもおったし，アメリカ（本土）はひどかったのね。女衒が集めてくるでしょ，人送るでしょ。戸籍上仮夫婦になってみんな入ってくる。あんなのが多いね。

　戦前の（日本人相手の）売春宿は戦争後は復活しなかったね。だから日本から来た芸人とか，料理屋の仲居とか，水商売の人を相手にするようになったね。

ホテルストリート

　ホテルストリートは特殊な町だったのよ。だからあの日本人のスパイの森村正[12]なんかは，酔っぱらいの格好しては，領事館のつまはじきに遭ったような格好であそこに入って情報集めてたわけですよね。もちろん売春もありましたよね。軍人相手の売春の町でもあったんですよね。

　初めは軍人やローカルの人だけを相手にしよって，その後は観光客を相手に栄えていたとこだけどもね。日本人（観光客）が来るまではローカルの人がみんな行ってた。ナイトクラブへ行くついでに，ストリップ劇場に入ったりね。酒と女とばくちは昔からもうつきものだから。飲む，打つ，買うだね。

　特に戦争中は盛んだったのよ。（米）陸海軍の軍人は増えるし真珠湾の工事もあるし。みんなアメリカ（本土）から来よったんだから。捕鯨船時代は昔の

話で，戦争中は軍の時代。男が来るとそれを目当てにして今度は女が入ってくる。それはもう，周旋屋がおるんだから。

それが戦後になってから，兵隊も戦前ほどは駐屯しなくなって売春だけの町になっていった。ローカルの人間も行くし，まあ兵隊も飲みに来たけども。それでホテルストリートのほうではステージショー，ストリップショーをやるという時代があったんですよね。だんだん脱いでいくというショーですね。あのころダウンタウンには，日本劇場，ホノルル座，東洋劇場，そしてベレタニア劇場なんか（の日本映画上映館）があったけどね。ベレタニア劇場はあんまり客が入らんから，一時はストリップショー専門の劇場になったこともあったんですよ。僕らあそこにバーレスク（艶笑コント）やストリップ見に行きよりましたよね。これは一応ちゃんとした劇場だからホテルストリートのちゃちなものとは違う。でも，おっぱいぐらいは見せるよね。

そのうち実演をやりだした。いつごろ始まったのか，はっきりとは分からないんだけども，50年代にはあったね。ポルノ映画は1960年代からで，戦争中はなかった。売春宿はあったけど，ポルノはなかった。

そして1軒，マフー[13]専門の大きなバーがあって，これがものすごくはやったんですよ。今あそこにケカウリケのマーケットができてます。

日本人観光客とポルノ

（東京）オリンピックの頃[14]から，だんだん日本人がハワイに来るようになって，その後観光客がどんどん来出したところは，僕ら毎晩のようにあそこ（ホテルストリート）に連れていきよったんだから。日本から来た観光客を連れていくんですよ。そして大抵，ショーが2時間ね。だけど「今から2時間いて，一通り見たら出てこい」と言っても出てこんのよ，面白いから。1回で出てこないわけ。2回も，3回も見るのがおるんだ。大抵もう，一遍で出てくるのは少ないよ。ポルノを見たいために来るリピーターの人がたくさんおったんだからね。

そのころ（日本人観光客）ポルノのフィルム買ったり無修正の雑誌を買ったりしていた。少し後になるとビデオになる。このビデオも買うて帰るんだよね。どこに収める（隠す）かというたら，ダブルになったマカデミアナッツチョコ

図 5-4　ポルノショップは姿を消した現在のホテルストリート
　　　　　　　　　　　　　　　［鈴木撮影］2016 年 4 月

レートの真ん中をくりぬいてそこに収めて，(税関をくぐり抜けて) 持って帰った。いろんなことやってたよね，ああいう時代は。

　1970 年代，80 年代，日本人観光客が多かったころ，ホテルストリートは，ヌアヌ（ストリート）からずっとリバー（ストリート）まで 30 軒か 40 軒，両側は全部ポルノショップだったからね。そこを女がうろうろ歩いて，皆，2 階へ連れて行く。1 階がポルノショップ。いわゆる劇場の中入って，それでスミス（ス

トリート）のほう，ずっと2階は連れ込み宿になっていた。

　観光客相手にそういう夜のツアーというのもあった。でもあんなものはね，1度，2度くらいまでは見に来ても，3度目くらいなったら食傷するわな。日本は1960年ごろになると売春禁止法[15]が出で遊郭がなくなるけど，その後にトルコ（ソープランド）ができる。

　ハワイでは，トルコは一遍やった奴がおるけども衛生局がうるさい。風俗（の取締り）よりも衛生（関係の規制）のほうがね。衛生設備で抑えられてしまい，できなかった。

　今はワイキキでも多いでしょ，女郎（売春婦）がね。今はエイズ持ってるかもしれないから恐いけどね。だけど男と女がおる以上は，やっぱり絶対に性犯罪はなくならないね。

注

1) ホレホレ節。ホレホレ節は，移民の初期時代から，耕地で労働する時に歌われていた。耕地生活の哀歓や当時の世相を唄いこんでおり，ルーツは広島や熊本の民謡にあるとも言われているが明らかでない。料亭や芸者が出現してからはお座敷唄としても歌われた。「ホレホレ」は砂糖キビの枯れ葉をむしりとる作業のこと。
2) 総領事をヤジった歌。「膝元にバクチ　マメヤは盛んなり　お目に見得ぬか　暗きアンドウ」（「ホレホレソング」ジャック・Y・タサカ，より）。マメヤは魔女屋とも書き，売春宿のこと。安藤は当時の安藤太郎総領事（1886-1889）のことで，「安藤（あんどう）」と「行燈（あんどん）」とかけている。
3) ポイの肥。「一回二回で（条約切れても）　帰らぬ奴は　末はハワイの　ポイの肥」（同上）。ポイはハワイ人の常食でタロイモの根を蒸してすりつぶしたもの。
4) 寝取られてベソをかく。「頼母子落として　ワヒネを呼んで　人に取られて　ベソをかく」（同上）。ワヒネはハワイ語で女性，妻のこと。
5) 梶山季之（1930-1975）。第2部第12章　戦争花嫁（軍人花嫁）注8参照。
6) 「月に一度のホノルル通い」。「月に一度の　ホノルル通い　花のイヴィレイ　肉の市」（同上）
7) 焼き払い大火。第2部第7章　沖縄からの移民　注3参照。
8) 金比羅さん。ハワイ金刀比羅神社のこと。同神社は1921年ホノルル市ウォーターレーンに建立された。のちホノルル市カマレーンに移転し，1952年大宰府天満宮が合祀されてからは，正式名称が「ハワイ金刀比羅神社ハワイ大宰府天満宮」となった。
9) フランク小田（1915-2001）。第2部第11章　日系社会の権力争い　注13参照。
10) レインチケット（Rain Ticket）。スポーツや演芸などの野天興行が，突然の降雨により中止になった時，主催者から渡される，後日入場できるチケットのこと。雨天入場引換券。転じて，セール品が売り切れたとき，セール期間後でもセール価格で販売

することを証明するため顧客に渡されるチケット。レインチェックとも言う。
11) 工藤美代子の本。『カナダ遊妓楼に降る雪は』（1983, 昌文社）のこと。カナダの日本人娼婦について述べられ，出身地についてもリサーチされている。
12) 森村正。第2部第9章 ホノウリウリ収容所でのくらし 注13参照。
13) マフー。第2部第9章 ホノウリウリ収容所でのくらし 注19参照。
14) 東京オリンピックの頃。第2部第12章 戦争花嫁（軍人花嫁）注9参照。
15) 正式には売春防止法。施工は1957年。

第 2 部　本論の参考文献

蛯原八郎（1936）『海外邦字新聞雑誌史』奥而書院
大久保清（1971）『ハワイ日本人移民史』ヒロタイムス社
大久保源一編（1955）『布哇日系人年鑑・附人名録 1956-57』布哇商業社
小沢義浄編（1972）『ハワイ日本語学校教育史』ハワイ教育会
小野寺徳治編（1922）『ホノルル日本人商業会議所年報』ホノルル日本人商業会議所
Kaizawa, Tomi N.（1991）*Our House Divided – Seven Japanese American Families in World War II* . University of Hawaii Press
川上バーバラ（1998）『ハワイ日系移民の服飾史』平凡社
川添樫風（1960）『移植樹の花開く』同書刊行会
川添樫風（1968）『移民百年の年輪』同書刊行会
河田登（1974-77）『移民の体験記（上・中・下・下続）』私家版
木原隆吉編（1935）『布哇日本人史』文成社
草尾雄五郎編（1944）『サンタフェ人名録』サンタフェ時報社
工藤美代子（1983）『カナダ遊技楼に降る雪は』昌文社
倉石朋道（1975）『偏見と差別』倉石朋道
恒文社 21 編集部（2001）『憧れのハワイ航路』恒文社 21
在米日本人会編（1940）『在米日本人史』在米日本人会
崎原貢（1980）『がじまるの集い──沖縄系ハワイ移民先達の話集』がじまる会
芝染太郎（1913）『在留知名同胞人物紹介』布哇新報社
島田軍吉（1908）『布哇成功者実伝』布哇日々新聞社
商工歴史刊行委員会編（1970）『虹の橋──日商工七〇年』日本人商工会議所
芝染太郎調査研究会（1996）『ふりかえれば未来が見える・芝染太郎伝』国際ロータリー第 2820 地区
白水繁彦、田村紀雄（1984）「ハワイ日系プレス小史（上）」『東京経済大学人文自然科学論集 67 号』
白水繁彦、田村紀雄（1986a）「ハワイ日系プレス小史（中）」『東京経済大学人文自然科学論集 69 号』
白水繁彦、田村紀雄（1986b）「ハワイ日系プレス小史（下・前）」『東京経済大学人文自然科学論集 74 号』
白水繁彦（1998）『エスニック文化の社会学』日本評論社
白水繁彦（2004）『エスニック・メディア研究──越境・他文化・アイデンティティ』明石書店
鈴木胖三朗編（1939）『二世年鑑』坂本正雄
鈴木啓編（2013）『ハワイ報知百年史』ハワイ報知社
相賀渓芳（安太郎）（1948）『鉄柵生活』布哇タイムス社
相賀渓芳（安太郎）（1953）『五十年間のハワイ回顧』同書刊行会
曾川政男（1927）『布哇日本人銘鑑』同書刊行会
タサカ、Y・ジャック（1985）『ホレホレ・ソング』日本地域社会研究所
田坂、Y・ジャック（1985）『ハワイ文化芸能百年史・日本人官約移民 100 年祭記念』イー

ストウエストジャーナル
田村紀雄、白水繁彦編著（1986）『米国初期の日本語新聞』勁草書房
津島十吉（1968）『ハワイ移民の子』同書刊行会
堤隆編（1921）『布哇労働運動史』布哇労働連盟会本部
ドウス昌代（1985）『ハワイに翔けた女――火の島に生きた請負師・岩崎田鶴子』文芸春秋
仲嶺真助（2002）『仲嶺真助自伝――沖縄系帰米二世九十年の生涯を顧みて』新報出版
南條岳彦（1986）『歌は波間によみがえれ』講談社
日布時事社編集局編（1921）『布哇同胞発展回顧史』日布時事社
日布時事社編集局編（1928-40）『日布時事布哇年鑑一九二七年度～四一年度』日布時事社
日本キリスト教歴史大辞典編纂委員会編（1988）『日本キリスト教歴史大辞典』教文館
根来源之（1915）『明治四十一–二年布哇邦人活躍史』
秦義松編（1924）『福岡県人布哇在留記念写真帖』秦事務所
ハワイ日本人移民史刊行委員会編（1964）『ハワイ日本人移民史――ハワイ官約移住七十五年祭記念』ハワイ日本人連合協会
平井辰昇（1957）『母の信仰に導かれて』私家版
平井隆三（1990）『駆け出し記者五十年――足でかいたハワイ日系人史』平井隆三出版実行委員会
藤井秀五郎（1902）『新布哇』文献社
古屋翠渓（1964）『配所転々』布哇タイムス社
本田緑川（1956）『電車日誌を語る』私家版
本田緑川（1970）『電車閑人帳』博文堂
本田緑川（1973）『さよなら電車』博文堂
牧野金三郎伝編纂委員会編（1965）『牧野金三郎伝』牧野道枝
松井覺心（1994）『阿波丸はなぜ沈んだか――昭和20年春、台湾海峡の悲劇』朝日新聞社
松の森、チャップリン（松永岩之進）（1975）『ハワイ相撲界を語る』私家版
森田栄（1919）『布哇五十年史-改訂増補版』真栄館
米村儘預司他編（1986）『ハワイ熊本県人発展史一九八六年』ハワイ熊本県人会
Wakukawa, Ernest K. (1938) A History of the Japanese People in Hawaii. The Toyo Shoin
湧川清栄遺稿・追悼文集刊行委員会（2000）『アメリカと日本の架け橋・湧川清栄―ハワイに生きた異色のウチナンチュ』ニライ社
鷲頭尺魔（1930）『在米日本人史観』羅府新報社
渡辺礼三（1986）『ハワイの日本人日系人の歴史（上巻）』ハワイ報知社
渡辺礼三（1987）『ハワイ報知創刊七十五周年記念誌』ハワイ報知社

＜新聞＞

『日本週報』『布哇新報』『加哇新報』『週刊布哇新報』『やまと（のち『やまと新聞』『日布時事』『ハワイタイムス』）、『布哇（ハワイ）報知』『ヒロタイムス』『イーストウエストジャーナル』『ハワイパシフィックプレス』
『Pacific Commercial Advertiser（のち『Honolulu Advertiser』）』、『Honolulu Star Bulletin』

ジャック田坂養吉関連日系人史年表

編纂 鈴木啓　監修 白水繁彦

※太字は田坂本人関連

年代	ハワイ日系人史および田坂養吉関連		ハワイのメディア・芸能		日本、アメリカ、ハワイのできごと	
1868年	6月	最初の日本人移民、約150人（人数は諸説あり）が上陸。後に「元年者」と呼ばれる				
1871年					8月	日布修好条約成立
1874年					2月13日	カラーカウア、ハワイ王朝7代目の国王となる　アメリカ、真珠湾軍港建設権利を取得
1876年	7月11日	**父田坂養吉、広島で生れる**				
1881年					2月	カラーカウア王、世界一周の途次、日本を訪問
1884年	4月	日布ハワイ移民条約締結				
1885年	7月	ハワイに日本総領事館設置				
1885年	2月8日	官約移民始まる			1月28日	日布渡航条約調印　カメハメハスクール設立
1886年						
1887年	2月	日本人移民上陸拒否事件			1月	カラーカウア王死去、リリウオカラニが就位（第8代）
1891年						
1892年			6月15日	最初の日本語新聞『日本週報』、小野目文一郎により創刊される（ミメオグラフ）		
1893年	12月15日	**田坂養吉、広島県属（県職員）として雇用される**			1月	ドールによるクーデターでハワイ王朝は倒れ、臨時政府が樹立される
1894年	6月15日	最後の官約移民船三池丸入港。「官約移民」終わる。以後移民会社の斡旋による「私約移民」となる				

251

1895年	12月18日	マウイ島クラに最初の日本語学校創立される	9月1日	活字印刷による初の日本語新聞『布哇』（のちの『布哇新報』）新刊
		田坂養吉、広島海外移民会社の輪送監督としてチャイナ丸でホノルル着		
				ドールを首班とするハワイ共和国成立
			7月4日	
			7月25日	日清戦争開戦
1896年	4月	奥村多喜衛、ホノルル初の日本語学校（中央学院の前身）設立	5月	『やまと』（のちの『日布時事』『ハワイタイムス』）創刊
			4月	日清戦争終結（下関条約）
1897年	2月25日	曾我部四郎、ハワイ島ホノムにホノム義塾開校		ハワイ島最初の日本語新聞『コナ反響』創刊
1898年	12月			ハワイ島ヒロ最初の日本語新聞『ヒロ新聞』創刊
				ハワイ、アメリカに併合され属領（准州）となる
			6月14日	
1899年	1月			最初の日本人劇場「旭座」オープン
1900年	1月20日	沖縄県から初の移民出立。ハワイに到着したのは翌1900年		
	3月12日	「ベストト大火」ダウンタウンの多数の家屋焼失		
		ホノルル日本人商工会議所（ホノルル日本人商工会議所の前身）発足		
	6月	アメリカのハワイ併合により、アメリカ移民法が適用され契約移民制度廃止。以後「自由移民」となる		
	7月	アメリカ、日本人船客陵辱事件起きる		

年					
1901年	5月	ホノルルに本願寺小学校（のちのフォート学園）創立される			
1902年			12月	『ほのゝ新聞』創刊	
1903年			12月	カウアイ島最初の新聞『ガーデンアイランド』（日英両語）創刊	
1904年				『ほのゝ新聞』を鶴島半蔵が買収し『布哇日日新聞』と改題創刊	
			8月	カウアイ島最初の日本語新聞『加唯（カウアイ）新報』創刊される	日露戦争開戦
				日露戦争実写映画上映	
1905年	5月	移民会社と京浜銀行（移民会社経営）の移民に対する不法取り扱いを打破するため、布哇新報社長志保沢忠三郎を中心に革新同志会を結成	5月	『布哇新報』『新日本』『布哇日日』の三紙、移民から搾取する移民会社を攻撃。翌1906年までに移民会社ハワイから撤退	
			7月	マウイ島ワイルクで横川金次郎が『馬哇（マウイ）新聞』を創刊	日露戦争終結（ポーツマス条約）
1907年	3月14日	大統領令によってアメリカ本土転航禁止される			
	9月	マッキンレー高校開校（ホノルル高校を改称）			
1908年	1月11日	カナダ転航も禁止される	2月	島田軍吉『布哇日日』に「増給論」を掲載	高平ルート協定成立し、移民は呼寄せと再渡航に限られる

ジャック田坂養民関連日系人史年表　253

年	日付	田坂関連事項	日付	ハワイ・日本関連事項	日付	世界関連事項
1909年	12月	牧野金三郎、増給期成会の委員長に就任				
	5月8日	第一次オアフ大ストライキ始まる	5月7日	ハワイ島ヒロで江口一民が『布哇殖民新聞』を創刊		
	8月5日	ストライキ終結				
1910年	3月20日	ストライキのリーダーとして田坂養吉、牧野金三郎、相賀安太郎、根本源之の4人が扇動罪で有罪となり入獄	5月	日本語学校パラマ学園開校		
	7月4日	田坂、牧野、相賀、根本、知事特赦で出獄				
1912年			7月30日	當山哲夫『実業之布哇』を創刊		
			12月7日	『布哇報知』創刊される（8ページ）		
1913年						カリフォルニアで「排日土地法」成立
1914年	8月26日	ジャック田坂養民ホノルルで生まれる	7月	日本より初の大相撲興行一行（横綱太刀山、大関鳳など）訪布	7月	ドイツ、ロシアとフランスに宣戦布告し、第一次世界大戦始まる
1915年	2月22日	ハワイ教育会発会式				
1916年	2月-5月	家族と共に日本へ旅行（2月11日発、5月25日着）				
	9月18日	ホノルルで桟橋労働者スト始まる	10月21日	『布哇日日』の印刷機械を譲り受けた村上村太郎が、『布哇朝報』を創刊		
	10月	ホノルル日本人同志会は、ホノルル日本人商業会議所と改称	11月	大塚長雄『馬哇レコード』創刊		
1917年					4月6日	アメリカ、第一次世界大戦に参戦

年	日付	出来事	日付	出来事	日付	世界の出来事
	7月2日	本願寺附属日本語学校教師として招聘された堤善初学が上陸を拒絶される。以後4人の教師が上陸を認められず「五教師上陸拒絶事件」と呼ばれる				
	9月13日	『布哇報知』は本願寺と協力して本願寺の上陸許可を訴えるが、地裁で敗訴したためサンフランシスコの控訴院に抗告	11月			リリウオカラニ女王死去
1918年	5月20日	田坂一家、日本へ引き上げ、広島に住む	4月11日			ハワイに禁酒法実施される
	4月	ハワイ国民軍の不足人員を日本人からも募集				
	7月	日本人からの徴兵始まり33名が合格				第一次世界大戦終結
1919年			1月1日	『日布時事』、毎日1ページの英語欄をスタート	11月	
	8月12日	日本語教師5人上陸拒絶事件、控訴審で勝訴。移民局は最高裁へ上告する			6月	ベルサイユ条約調印
	12月4日	全耕地労働者を統一した労働組合、布哇日本人労働団体連盟結成される				
1920年	1月21日	ワイパフ、ワイアナエ両耕地の日本人労働者、ストライキに突入。オアフ島各耕地に広がる。これより先にフィリピン人労働者がストに突入			1月17日	米国で禁酒法実施

ジャック田坂養民関連日系人史年表

	2月1日		布哇日本人労働団体連盟公式にストライキ開始を宣言（第二次オアフ大ストライキ）
	4月3日		ストライキに三千人が参加して労働者パレード行われる
	6月3日		ハワイ島オーラア耕地の通訳坂巻銃三郎の家が爆破される
	7月1日		第二次オアフ大ストライキ中止
	11月		5教師上陸拒絶事件、最高裁が移民局の上告を却下し、勝訴となる
	11月24日		外国語学校取締法案成立
1921年	7月1日		外国語学校取締法実施
		5月10日	カウアイ島コロアで『洋園時報』創刊
		7月	『布哇朝報』を水本重蔵が買収し、『布哇日報』と改題
		9月28日	宮城源永『商業時報』を創刊
1922年		5月11日	KGUよりハワイ初のラジオ放送
		7月	土屋精一、報知を退社して、前年創刊の『商業時報』を引き継ぎ発行。同誌は以後半世紀以上発行された
		8月10日	『布哇報知』、外国語学校取締法案に対し訴訟を提案
	11月18日		日本人学校学年短縮規則成立
	12月27日		日本語学校取締法案は憲法違反としてパラマ日本学校は試訴に踏み切り、他の日本語学校も次々と参加する
		12月8日	『日布時事』、社説で訴訟反対を主張

1923年	5月2日	外国語学校規制をより強化したクラーク法成立		
	5月9日	クラーク法に対し改めて訴訟を提起。インジャクション（執行停止）認められる	9月1日	関東大震災
1924年			7月1日	排日移民法実施。日本からの移民は禁止となる
1925年	7月	ハワイ准州政府、日本語学校問題をサンフランシスコ控訴審に上告	6月	准州最高裁で戦時特別帰化法は無効との判決が出る
1926年	3月22日	合衆国最高裁は戦時帰化法による日本人帰化を無効とすサンフランシスコ控訴審で試訴校側勝訴	1月20日	東洋汽船と日本郵船合併。太平洋航路は日本郵船運航となる
	5月9日			
				NHKの海外放送始まりハワイでも聴取される
	6月			KGUより、最初の日本語定期放送番組（「エホバの証人」による宗教番組）始まる。『布哇新報』廃刊
			12月25日	大正天皇崩御、昭和となる
1927年	2月11日	連邦最高裁で試訴校訴訟校側勝訴		
	7月	日本語学校訴訟問題以来、自然消滅していたハワイ教育会再結成される		
1928年	9月20日	誘拐された10歳の男児が死体で発見される		西川徹、初の二世楽団、日本絃楽団を結成
	9月22日	誘拐殺人事件でマイルス福永寛、逮捕される		
	10月8日	福永寛、死刑判決		
1929年			10月9日	『日布時事』通算1万号発行
			10月24日	ニューヨーク株式市場大暴落し世界恐慌始まる

ジャック田坂養民関連日系人史年表　257

年					
1930年	11月19日	福永寛の死刑、執行される	10月26日	KGUより日本語放送の一般番組始まる	11月11日	内島間商業飛行始まる
	10月4日	日系市民最初の准州下院議員岡多作、山城正義、最初の郡部参事員三宅昇当選	3月15日	ラジオ局KGMBが放送開始		
			4月	初のトーキー日本映画「大尉の娘」上映される		
			11月16日	KGU局で日本語ニュース始まる		
1931年			2月9日	KGMBで日本語番組始まる	9月18日	満州事変起こる
1932年	3月	広島高等師範附属中学卒業、4月大阪商科大学予科入学			3月1日	満州国建国
	5月22日	ハワイ日本人養老院開院式挙行	4月29日	『電報新聞』創刊	5月15日	5・15事件起きる
			11月19日	曽川政男が『週刊布哇新報』創刊		
1933年	5月8日	父田坂養吉、東京で死去		ハワイ最初のど自慢（素人競演会）	3月	日本、国際連盟脱退
	8月	沖縄系帰米二世によるウルマ青年会設立される			12月5日	禁酒法廃止
1934年				ウルマ音楽団（ハワイ松竹の前身）結成	7月26日	ルーズベルト大統領、ハワイを訪れる
1935年	2月17日	総領事館後庭でハワイ日本人在住50周年記念式典開かれる、以後ハワイ各地で開催			6月25日	東洋人在郷軍人帰化権付与法が上下院を通過。第一次世界大戦の日本人従軍兵にあらためて帰化権が与えられる

年					
1936年				2月26日	東京で2・26事件起きる
1937年	2月20日	秩父丸でハワイへ戻る	5月1日	ウルマ音楽団、スマイルオーケストラと改称 ハワイ局で日本語放送始まる（KHBC局）		
		中央学院教師となる 日本人移民による日本陸軍への献金盛んになる			
1939年	2月	ホノルル日本人商業会議所とホノルル日本人商業組合が合併しホノルル日本人商工会議所創立される	7月	初のハワイロケ日本劇映画「恋愛布哇航路」の撮影隊、ハワイを訪れる	7月	日中戦争始まる
				『布哇報知』「布哇日本人実業紹介号」発行	7月	アメリカ、日米通商条約廃棄を通告
					9月1日	ドイツのポーランド侵入により第二次世界大戦勃発
1938年			1月	ラジオの日本語ニュース廃止される	3月24日	東京ホノルル間の国際電話開通
1940年	6月-9月	親見舞いのため日本へ一時帰国（6月21日発、9月15日着）	5月8日	カウアイ局で日本語放送始まる（KTOH局）	9月	日独伊三国同盟成立
					11月	日本で紀元二千六百年奉祝海外同胞大会が開かれ、ハワイからも代表団が出席する
1941年	3月	選抜散兵の内日系408名召集			4月	ワシントンで日米交渉始まる
					4月	日ソ中立条約締結
	6月15日	中村タエコと結婚			7月	在米外国資産凍結令実施
					10月	日米会談打開のため特使派遣され来栖三郎特使寄港

	12月7日	真珠湾攻撃により太平洋戦争開戦。ハワイは戒厳令が発令され、一世を主としたリーダーの逮捕始まる	12月7日	『布哇報知』、アメリカ政府への支持と協力を呼びかけた社説「之ぞ我等が戦い」を掲載	12月7日	日米開戦
	12月8日		12月12日	全般命令によりハワイの日本語学校閉鎖、日本語雑誌発行停止、日本語放送禁止		
1942年	2月	ホノルル日系人商工会議所をはじめ日系団体の解散が相次ぎ、基金の多くは、アメリカ陸海軍、赤十字などに寄附される 抑留日本人172名、第一回船で米本土に送られる	1月8日	軍の通達を日本人社会に徹底させるため『布哇時事』と『布哇報知』の2紙のみ再発行許可		
	6月5日	ヒロ酒造に残された日本酒を処理するためにヒロへ行き、約一年間滞在する 第100大隊、米本土に向かう			6月	ミッドウェー海戦
	8月	准州上院議員阿部三次逮捕される				
	12月12日	マンザナー収容所暴動事件（AP電）、掲載される	11月2日	『日布時事』、『ハワイタイムス』に紙名を変更		
			11月4日	『布哇報知』、『ハワイヘラルド』に紙名を変更		
1943年	1月	第442連隊の志願兵募集始まる。1500名募集に9400名応募				
	3月	ホノウリウリ収容所オープン			3月	ハワイの戒厳令緩和される
	4月	逮捕されホノウリウリ収容所に入れられる				
	6月	日系市民、通訳兵として240余名召集				
	9月		9月	日系兵士の戦死が初めて報道される	9月	イタリア降伏

年	月日	出来事	月	出来事	月日	出来事
1944年	9月18日	仮釈放される			7月	ルーズベルト大統領、マッカーサー元帥、ニミッツ太平洋司令官と会談 ハワイの戒厳令、廃止
	10月	442連隊、ヨーロッパに派遣			10月24日	
1945年	8月15日	保険業始める			5月	ドイツ降伏
	11月13日	被抑留者のハワイ帰還始まる	11月	『商業時報』再刊 『クラブ二世』創立	8月14日	「ツルーマン大統領日本の降伏を発表」（AP電）。太平洋戦争終結
1946年	1月	二世部隊、ヨーロッパより帰還始まる	1月	「スマイルオーケストラ」のメンバーを基に「ハワイ松竹」結成される 戦後初の日本映画（無声映画）上映	1月	戦後初のフィリピン移民
			3月	クラブ二世楽団初の演奏会 『ハワイタイムス』、勝った組攻撃を始める		
			11月	ベルレコードから、日系歌手のレコード発売される		
1947年	1月	インターニーの資産凍結解除	3月2日	KGMB局、放送再開	1月	日本行き普通郵便＆電報許可
	3月28日	ホノルル日本人商工会議所、ホノルル実業協会と改称して再開	3月6日	左翼系の新聞『ハワイスター』創刊		
	4月1日	在日二世36名、戦後初めて帰布			5月	ユナイテッド航空、ハワイ大陸間の飛行開始
	6月1日	パラマ学園で日本語学校再開				
	9月	戦争花嫁の来布始まる	12月	日本映画戦後初めて輸入される		

年	月日	出来事	月日	出来事
1948年	2月	ホノルル実業協会を、元のホノルル日本人商工会議所に改称	2月	日本ハワイ間電話再開
	10月	日系一世の大陸転航許可 KULAでニュース番組を担当		
1949年	2月	築山長松、日系人初の准州上院議員に就任		
	8月	ハワイ教育会再開		
	11月	ホノルル日本人ジュニア商工会議所組織される		
1950年	12月	ハワイ島ヒロで戦後最初の日本語新聞『太陽』創刊される	4月	対日為替、1ドルが360円となる
	5月	KHONで「パラダイス メロディー」始める	6月	日本政府のホノルル在外事務所オープン。所長小島太作
		美空ひばり、第100大隊の招きによりハワイ公演	6月25日	朝鮮戦争始まる
1951年	10月11日	KGUに入局、取材のため日本へ行き、約2カ月滞在	8月	吉田茂講和全権団一行寄港
			9月18日	サンフランシスコ講和条約調印される
1952年	11月1日	KGU、日本語放送再開	4月28日	対日講和条約発効。戦後最初の総領事として小島太作就任
	1月11日	『ハワイヘラルド』、紙名を「ハワイ報知」に戻す		
	6月27日	移民帰化法案成立。一世の帰化が可能になる		
	8月	ヘルシンキオリンピックの水泳で、日系のフォード紺野、親川義信が金メダル、エヴェリン川本が銅メダル	9月	山本常一、『太平洋家庭グラフ』を創刊
	11月	日本語放送部主任としてKIKIへ入局	9月2日	小林日種、『布哇毎日新聞』創刊

年	月日	事項	月日	事項	月日	事項
	11月24日	田坂の歌謡番組、曾木幸子の朗読、鈴木南慶の講談を三本柱として、KIKIの日本語番組がスタート	12月21日	KGMBで初めての日本語テレビ番組放送される		
1953年	2月	第1回さくら祭開催				
	4月7日	皇太子（現天皇）、英エリザベス女王戴冠式出席の途次、ハワイへ寄港			7月27日	朝鮮戦争休戦
	10月8日	皇太子（現天皇）、イギリスからの帰途、再度寄港 KIKIのど自慢始まる				
1954年	2月	日系の中央太平洋銀行（Central Pacific Bank）オープン	6月15日	当山哲夫、『市民』を創刊	2月2日	日本航空のハワイ便一番機、ディーオフトーキョー号到着
					11月	民主党、准州上下院とも過半数を占める
1955年			5月17日	大久保清、ハワイ島ヒロで『ロタイムス』創刊		
			8月1日	『ハワイタイムス』創刊60周年記念号発行		
1956年	8月	丸本正二、日系人初の准州大審院判事に就任				
1957年					10月4日	ソ連、初の人工衛星打ち上げ
1958年	9月	日本料理店「たぬき」開店（オーナーとして包丁を握る） ハワイ日本人連合協会（連協）創立。初代会長谷村基弘				
1959年			4月3日	森田利秋、KIKIのニュース番組を担当 岩本政男、森田利秋、本田政支『週刊タイムス』を創刊		

年				
1960年	8月27日	ハワイ日系人官約移住75年祭祝賀式典行われる	8月21日	ハワイ、合衆国50番目の州に昇格
			10月	ダニエル井上、日系人初の国会(下院)議員となる／アラモアナショッピングセンター、オープン
1961年			9月22日	皇太子（現天皇）御夫妻、米本土の日米修好百年祭出席の途次にハワイを訪問
	1月	日本語専門のラジオ局KOHO開局		
1962年	4月10日	フーバー立ち、KIKIで放送開始		
	11月18日	『ハワイタイムス』通算二万号記念号発行		
1963年	5月8日	『ハワイ報知』創刊50周年記念特集号を発行	1月	ダニエル井上、日系人初の国会上院議員になる。
	6月	戦後初の大相撲興行、大鵬、柏戸など来布		
1964年	4月	戦後初の日本人観光団ハワイを訪れる		
	8月28日	第二の日本語専門ラジオ放送局KZOO開局	4月	日本、海外観光自由化
1965年			10月	東京オリンピック開催
			3月	アメリカ、ベトナムに地上軍投入を始め本格的に介入
1966年			12月	新移民法成立
1967年			5月29日	皇太子（現天皇）御夫妻、中南米訪問の帰途にハワイを訪問
1968年	6月16日	ハワイ日本人移民百年祭祝賀式典開催	6月	『ハワイタイムス』と『ハワイ報知』、ハワイ日本人移民百年祭記念号発行

年				
1969年	6月	ハワイ移民百年祭記念映画「夜明けの二人」（松竹、橋幸夫・黛ジュン主演）上映		
1970年	3月	英字紙『ハワイヘラルド』創刊（週刊）	7月20日	人類、月に到達（アポロ11）
	1月	『市民』廃刊となる	3月	大阪万博開幕、ハワイからも展示館を出す
	4月30日	『洋園時報』廃刊となる		
1972年	5月	『商業時報』廃刊	5月15日	沖縄復帰
1973年	4月	観光客向けの『アロハパラダイス ガイド』創刊		
	4月21日			
1974年	11月6日	沖縄の祖国復帰を祝う祝賀会開かれる	8月8日	ニクソン大統領ウォーターゲート事件で辞任
		ジョージ有吉、ハワイ州知事に当選。初の日系州知事		
1975年			4月30日	南ベトナム政府崩壊、アメリカ軍完全撤退
	10月	『コキク』創刊	10月10日	昭和天皇御夫妻、ハワイを訪問
1976年	8月15日	『イーストウエストジャーナル』創刊		
	11月3日	KIKUから、長時間の日本語テレビ番組始まる		
1977年	11月	『ハワイパシフィックプレス』創刊		
1979年		この頃から文筆生活に入る	3月29日	スリーマイル島原発事故
1980年	2月	『ハワイタイムス』に「布哇相撲百話」を連載。全77回		
		62歳で引退。ラジオの仕事をやめ、「たぬき」も譲る		
1981年	1月1日	『ハワイ報知』に「ホノウリウリの思い出」を掲載。ホノウリウリについての、最初の本格的回想記		

265

年	月日	事項	月日	事項
1982年	2月	『ハワイタイムス』に「日系初代の遺産・ホレホレ節考」連載。全8回	5月29日	『ハワイタイムス』日刊発行停止
			6月1日	『ハワイタイムス』週刊となる
1984年	1月	『ハワイタイムス』に「夢ごとハワイ」連載。全8回		
	3月	『ハワイタイムス』に「ハワイ今昔物語」連載。全43回		
1985年	3月	ホレホレレンジャー哀歓でたどるハワイ移民の歴史（日本地域社会研究所）刊行	3月	『ハワイタイムス』廃刊
	4月	『イーストウエストジャーナル（以下EWJ）』に「移民百話」の連載開始。全110回		
	6月16日	官約移民百年記念祭開かれる		
	8月	『ハワイ芸能文化百年史』（イーストウエストジャーナル社）刊行		
	9月	和歌山市で開かれたシンポジウム「移民を考える」（和歌山市主催）にハワイ代表として出席		
1986年	2月25日	『ハワイの日本人日系人の歴史・上巻』（渡辺礼三）発行される		
1987年	7月1日	『ハワイ報知創刊七十五周年記念誌』（渡辺礼三編集）発行		
1989年				
1990年	1月	『EWJ』に「ハワイ今昔物語」連載。全37回	1月7日	昭和天皇崩御、新元号は平成
1991年			1月17日	湾岸戦争

年	月				
	9月	『ハワイパシフィックプレス』に「ハワイ沖縄系二世の芸能スポーツ列伝」を連載。全28回	『ヒロタイムス』発刊		
1992年	11月	「親子二代のハワイ」で第一回ハワイパシフィックプレス自分史文学賞を受賞			
1995年	4月	『EWJ』に「ハワイを彩る日本人」連載。全72回		1月17日	阪神淡路大震災
1997年			『ハワイ報知85周年・日本語学校勝訴70周年記念号』発行	7月31日	
1999年	1月	『EWJ』に「まぼろしの民謡・ホレホレ節」を連載、全31回	ハワイでTVジャパンの全日放送始まる	4月	
2000年	1月	沖縄移民百周年記念祭開催			
2001年	1月	『EWJ』に「思い出の記」連載。全41回		2月9日	愛媛県立水産高校練習船えひめ丸、アメリカ潜水艦と衝突して沈没
	8月	編者鈴木による日本人移民に関するインタビュー開始。翌2001年3月まで約半年続けられる	『ハワイヘラルド創刊20周年記念号』(日本語) 発行	8月14日	
2002年				9月11日	同時多発テロ事件。世界貿易センターに飛行機2機が突入
				12月	ハワイ初の女性州知事リンダ・リングル就任
2003年	1月	『EWJ』に「モイリリ日本人町100年の歩みを辿る」を連載	『日刊サン』創刊	4月	
2004年	3月	『EWJ』3月1日号の「(24) 本田緑川氏のモイリリの思い出」を最後に、視力の表えのため連載執筆を中止		3月20日	イラク戦争

ジャック田坂養民関連日系人史年表　　267

年	月日	出来事	月	出来事
	4月	KZOO宇良啓子との企画司会により、ハワイ移民の歴史を語る番組「ハワイ物語」をスタート。全39回		
2005年	4月	ラジオ番組の原稿を基にした『ハワイ物語』（マイブックス）刊行		
	11月	『EWJ』に「カネオヘ風土記」を連載。全4回。最後の執筆となる。		
2008年	3月17日	ホノウリウリ収容所体験者として、ハリー浦田、影浦長次郎と共にハワイ州上院より顕彰される		
2009年			3月	『イーストウエストジャーナル』終刊
			7月	天皇御夫妻、ハワイを訪問
2010年			10月	『ハワイヘラルド』30周年記念号、日英両語で発行
2011年			3月11日	東日本大震災
			7月	『コキク』終刊
2012年			2月	『ハワイ報知』創刊百周年を記念した『ハワイ日系パイオニアズ-100の物語-』を発行
			12月7日	『ハワイ報知』創刊百周年を迎える
2013年			2月	『ハワイ報知百年史』（鈴木啓編集）発行される
	3月13日	オアフ島カネオヘのケアホームにて死去		
	3月29日	アラモアナパークで散灰の儀式行われる		

あとがき

　田坂邸を訪れるようになったのは1990年代の後半だった。各部屋は移民関係の書籍と資料で溢れかえっていた。すでに『イーストウエストジャーナル』紙などで移民に関する連載を行っていたが、序論にもあるように、「書かなかったこと」「書けなかったこと」を聞きたいというのがインタビューを始めた最初の動機だった。

　田坂氏は、「移民列伝」から芸能史まで幅広く移民の歴史を取り上げていた。もちろんこれらは重要なことだが、その他に「書かなかった」実際の生活を知りたいと思った。日本人旅館で言えば、歴史や役割といったことだけでなく、部屋や食事はどのようであったのか、どんな人が働いていたのか、風呂はどうなっていたのか、といったことである。

　また「書けなかったこと」というのは、抑留に関する「イヌ」の話、あるいは「売春ポルノ」の章で取り上げたようなことである。こういったことは記録として残らないため、ぜひ聞いておきたいことであった。

　毎回だいたいのテーマは決めたが、脱線してもかまわず自由に話してもらった。当時80代後半という高齢にもかかわらず田坂氏の克明な記憶力は驚くべきものがあり、話は次から次と広がって行き、思わぬ話を聞けたということもしばしばあった。週1回のペースで通っていたが、ビールを飲みながらのインタビューは楽しいひとときだった。今読み返すと肉声が甦ってくる。そして、こうした素晴らしい「語り」を遺してくれた田坂氏にあらためて感謝を捧げたい。

2016年8月　ハワイ　ホノルルにて

鈴木　啓

　今年7月下旬、悲報が飛び込んできた。Jane Sakima（ジェーン佐喜眞）が亡くなったと、彼女の長女であるEllen Higaからメールがあったのである。自宅のベッドでの静かな最期であったという。93歳であった。

　わたしは1978年3月、初めてJaneとその夫であるAkira Sakima（佐喜眞彰

1918-2007)に出会った。かれらは日系人のなかでもOkinawanやウチナーンチュと呼ばれる沖縄系の二世で、当時から、ハワイの沖縄系社会のリーダー的存在であった。ふたりとも、多くを語らないが絶えず他者のことを気遣い、できるかぎりの助力を惜しまない人であった。かれらの人柄に魅了されたわたしは、いつしかAunty Jane（ジェーンおばちゃん）、Uncle Akira（アキラおじちゃん）と呼ぶようになった。戦中派であるかれらは、わたしの両親とほとんど同い年だったのである。わたしは、かれらとその家族や仲間に会うために30年以上にわたって、ハワイに通い続けた。また、ふたりは日本に来た折にわたしとの信州の旅にも付き合ってくれた。

　州下院議員を長年務め、HUOA（ハワイ沖縄連合会）の会長なども歴任したUncle Akiraは、日本政府から叙勲されたほどの有名人だが、その夫人であるAunty Janeも、じつは沖縄系の女性ボランティア団体であるHui O Laulimaの会長（1973-1975）をはじめ、沖縄料理や沖縄芸能の維持発展などに関わる大小様々な組織・集団で八面六臂の働きをしてきた人である。しかしそのわりには意外と知られていない。その理由のひとつは、彼女が、英語でいうhumbleな人だからではないか。とにかく自慢しない。絶えず謙虚である。どんなにわたしがインタビューを試みても、「私はアキラの妻。それだけのことです」と答えるのみであった。

　本書は、二世であるジャック田坂氏の聞書きである。同じ二世だが、第二次世界大戦中、田坂氏が反米の疑いで検挙され収容所に収監されたのに対し、サキマ夫妻は、ハワイの日系人やOkinawanのために、と米軍・米政府に力の限り協力した。それぞれ接点はなかったが、信じる道を懸命に生きた二世であった。わが愛する二世のかたがたのご冥福を祈り、心から哀悼の意を表します。

　最後に、この本を世に出してくださった御茶の水書房、そして編集担当の小堺章夫氏に厚く御礼申し上げます。いつも石よりかたい本ばかり書いてきましたが、今度は少し柔らかくなったような気もします。

2016年8月　世田谷 深沢にて

白水 繁彦

人名索引

【あ―お】

青柳盛雄　222, 223
赤田弥一郎　202, 206
暁烏敏　188, 193
浅沼稲次郎　200, 205
浅海庄一　167, 170
阿部三次　101, 103, 110, 111, 126
有吉（アリヨシ）、ジョージ良一　19, 81, 86, 218
板井、ジェーン　181, 182
伊芸（イゲ）、デイビッド　19
伊丹秀子（天中軒雲月）　214, 228
一萬田尚登　200, 205
井上、ダニエル健　29, 37, 145, 217, 218, 229
岩崎治郎　52, 53
岩本、スパーキー　182, 192
上原正次　171, 172, 173, 182, 184, 185, 187, 190, 233
浦田、ハリー実　128, 191, 222, 223
江口夜詩　189, 201, 206
江戸桜（坂本芳次郎）　71, 73, 78, 82, 85
江利チエミ　180, 190, 233
円福（えんぷく）、ポール昭道　83, 86
円福、ラルフ　83, 86
王堂、フランクリン　4
大井哲夫　125, 128
大久保清　85, 165, 169
大城登美　219
太田馨　70, 71, 138, 144
太田政平　235, 236
岡晴夫　189, 212
沖識名（識名盛雄）　78, 79, 81, 85
沖野、トム留吉　111, 126

奥村多喜衛　37, 45, 48
小沢健三郎　43
小田、フランク安太郎　140, 145, 242, 246
小幡宗弌（大声）　160, 161, 169
親川喜栄　219

【か―こ】

香川、ローレンス武雄　158, 167, 169
笠置シズ子　179, 201
梶芽衣子（太田雅子）　236
梶山季之　150, 152, 238, 246
カメハメハ（大王）　9, 11
河合太洋　223, 229
川上、バーバラ　4, 39
川添樫風（善市）　127, 132, 151
河本勝一　42
川原、エドウィン　32, 38
カラーカウア（王）　12, 74
北村光餘子　216
木村、マーガレット　223
工藤美代子　243, 248
クック船長　8
国久、ピーナッツ　34, 38
倉石朋道　221, 229
古賀政男　176, 177, 179, 185
小島、ロバート安孝　187, 191, 192
後藤、リチャード浩之　195
事代堂、リチャード正之　115, 127
小波津秀幸　165, 242
小林中　200, 205
小林達吉　69
紺野登米吉　53
紺野、フォード　83, 86

271

【さ―そ】

西條八十　189, 206
榊原、トーマス為一　111, 126
坂田、ハロルド敏行　78, 85
桜田武　200, 205
笹原、ハロルド　174
佐藤栄作　200, 205
座波、フランシス嘉一　171, 172, 184, 185, 190, 192
志保沢忠三郎　42, 44, 48, 87, 153, 154, 167, 168
重永茂夫　68, 71, 76, 77, 85, 232, 237
芝染太郎　44, 48
島田軍吉　48
島袋、アイリス　174
島袋、エルマ　174
島袋、ジョージ　174, 181, 183, 225, 230
島袋、テッド　174, 212, 225
ジンマーマン、ハンス　128
鈴木南慶（吉川清）　212, 213, 214, 228
砂辺松繁　134, 136
住田慎三郎　124, 125, 128
住田代蔵　128, 139, 144
住田、ロイ　181, 225
相賀安太郎　42, 43, 44, 45, 48, 134, 153, 154, 155, 159, 165, 167, 168
曽我部四郎　76, 85
曾川政男　155, 168
曾木幸子　214, 215, 216, 228

【た―と】

高橋榮　146, 151
高林、ジョージ英雄　32, 38
高見山　83, 85
高良牛　57, 58, 91
武井輝　172, 188, 190, 193
武居熱血　66, 70
立石、フーバー洋一　219, 220, 229
田中耕太郎　200, 205
谷村松右衛門　221
谷村基弘　139, 144, 166, 170, 221, 229
田端義夫　180, 181, 189, 191
ダミアン、ファーザー　168
竹間政行　213, 214, 228
築山、ウィルフレッド長松　141, 145
津島源八（十吉）　227, 230
津波憲実　130, 136
鶴島半蔵　168
手島時子　192
寺崎定助　167, 170
照屋、アルバート武雄　144
當山久三　13, 54, 61, 87, 98
当山哲夫　167, 170
豊平良金　167, 170

【な―の】

永田雅一　200, 205
永野重雄　200, 205
永野護　200, 205
中浜正行（亀輔）　213, 228
中村美智子　216
仲嶺真助　94, 98, 140, 145
西川徹　127, 151, 171, 172, 190
西トクエ　146, 151
西本、ノーマン信男　181, 183, 225
根来源之　43, 44, 48, 155, 168
ノグチ、イサム　180, 191

【は―ほ】

バーンズ、ジョン　17, 19, 35, 39
服部良一　179, 181, 182, 201, 206
服部、レイモンド逸郎　185, 192
花柳啓之　190
早川治郎（馬洗）　156, 165, 166, 167, 168
原田三交（常太郎）　66, 67, 70
平井辰昇　126

平井隆三　134, 136, 140, 145, 151, 158, 169
広野（ヒロノ）、メイジー　19
福山たか子　184, 192
藤川敬三　140, 145
藤川猛　167, 170
藤原義江　171, 190, 193
古屋昇　132, 136, 221, 229
古屋理一郎　221
外間盛安　94, 98
堀田繁　138, 144
本田政亥（緑川）　167, 170

【ま―も】

真栄城お豊　185, 192
牧野金三郎　43, 44, 48, 154, 155, 156, 167, 168
牧野道枝　158
大丈夫（ますらお）　79, 86
松尾兄弟（ブラザース）　176, 181, 184, 225, 230, 232, 237
松田富士夫　33, 38
松永、スパーク正幸　29, 37
松の森、チャプリン　71, 80, 81, 84
松本菊太郎　75, 85
松本伸　176, 184
松山善三　222
丸本正二　124, 127
三木武夫　200, 205
水崎寅之助　71, 74, 75, 76, 77, 78, 81
水野波門　41, 47, 164
美空ひばり　82, 176, 178, 179, 189, 191, 192, 212
三村、チャールス実雄　187, 192

宮王勝良　73, 76, 85
三宅、ハワード義彦　147, 151, 217, 229
ミンク、パッツィー・タケモト　30, 37, 217, 229
村井吉山　213, 228
村上、ジェームス要　203
元田、チェスター光喜　111, 126
望月圭介　47, 49
森田利秋　166, 167, 170, 220, 229
森村正　115, 116, 127, 243, 246
与世盛慈海　97, 99
与世盛智海　97, 99

【や―よ】

矢野茂　163, 165, 170
矢野唯雄（涼花）　41, 48, 156, 163, 164, 165, 166, 168, 167, 170
山口操　182, 183
山崎自性　129, 130, 136
山根ツタ　126
与儀、ヘンリー　184, 187, 192
吉田茂　200, 205

【ら―ろ】

ライト、ジョージ　156, 169
李香蘭（山口淑子）　180, 191
リリウオカラーニ女王　13

【わ―ん】

渡辺弘　176, 184
渡辺礼三　4, 97, 99, 167, 170

人名索引

事項索引

【あ―お】

アアラ公園　48
「憧れのハワイ航路」189, 201, 212
「安里屋ユンタ」　183, 185, 186
『アドバタイザー』(『パシフィック・コマーシャル・アドバタイザー』『ホノルル・アドバタイザー』) 33, 44, 61, 155, 156, 195, 201, 204, 220
アフリカ系アメリカ人　13
アメリカ（アメリカ化、影響）　8, 10, 15
アメリカン・カフェ　57
アレクサンダーホテル　66
阿波丸　167, 170
磯節　188, 193
一世最盛期　16
イタリー人（戦争花嫁）　146, 147
移民会社　39, 40, 42, 54, 62, 88, 164
移民帰化法（マッカラン・ウォルター法）　18
移民局　54, 62, 63, 102, 109, 159, 187, 199
「岩国音頭」　185, 186
請け黍　46, 49, 51, 52, 53
ウチナーンチュ　163
ウルマ音楽団　171, 173, 190
ウルマ青年会　21, 92, 94, 95, 98, 171, 190
エスニック・エージェンシー　15
エスニック文化　19
NHK　185, 192, 198, 225, 228
えひめ丸事故　143, 145
FCCライセンス　206, 207, 227
オアフ鉄道　74, 239
オエーシス　232, 233, 235
大阪相撲　77, 82, 86
おかずや 89, 98

沖縄移民　13, 88
沖縄センター　61, 91, 98.138, 144
沖縄の三味線（三線）　172
オキナワン　10
尾道屋（旅館）64, 66, 82
オリンピック（東京）　244
小禄　54, 57, 58, 59, 61, 90, 94, 138

【か―こ】

会議所（ホノルル日本人商工会議所）　97, 138, 139
外交員（新聞）　160
カチケン 50, 53
勝った組　18, 129, 130, 132, 133, 134, 136
カバチ　159, 162
カプ（禁忌）　9
ガリシア（スペイン北西部）　13
川崎ホテル　66
観光団　64, 210
韓国併合（日本による）　14
元年者　11, 12, 15, 43, 44, 48, 74
官約移民　2, 12, 13, 39, 53, 61, 74, 92, 164
帰米（帰米二世）　15, 16, 17, 18, 20, 21, 26, 92, 95, 102, 104, 107, 109, 123, 128, 132, 135, 136, 144, 148, 170, 171, 172, 190, 195, 229
京都帝大　200
京や　237
共楽館　67
共和党　18, 110, 34, 111
「銀座カンカン娘」181
禁酒法　49, 91
クイーンカピオラニホテル 68
熊本屋（旅館）　64

274

九州屋（旅館）　64, 71
クラブ銀座　232
クラブ十字星　181, 182, 183
クラブ二世　173, 174, 175, 176, 181, 183, 186, 187, 191, 192
軍人花嫁　135, 146, 149, 150, 151, 214
原史期　9
契約労働　15
交換船　202, 206
構造化インタビュー　6
公的記憶　5
交通公社　199
語学兵（MIS、通訳兵）　17, 32
国際劇場　181, 225, 232
小島書店　214, 215
『五十年間のハワイ回顧』　134
五大新聞記者　166, 167
寿音楽団　185
小林旅館（ホテル）　63, 64, 66, 68, 69, 70, 71, 82, 180
小松屋（旅館）　64
米屋ホテル　64, 66
コリアン　14, 35
金比羅さん（ハワイ金刀比羅神社）79, 242, 246

【さ―そ】

最初の日本語放送　204
サウスシー　232, 233
さくら祭り　189, 190, 225, 230
砂糖きびプランテーション　10
佐藤クロージアス（服装店）　221, 229
三世最盛期　19
GI（ジーアイ）ビル　17, 35, 39, 84
シーサイドガーデン　232
慈光園本願寺　91, 98, 99, 144
『静岡新聞』　158, 162
『実業之布哇』　58, 167, 170
社会学的事実　4

私約移民　13, 39, 40, 41, 53, 62, 92, 164
社債（『ハワイ報知』）　157, 169
ジャパン・ボーブラ　207, 227
写真結婚　14
謝礼広告　223
州昇格（ハワイ州）　18
修身　26,
自由移民　13, 41, 56, 59, 62, 203
集団的知識　5
自由党　39, 40
商工会議所（ホノルル日本人商工会議所）　96
小説の朗読　214
松竹歌劇団　190
叙勲制度（問題）　97, 139, 143, 144
素人競演会　171, 181, 190, 223, 229
新興絃楽団　173, 191
紳士協約　14, 15, 16, 48, 49, 60, 62
真珠湾　67, 115, 116, 127, 143, 239, 241, 243
進駐軍専用車両　199
すしバー　235
スペインからの移民　14
スマイルオーケストラ　173
スマイルカフェ　172, 173
住友銀行　56, 159, 169
選挙広告　217
宣教師団　11
先住ハワイアン　11, 14
戦争花嫁　18, 146, 147, 149, 151
ソーイングスクール（裁縫学校）　36, 37
総領事館　63, 69, 72, 79, 107, 115, 139, 141, 143, 153

【た―と】

第一次オアフ大ストライキ　14, 22, 43, 48, 90, 154, 168
大球　180, 191
第二次オアフ大ストライキ　52, 53, 156,

169
（第）100大隊　17, 35, 37, 39, 82, 98, 135, 146, 147, 151, 177, 178, 179, 180, 194, 195
タイムススーパーマーケット　59, 138, 144
大洋丸　103, 104
（第）442連隊　17, 35, 37, 38, 39, 82, 83, 126, 135, 146, 147, 177, 179, 194, 195
対話引用方式　7
対話・編集方式　7
宝塚歌劇団　90
たぬき（食堂）　23, 226.227.235, 237
頼母子（講）　51, 53, 54, 55, 56, 57, 58, 59, 60, 61, 91, 238, 246
多文化主義　19
タマシロ・マーケット　150, 152
樽蛇　70, 71, 137, 144
千鳥楽団（オーケストラ）　187, 192
朝鮮半島（からの移民）　13
中央学院　22, 27, 29, 30, 31, 32, 37, 67, 108, 126, 165, 167, 202, 206
中国人（中国からの移民）　11, 14
中国人排斥　12
徴兵猶予（運動）　46, 143
通訳兵（MIS、語学兵）　17, 32
ツールレイク（収容所）　119, 124, 129, 130, 136
出稼ぎ期　15
デフェンスワーカー　127
テープレコーダー　196, 197, 198
転航　13, 60, 62
デンスケ　197, 198, 205
ドイツ人（戦争花嫁）　146, 147
東通工（東京通信工業）　197, 198, 204
同文書院　166, 170
東洋劇場　213, 214, 228, 244
ドッツイン　233
土俵入り　73, 85
トロピックレコード　184

とんち教室　232, 237

【な―の】

ナイトクラブ　231
中村屋（旅館）　64
夏の家（春潮楼）　116
難民救済（日本難民救済、ララ）　175, 191
二世最盛期　17
二世台頭期　17
二世誕生期　16
日米紳士協約（日米紳士協定）　14
日露戦争　14
日系楽団（の衰退）　186
日系人意識　19
日系人部隊（100大隊、442連隊）　17
日系婦人会（JWS）　151
『日布時事』42, 43, 44, 45, 47, 48, 134, 136, 139, 140, 154, 156, 160, 168, 169, 170
日本着（にほんぎ＝和服）　37, 39, 125
日本劇場　136, 244
日本絃楽団　171, 172, 188, 190
日本語学校　15, 17, 18, 26, 27, 29, 30, 31, 32, 33, 100, 107, 108, 141, 148, 152, 156, 159, 169, 170, 182, 194, 202, 242
『日本語学校勝訴十周年記念誌』157, 169
日本語学校訴訟問題　156, 157, 169
日本語新聞　15, 17
『日本週報』　16
日本人旅館組合 62, 64, 65
日本留学　16, 20

【は―ほ】

パールシティータバーン 233
売春街　238
ハオレ　30, 38, 207
博文堂　215, 229
『パシフィック・コマーシャル・アドバ

タイザー』 44, 155
ハッパハオレ 225, 230
ハバハバ 232, 233, 234, 236
「パラダイスメロディー」 182
ハリス楽器店 182
ハワイ石鎚神社 79
ハワイ出雲大社 72, 73, 79, 81, 85, 91, 214, 228
ハワイ王朝 10
「ハワイ数え唄」 188, 193
ハワイ共和国 13
ハワイ経済研究クラブ 96, 99
『ハワイ芸能百年史』 165
ハワイ好角会 71, 73, 76, 78, 81
ハワイ鉱泉 77
ハワイ州知事（州知事） 19
ハワイ少女オーケストラ 187
ハワイ松竹 173, 176, 180, 181, 182, 183, 184, 186, 187, 190, 191, 192, 212
『布哇新報』 42, 44, 48, 87, 88, 98, 153, 154, 155, 156, 164, 165, 169
ハワイ相撲協会 82, 83
ハワイ大神宮 78, 91, 106, 126
『ハワイタイムス』 23, 42, 99, 129, 131, 133, 134, 136, 139, 147, 151, 158, 160, 169, 170, 175, 191, 192, 197, 219, 222, 224, 227, 229
布哇中学 30, 31, 38, 85
「ハワイ珍道中」 180
『布哇日日新聞』 44, 48, 155, 168
ハワイ日系人連合協会（連協） 38
布哇八景 187, 188, 193
ハワイ併合（米国のによる） 13
『ハワイヘラルド』 129, 149
『布哇（ハワイ）報知』 18, 23, 80, 86, 97, 99, 103, 139, 151, 154, 156, 157, 158, 159, 162, 164, 165, 167, 168, 169, 170, 220, 227, 229, 234
ハワイ臨時政府 13
半構造化インタビュー 6

万歳サルーン 45, 82
非構造化インタビュー 6
非常時奉仕委員会（ESC） 17, 109, 126, 128
ピジョン（ピジン）・イングリッシュ 30, 38
ビッグファイブ 34, 35, 38
100大隊＝第100大隊 17, 35, 37, 39, 82, 98, 135, 146, 147, 151, 177, 178, 179, 180, 194, 195
広島海外渡航会社 40, 41, 86, 87, 164
広島県人会 70
広島高等師範付属（中学・小学） 200, 207
広島弁 199
ヒロ酒造 100, 103
フェーア百貨店 144, 221, 229
プエルトリコ 13
フォアビドンシティー 232
フィリピン（からの移民） 14, 36
『福島民報』 158
福寿亭 66, 90
富士酒造 91, 98, 103, 120
『芙蓉』 28, 109
プレーザントホテル 67
ブロックボート 35, 218
文化仲介者 21
文化的境界人 21
米西戦争（アメリカ・スペイン） 13, 14, 35, 39
ヘイビアス・コーパス（Habeas Corpus 人身保護令） 128, 203
ペスト焼払い（焼打ち） 87, 98, 149, 164, 169, 239, 246
ベビーブーム 19
ベルレコード 183, 184
ベレタニア劇場 244
ペンサコーラホテル 67
編集構成方式 7
細井葬儀所 35, 67

ホノウリウリ（収容所）　17, 23, 102, 104, 112, 113, 114, 119, 122, 124, 128, 129, 130, 136, 190, 199
『ホノルル・アドバタイザー』　33, 61, 195, 204, 220
ホノルル座　244
ホノルル酒造（山の酒屋）48, 128, 144
『ホノルル・スター・ブリテン』　195, 204
ホノルル日系婦人会　151, 152
ホノルル日商工（日本人商工会議所）　128, 141, 145
ポリティカルエネミー　110, 111
ポリネシア　8
ポリネシア人　9
捕虜収容所　114
ポルトガル人　12, 14
ポルノ　244, 245
ホレホレ節　23, 55, 59, 237, 238, 239, 246

【ま―も】

マーシャルロー（戒厳令）　117
又野ホテル　68
松尾興行　82, 86, 176, 191
マッキンレー（高校）　29, 30, 31, 37
マッキンレー（講堂）　175, 176
松本バラスト　75, 76
マフー　118, 244, 247
マレマレ　140, 145
ミズーリ　32, 38
三葉会　189, 190
民間放送　198
民主党　18, 35, 111
ムーンシャイン（密造酒）　118, 119
明治政府　12
メイド・イン・オキュパイド・ジャパン　210
免税店　150

モイリリ稲荷　214, 228
物語的事実　4
森岡移民会社　41, 47, 86, 87, 164

【や―よ】

山城旅館　63, 66
『やまと』（『やまと新聞』）　41, 42, 47, 48, 60, 87, 88, 98, 153, 164, 168
山の酒屋（ホノルル酒造）45, 49, 91, 98, 103, 124, 125, 128
闇ドル　199
養豚業（豚飼い）　89, 90, 94, 95, 96, 97
横浜正金銀行　54, 61, 159, 169
ユダヤ人　132
呼寄せ（移民）14, 16, 46, 56
442連隊＝第442連隊　17, 35, 37, 38, 39, 82, 83, 126, 135, 146, 147, 177, 179, 194, 195

【ら―ろ】

ラウイーチャイ　232
ララ（日本難民救済）　175, 191
レインチケット　242, 246
「恋愛布哇航路」188, 193
連協（ハワイ日系人連合協会）　38, 70, 98, 138, 139, 141, 144, 145, 166, 181
練習艦隊　67, 71, 79, 81, 107, 141
労働組合（運動）　18
ロックアウト　48
六高（旧制第六高等学校）　200

【わ―ん】

ワイキキグランドホテル　68
Y畑商会　96, 98, 99
ワイヤーレコーダー　197, 204
「別れの磯千鳥」　184, 190, 192, 212

【A—Z】

EP　211, 227, 228
FBI　　70, 95, 102, 104, 106, 107, 121, 123, 129, 202
FCC　206, 207, 227
GI ビル　17, 35, 39, 84
KAHU　195, 204, 216, 218, 229
KANI　218, 221, 222, 229
KGMB　170, 195, 203, 204, 218, 220
KGU　22, 176, 182, 191, 194, 195, 196, 197, 198, 202, 203, 204, 212, 213, 228
KHON　22, 182, 192, 196, 202, 203, 204, 210, 216, 227
KIKI　23, 165, 170, 182, 192, 203, 203, 204, 206, 207, 208, 211, 213, 214, 215, 219, 220, 221, 222, 223, 224, 226, 227, 228, 229
KOHO　140, 158, 169, 216, 218, 219, 222, 225, 229
KOOD　222, 229
KPOA　182, 183, 192, 195, 203, 204, 214, 216, 218, 228, 229
KULA　22, 195, 203, 204
KZOO　5, 136, 216, 220, 221, 225, 229
LP　211, 227, 228
MIS（語学兵、通訳兵）17, 32
NBC　177, 191
NHK　185, 192, 198, 225, 228
SP　211, 227, 228

編者紹介

白水繁彦（しらみず・しげひこ）

駒澤大学大学院グローバル・メディア研究科教授。武蔵大学名誉教授。社会学博士（立教大学）。成城大学大学院日本常民文化専攻修了。これまでに，武蔵大学教授，高千穂大学教授，東京大学客員教授，「CNN デイブレイク」キャスター，神奈川県広報ビデオ審査委員，放送番組国際交流センター委員などを務める。台湾，韓国，沖縄，東南アジア，ハワイ，アメリカ，カナダ，ブラジル，オーストラリアおよび日本国内で文化変容とメディアに関する調査に従事。主要著作：『ハワイにおけるアイデンティティ表象』（編著,御茶の水書房,2015）『多文化社会ハワイのリアリティー』（編著,御茶の水書房,2011），『イノベーション社会学』（御茶の水書房,2011），『移動する人びと，変容する文化』（編著,御茶の水書房,2008），『現代地域メディア論』（共編著,日本評論社,2007），『エスニック・メディア研究』（明石書店,2004），『エスニック文化の社会学』（日本評論社,1998）など。shiramizus@gmail.com

鈴木　啓（すずき・けい）

インディペンデント・リサーチャー。立教大学中退。1980 年 3 月ハワイに渡る。旅行会社勤務を経て 1994 年から現地日本語新聞の記者となり，日系社会のイベント取材をする傍ら「ハワイの日系宗教」「―今だから語る―帰米二世の素顔」などのシリーズや「勝った組」特集などを担当。現在はフリーの記者として『ハワイ報知』などで仕事をするとともに，戦時下におけるハワイからの抑留，ハワイの日本語新聞雑誌史，ハワイの日本語放送史，ハワイの日本映画史などのリサーチを進めている。主要著作：『アロハ年鑑（15 版）』（ハワイ報知社,2011），『ハワイ日系パイオニアズ― 100 の物語―』（共著,ハワイ報知社,2012），『ハワイ報知百年史』（ハワイ報知社 2013），「ハワイの日本映画」「帰米二世と呼ばれた人たち」後藤明，松原好次，塩谷亨編『ハワイ研究への招待』所収（関西学院大学出版会,2004）など。flyingemily3@yahoo.co.jp

---

ハワイ日系社会ものがたり――ある帰米二世ジャーナリストの証言――

2016 年 9 月 25 日　第 1 版第 1 刷発行

編　者　白水繁彦・鈴木啓
発行者　橋本盛作
発行所　株式会社 御茶の水書房
〒 113-0033　東京都文京区本郷 5-30-20
電話　03-5684-0751

組版・印刷／製本　東港出版印刷㈱

ISBN 978-4-275-02054-3 C1036
© 2016 SHIRAMIZU Shigehiko/SUZUKI Kei
Printed Japan

ハワイにおけるアイデンティティ表象——多文化社会の語り・踊り・祭り	白水繁彦 編	A5判・二二四〇円
多文化社会ハワイのリアリティ——民族間交渉と文化創生	白水繁彦 編	A5判・一九四〇円
移動する人びと、変容する文化——グローバリゼーションとアイデンティティ	白水繁彦 編	A5判・二二四〇円
風狂の記者——ブラジルの新聞人三浦鑿の生涯	前山隆 著	A5変・三三七〇円
ドナ・マルガリーダ・渡辺——移民・老人福祉の五十三年	前山隆 著	A5変・三五〇〇円
非相続者の精神史——或る日系ブラジル人の遍歴	前山隆 著	A5変・二九六〇円
異文化接触とアイデンティティ——ブラジル社会と日系人	前山隆 著	四六判・三六〇〇円
市民一三六六〇号	ミネ・オークボ 画・文／前山隆 訳	B5変・三二〇〇円
境界線上の市民権——日系女性画家による戦時強制収容所の記録	村川庸子 著	菊判・七四五〇円
石をもて追わるるごとく——日系カナダ人社会史	新保満 著	A5判・三五〇〇円

御茶の水書房
（価格は消費税抜き）